高 飞／著

# 李嘉图经济学的哲学解读

A PHILOSOPHICAL INTERPRETATION OF

# Ricardian Economics

社会科学文献出版社
SOCIAL SCIENCES ACADEMIC PRESS (CHINA)

献给我的舅舅胡宗序

# 目　录

# CONTENT

# 导　言

美籍奥地利经济学家约瑟夫·熊彼特（1883～1950）在《经济分析史》第三编"从1790到1870年"中说："李嘉图通常被称为功利主义者，但他并不是一个功利主义者。这并不是因为他有另一种哲学，而是因为繁忙而注重实际的人是根本没有什么哲学的。他同哲学急进派交情很好，主要是通过詹姆斯·穆勒。他大概也常常表示同意功利主义的教义。历史学家喜欢夸大这类事情的重要性。但是这类事情并没有多大的意义。"① 接下来，熊彼特还提到"李嘉图的恶习"②，其意是指用高度抽象的理论直接解释错综复杂的现实。在《资本主义、社会主义与民主》中，熊彼特将马克思视作李嘉图的学生："他是李嘉图的学生不仅因为他自己的议论显然从李嘉图的命题出发，更重要的是他从李嘉图那里学会推理的艺术。他一直使用李嘉图的工具，他碰到的每一个理论问题都是以他深入研究李嘉图学说时出现的困难的形式和他在研究中找到的作为进一步工作的启发的形式出现的。"③

这里涉及两个问题。一是，"李嘉图有没有哲学"与"李嘉图经济学有没有哲学高度"是否存在差别；二是，马克思对李嘉图是否只有继承，没有超越。

请允许我先给出答案。一是，李嘉图没有哲学，但李嘉图经济学却具有哲学高度。这种哲学高度可被概括为社会唯物主义，社会唯物主义既超

---

① 〔美〕熊彼特：《经济分析史》第二卷，杨敬年译，朱泱校，商务印书馆，1992，第150页。

② 〔美〕熊彼特：《经济分析史》第二卷，杨敬年译，朱泱校，商务印书馆，1992，第153页。在熊彼特之前，新古典主义经济学开创者马歇尔早有此意："他（指李嘉图——引者注）没有清楚地说明，而在某些场合他也许没有充分地明白理解，在正常价值问题中各种因素是如何相互制约着，而不是在因果关系上依次制约的。而他所犯的一个最大的罪过就是力图用简短的语句来表述深奥的经济学说的恶习。"（〔英〕马歇尔：《经济学原理》下卷，陈良璧译，商务印书馆，1965，第455页。）

③ 〔美〕熊彼特：《资本主义、社会主义与民主》，吴良健译，商务印书馆，1999，第68页。

越了李嘉图之前就已存在的经验唯物主义和理性唯物主义，也超越了和李嘉图同时代的功利主义、实证主义。二是，历史唯物主义和马克思主义政治经济学是对社会唯物主义和李嘉图经济学的根本超越。马克思在尚未接受李嘉图经济学时（和恩格斯一起）提出历史唯物主义，随着其对李嘉图经济学的接受、反思、批判而逐步完善了历史唯物主义，马克思主义政治经济学也是在马克思接受、反思、批判李嘉图经济学的过程中提出并完善的。本书旨在论证这两个观点。

将李嘉图经济学的哲学高度概括为社会唯物主义的看法，最早出自南京大学张一兵教授1998年出版的专著《回到马克思——经济学语境中的哲学话语》。在他看来，西方近代资产阶级经济学家在经济学探讨中隐性地存在着一种既不同于自然唯物主义，也不同于历史唯物主义的社会唯物主义，李嘉图通过科学抽象揭示了资本主义生产的内在本质和运动规律，从而达到了社会唯物主义的理论制高点。社会唯物主义是资产阶级意识形态（特别是三大拜物教）的重要基础，也是马克思恩格斯后来哲学变革的批判性始源。[①] 社会唯物主义的提出是一个重要的哲学创新，本书力求深化这一创新。其一，揭示社会唯物主义的基本内容及其与西方近代其他唯物主义的不同点；其二，呈现社会唯物主义在李嘉图著作中的体现，以及李嘉图相较于其他经济学家或哲学家在看待"社会"以及把握经济关系、经济范畴上的独特性；其三，表明以低于社会唯物主义的水平解释李嘉图经济学是不会产生新的有益的科学成果的，唯有马克思才真正实现了对李嘉图经济学和社会唯物主义的根本超越。

全书共分四章。第一章勾勒西方近代唯物主义的三种形态，梳理经验唯物主义和理性唯物主义的基本观点和主要脉络，并通过对配第、布阿吉尔贝尔、重农学派的分析，确证社会唯物主义在这些经济学家思想中虽"未被意识到"，但"实际存在着"。"社会唯物主义"既要从纷繁复杂的经济现象中归纳出劳动价值论这个本质，又要从劳动价值论这个本质出发科学地解释资本主义诸经济现象，并使之获得批判的理解。其中的"社会"是指资本主义社会，"物"是指物质生产，"主义"是指经济决定论。第二章侧重于本质层面（劳动价值论），主要探讨李嘉图对斯密的批判继

---

① 参见张一兵《回到马克思——经济学语境中的哲学话语》，江苏人民出版社，1998，第一章第一节。

承关系以及两者共有的资产阶级意识形态性质，兼及西方当代的某些经济学说。第三章侧重于运行层面，主要分析马尔萨斯、欧文、西斯蒙第、李斯特与李嘉图在人口、地租、分配、危机、经济学元理论等问题上的分歧。基本结论是：李嘉图经济学达到了资产阶级学术范围内最大限度的科学性和批判性，李嘉图因果式、非辩证的线性逻辑既巩固了其经济学的科学性和批判性，也限制了其经济学的科学性和批判性。李嘉图经济学是马克思主义政治经济学创立之前最深刻的经济学，李嘉图经济学所实际达到的社会唯物主义是历史唯物主义创立之前最具科学性和批判性的哲学。第四章讨论李嘉图逝世后他的经济学及社会唯物主义的遭遇，一是汤普逊、蒲鲁东以低于社会唯物主义的水平肤浅地解释或改造李嘉图经济学，二是西方当代主流经济学在实证主义的基础上论证"资本的专制"，三是马克思根本超越了李嘉图经济学及其社会唯物主义。

需要特别说明一点，本书所引李嘉图著作出自商务印书馆 2013 年的全集译本，共十卷，如下。

〔英〕彼罗·斯拉法主编，M. H. 多布助编《大卫·李嘉图全集》第 1 卷《政治经济学及赋税原理》，郭大力、王亚南译，商务印书馆，2013。

〔英〕彼罗·斯拉法主编，M. H. 多布助编《大卫·李嘉图全集》第 2 卷《马尔萨斯〈政治经济学原理〉评注》，蔡受百译，商务印书馆，2013。

〔英〕彼罗·斯拉法主编，M. H. 多布助编《大卫·李嘉图全集》第 3 卷《论文集（1809 年—1811 年）》，寿勉成译，商务印书馆，2013。

〔英〕彼罗·斯拉法主编，M. H. 多布助编《大卫·李嘉图全集》第 4 卷《论文集（1815 年—1823 年）》，蔡受百译，商务印书馆，2013。

〔英〕彼罗·斯拉法主编，M. H. 多布助编《大卫·李嘉图全集》第 5 卷《讲演集》，蔡受百译，商务印书馆，2013。

〔英〕彼罗·斯拉法主编，M. H. 多布助编《大卫·李嘉图全集》第 6 卷《通信集（1810 年—1815 年）》，胡世凯译，商务印书馆，2013。

〔英〕彼罗·斯拉法主编，M. H. 多布助编《大卫·李嘉图全集》第 7 卷《通信集（1816 年—1818 年）》，于树生译，商务印书馆，2013。

〔英〕彼罗·斯拉法主编，M. H. 多布助编《大卫·李嘉图全集》

第 8 卷《通信集（1819 年—1821 年 6 月）》，寿进文译，胡世凯校，商务印书馆，2013。

〔英〕彼罗·斯拉法主编，M. H. 多布助编《大卫·李嘉图全集》第 9 卷《通信集（1821 年 7 月—1823 年）》，胡世凯译，商务印书馆，2013。

〔英〕彼罗·斯拉法主编，M. H. 多布助编《大卫·李嘉图全集》第 10 卷《杂著》，陈福生、林纪焘译，高卓校，商务印书馆，2013。

我非常感谢前辈学人的辛勤付出，但为行文方便和注释美观，本书在引用李嘉图著作时，只注释引文出处、全集卷数和页码。

# 第一章　西方近代唯物主义形态

恩格斯在《路德维希·费尔巴哈和德国古典哲学的终结》中提出了全部哲学特别是近代哲学的重大的基本问题：思维与存在谁是第一性；思维与存在的同一性。恩格斯认为，对第一个问题的不同回答区分了唯物主义和唯心主义，对第二个问题的不同回答区分了可知论和不可知论。

大体说来，凡是认为存在是第一性的，以存在来解释思维，以物质来解释精神的，构成了唯物主义的各种学派。① 反之，则属于唯心主义阵营。一般认为，西方近代唯物主义主要有两种形态：经验唯物主义和理性唯物主义。下面将次第分析，并进一步指出：社会唯物主义是区别于上述两者的第三种近代唯物主义，它是李嘉图经济学所由出并立足于其上的哲学原则。西方近代唯物主义反映了新兴资产阶级反封建、反宗教（以及经院哲学），谋求经济利益和政治权利的进步要求。这三种形态的唯物主义之所以是"近代的"，从肯定的意义上说在于它们同属资产阶级意识形态，从否定的意义上说在于它们缺乏对资本的本质规定和真实来历的批判。

----

① 《西方哲学英汉对照辞典》关于唯物论（Materialism）的基本界定如下："这种学说认为，世界上的所有东西都是由物质组成的，物质的性质决定所有其他的东西，包括心的现象。所有可解释的东西都可以在自然规律的基础上加以解释。唯物论有一个漫长的历史，它起自爱奥尼亚的自然哲学家和古代原子论者，由17世纪的伽桑狄和霍布斯、18世纪的法国唯物论者和马克思的辩证唯物论和历史唯物论所发展。但关于物质的本质曾有一些争论。声称世界上所有的东西都是物理存在的'物理主义'是一种流行的当代唯物论。所有形式的唯物论都拒斥抽象的存在而支持具体现实。唯物论一向是常识的同盟者并通常是决定论的。当代唯物论变得不那么本体论了，也变得不那么关心事物的组成了。因此，唯物论和唯心论的传统对立并不总是适用的。逻辑实证主义的物理主义实质上是认识和逻辑上的。它声称所有的谓项都可以还原为物理谓项。心的哲学中的'中心状态唯物论'认为所有的心的现象都可以用神经物理的东西来解释。'取消唯物论'则试图摆脱它认为是在科学上不合适的常识心理学语汇如信念、欲望，以支持神经科学的概念。"（〔英〕布宁、余纪元编著《西方哲学英汉对照辞典》，人民出版社，2001，第591页。）

## 第一节　经验唯物主义

经验唯物主义的基本观点有二：一是，存在着不以人的意志为转移的自然界，也存在着不以人的意志为转移的自然规律；二是，不存在天赋观念，一切知识都来自感觉经验，人们从感觉经验出发，运用科学归纳法，达到对自然规律的科学认识（真理）。前者是唯物主义的前提，后者是经验论的原则。

弗朗西斯·培根（1561～1626）是经验唯物主义的开创者。马克思恩格斯在《神圣家族，或对批判的批判所做的批判》中指出："英国唯物主义和整个现代实验科学的真正始祖是培根。在他看来，自然科学是真正的科学，而感性的物理学则是自然科学的最重要的部分。……按照他的学说，感觉是确实可靠的，是一切知识的源泉。科学是经验的科学，科学就在于把理性方法运用于感性材料。归纳、分析、比较、观察和实验是理性方法的主要条件。"[1] 培根提出了关于蚂蚁、蜘蛛、蜜蜂的著名比喻。"实验家象蚂蚁，只会采集和使用；推论家象蜘蛛，只凭自己的材料来织成丝网。而蜜蜂却是采取中道的，它在庭院里和田野里从花朵中采集材料，用自己的能力加以变化和消化。"[2] 在他看来，哲学家应该是"蜜蜂"，既要采集花粉（依靠感觉经验从自然界中被动地接收材料），也要加工、制蜜（把变化过和消化过的自然界的东西放置在自己的理解力中）。

培根既反对演绎法（以亚里士多德的三段论为代表），也反对普通归纳法。在他看来，演绎法不是发明新知识的方法，而充其量不过是发现的方法，而且，这种发现的方法还被经院哲学滥用（比如讨论一个针尖上能站几个天使），严重地反科学，因而更加错误。"现在所使用的逻辑，与其说是帮助着追求真理，毋宁说是帮助着把建筑在流行概念上面的许多错误固定下来并巩固起来。所以它是害多于益。"[3] 至于普通归纳法，特点是"以简单的枚举来进行的"，"其结论是不稳定的，大有从相反事例遭到攻

---

① 《马克思恩格斯文集》第一卷，人民出版社，2009，第331页。
② 〔英〕培根：《新工具》，许宝骙译，商务印书馆，1984，第75页。
③ 〔英〕培根：《新工具》，许宝骙译，商务印书馆，1984，第10页。引文中的"逻辑"指的是亚里士多德所提出的三段论。

袭的危险"，"其论断一般是建立在为数过少的事实上面，而且是建立在仅仅近在手边的事实上面"。① 培根主张科学归纳法。他认为，这是区别于旧工具的新工具。以"热"为例，具体操作方式如下。其一，列出在热性上一致的各种事例，比如太阳的光线、带火的流星、火焰、摩擦生热等。培根将之称作"要质临现表"。其二，列出近似物中热性缺如的各种事例，比如月亮的光线、彗星、鬼火等。培根将之称作"歧异表""近似物中的缺在表"。其三，列出热的各种程度，比如太阳的热随着对地平的垂直度、近地点、与众星的会聚而有变化，再如火药引发的火焰、从木头发出的火焰、酒精的火焰、鬼火和动物出汗时所起的火焰等存在强弱程度之别。培根将之称作"各种程度表""比较表"。这三个表为列举的全面性和归纳的可靠性提供最初的保证。接下来的任务是"排拒或排除"，"要把那在某个事例中所与性质出现而它不出现的性质，或者那在某个事例中所与性质不出现而它出现的性质，或者那在某个事例中所与性质减少而它增加的性质，或者那在某个事例中所与性质增加而它减少的性质，一概加以排拒或排除"②。排拒或排除工作的必要性在于，人只有从反面的东西出发才能最终达到正面的东西的根本有限性："上帝这位法式的赋予者和设计者当然是从一开头思辨就直接具有对于法式的正面认识的；天使们和其他智慧者或许也是这样。但这无疑是人所不能办到的；对于人，只能认可他开头从反面的东西出发，在排除工作做尽以后，最终才达到正面的东西。"③培根认为，唯有借助"三表法"以及排拒或排除工作，才能破除围困人们心灵的四类假象——族类的假象、洞穴的假象、市场的假象、剧场的假象。④ 培根的叙述是轻快而严谨的："真的，当这项排拒或排除工作恰当地做过之后，在一切轻浮意见都化烟散净之余，到底就将剩下一个坚实的、真确的、界定得当的正面法式。"⑤ 仍以热为例，培根通过上述庞杂

---

① 〔英〕培根：《新工具》，许宝骙译，商务印书馆，1984，第82页。
② 〔英〕培根：《新工具》，许宝骙译，商务印书馆，1984，第145页。
③ 〔英〕培根：《新工具》，许宝骙译，商务印书馆，1984，第144~145页。"法式"大体相当于"定义"。
④ "族类的假象"是人这一族在感觉、理智等方面固有的局限性，"洞穴的假象"是每个人因身心素质、所受教育、成长环境等的不同而形成的偏见，"市场的假象"是人与人在交往过程中因语言、文字的失当害意而产生的误解，"剧场的假象"是人们受哲学教条和错误论证的影响而自陷于其中的虚假信念。
⑤ 〔英〕培根：《新工具》，许宝骙译，商务印书馆，1984，第145页。

而必要的工作，作出定义如下：热是一种扩张的、受到抑制的、在其斗争中作用于物体的较小分子的运动。在培根那里，获得定义并不是终点，发现次高级公理甚至最高级真理也不是终点，相反，它们都是人们进行新的认识、新的实验、新的事功的必要准备。"这种新原理一经在一种准确的方法和规律之下从那些特殊的东西抽引出来，就转过来又指出通向新的特殊东西的道路"，"首先上升到原理，然后降落到事功"①，"从事功和实验中引出原因和原理，然后再从那些原因和原理中引出新的事功和实验"②。不难看到，培根所确立的经验唯物主义要求"学以致用"，即运用科学知识改造自然、为人类自身谋福利，这是"知识就是力量"③的真谛。学以致用的根据在于，资本出于不断增殖的客观需要而对自然界进行理性化或技术化处理。诚如马克思恩格斯所说："如果没有工业和商业，哪里会有自然科学呢？"④"资本主义生产方式以人对自然的支配为前提。"⑤而在前资本主义社会，主流知识观则与之根本不同："学以致知"。法国文艺理论家伊波利特·丹纳（1828～1893）有过精练的记述："埃及人会丈量，凿石头，有一套几何学，在尼罗河一年一度的洪水之后用来恢复田地的疆界。希腊人向他学了这些技术和方法，还嫌不够；他不能满足于工商业上的应用；他生性好奇，喜欢思索；他要知道事物的原因和理由；他追求抽象的证据，探索从一个定理发展到另一个定理的观念有哪些微妙的阶段。……他们感到兴趣的是纯粹的真理；柏拉图看到西西里的数学家把他们的发现应用于机器，责备他们损害科学的尊严；按照他的意思，科学当以研究抽

① 〔英〕培根：《新工具》，许宝骙译，商务印书馆，1984，第80～81页。
② 〔英〕培根：《新工具》，许宝骙译，商务印书馆，1984，第90页。
③ "知识就是力量"不是培根明确说过的话，而是后人根据培根的多处表述提炼出来的，当然，这种提炼是符合培根本意的。培根的表述如下。其一，"人类知识和人类权力归于一；因为凡不知原因时即不能产生结果。要支配自然就须服从自然；而凡在思辨中为原因者在动作中则为法则"。其二，"科学的真正的、合法的目标说来不外是这样：把新的发现和新的力量惠赠给人类生活"。其三，"这样说来，真理和功用在这里乃是一事：各种事功自身，作为真理的证物，其价值尤大于增进人生的安乐"。其四，"虽然通向人类权力和通向人类知识的两条路途是紧相邻接，并且几乎合而为一，但是鉴于人们向有耽于抽象这种根深蒂固的有害的习惯，比较妥当的做法还是从那些与实践有关系的基础来建立和提高科学，还是让行动的部分自身作为印模来印出和决定出它的模本，即思辨的部分"。（〔英〕培根：《新工具》，许宝骙译，商务印书馆，1984，第8、58、98、108页。）
④ 《马克思恩格斯文集》第一卷，人民出版社，2009，第529页。
⑤ 《马克思恩格斯文集》第五卷，人民出版社，2009，第587页。

象的东西为限。的确，希腊人不断地推进科学，从来不考虑实用。"① 亚里士多德（前384～前322）更有名言："求知是所有人的本性。……为知识自身而求取知识的人，以其最大的努力求取最高的科学。"②

经验唯物主义在以后发展中逐渐走向了片面化和自我解构。经验唯物主义的片面化体现在霍布斯那里。霍布斯（1588～1679）把物体的所有运动归诸机械运动（位移运动）："运动是连续地放弃一个位置，又取得另一个位置。"③ 此外，他还将因果性等同于必然性，完全否定偶然性的存在。"人们一般地正是把他们未觉察出具有必然原因的事件叫作偶然事件。"④ 这里，偶然性被归诸人们在认识上的无知。马克思恩格斯不无遗憾地说："唯物主义在它的第一个创始人培根那里，还以朴素的形式包含着全面发展的萌芽。物质带着诗意的感性光辉对整个人发出微笑。……唯物主义在以后的发展中变得片面了。霍布斯把培根的唯物主义系统化了。感性失去了它的鲜明色彩，变成了几何学家的抽象的感性。物理运动成为机械运动或数学运动的牺牲品；几何学被宣布为主要的科学。唯物主义变得漠视人了。"⑤

经验唯物主义的自我解构开始于约翰·洛克（1632～1704）。其一，"白板说"与人心的能动作用相矛盾。洛克一方面提出"白板说"，即人们在感觉经验之前是没有任何观念的，"一切观念都是由感觉或反省来的——我们可以假定人心如白纸似的，没有一切标记，没有一切观念"⑥。另一方面，洛克又认为人们可以凭借心的能动作用任意构造出复杂观念来。"不过人心在接受简单观念方面，虽然是完全被动的，不过在另一方面它亦能施用自己底力量，利用简单观念为材料、为基础，以构成其他观念。……这些观念虽然都是由各种简单观念复合而成的，虽然是由简单观念所合成的

---

① 〔法〕丹纳：《艺术哲学》，傅雷译，傅敏编，广西师范大学出版社，2000，第273页。译文有改动。
② 苗力田主编《亚里士多德全集》第七卷，中国人民大学出版社，2016，第27、30页。
③ 〔英〕霍布斯：《论物体》，段德智译，商务印书馆，2019，第128页。
④ 〔英〕霍布斯：《论物体》，段德智译，商务印书馆，2019，第150页。在第23～24页，霍布斯将因果关系置入他对哲学的界定中：哲学的对象是物体及其特性，"哲学的任务乃是从物体的产生求知物体的特性，或者从物体的特性求知物体的产生。所以，只要没有产生或特性，就没有哲学。因此，哲学排斥神学。所谓神学，所指的是关于永恒、不能产生的、不可思想的神的学说"。霍布斯的哲学定义虽然比较片面，但也确有反宗教（以及经院哲学）的历史进步性。
⑤ 《马克思恩格斯文集》第一卷，人民出版社，2009，第331页。
⑥ 〔英〕洛克：《人类理解论》上册，关文运译，商务印书馆，1959，第68页。

复杂观念复合而成的，可是人心可以任意认它们是整个的一个东西，并且用一个名词来表示它们。它们是由人心随意做成的——说到能重复能联合各种观念的这种官能，则我们可以说，人心有很大的力量，可以变化，并且重复它底思想底对象，而且重复的程度，可以无限地超过感觉或反省所供给的那些观念。"① 引文中"任意""随意""可以无限地超过……"等，充分表明了人心的能动作用。既如此，人心还是白板吗？其二，洛克所坚持的经验论原则与他提出的实体观念相矛盾。根据经验论原则，凡在理智之中的无不先在感觉经验之中，据此，洛克还区分了"物体底第一性质"和"物体底第二性质"，前者是指不论在什么情形之下都和物体完全不能分离的性质，比如凝性、广延、形相、可动性，后者是指物体凭借其第一性质刺激我们的感官而在我们心中形成的印象，比如颜色、声音、滋味。② 但洛克同时认为，这些性质需要由以附着的基层和支柱，此即物质实体。"所谓实体一词亦并没有别的意义，我们在此只是含糊地假定一个自己所不知的东西（就是说我们对这个东西，没有特殊的、清楚的、积极的观念），认它为我们所知道的那些观念底基层同支柱罢了。"③ 矛盾就在于：你没有感觉经验到物质实体，却不得不假定它的存在。经验唯物主义之所以会自我解构，根本原因在于它的唯物主义前提与经验论原则的内在冲突。

彻底坚持经验论原则，必然导致对唯物主义前提的反对。代表人物是贝克莱和休谟。贝克莱将物质实体还原为人们对集合在一起的诸多感觉的命名："由于这些观念中有一些是一同出现的，我们就用一个名称来标记它们，并且因而就把它们认为是一个东西。因此，例如某种颜色、滋味、气味、形相和硬度，如果常在一块儿出现，我们便会把这些观念当作一个单独的事物来看待，并用苹果的名称来表示它。"④ 贝克莱对洛克的解构

---

① 〔英〕洛克：《人类理解论》上册，关文运译，商务印书馆，1959，第130～131页。在下卷中探讨人类知识的范围时，洛克认为存在直觉的知识，这本身就既是对天赋观念的妥协，也是对自己所提出的"白板说"的否定。（参见〔英〕洛克《人类理解论》下册，关文运译，商务印书馆，1959，第529页。）

② 参见〔英〕洛克《人类理解论》上册，关文运译，商务印书馆，1959，第100～101页。

③ 〔英〕洛克：《人类理解论》上册，关文运译，商务印书馆，1959，第58页。

④ 北京大学哲学系外国哲学史教研室编译《西方哲学原著选读》上卷，商务印书馆，1981，第502页。贝克莱说："观念只存在于这个东西之中，或者说，被这个东西所感知；因为一个观念的存在，就在于被感知。"（第503页）"这个东西"是指能感知的主动实体，即心灵、精神、灵魂或自我。贝克莱的主要错误在于，将客观的可感性质与主观的感觉完全等同了。

在于追问物质实体本身是否可感，如果可感，那它就是这些可感性质，如果不可感，那它显然不可能成为可感性质的来源。① 这种解构非常精彩。然而遗憾的是，贝克莱在否定物质实体的同时却肯定了精神实体（特别是上帝）。这是其经验论之不彻底性的体现（当然这与他的大主教身份有关）。借用刚才谈及洛克时的那个归谬，我们可以追问贝克莱：你没有经验到进行内心活动的精神实体（你只能经验到你的内心活动），凭什么假定精神实体存在？与之相比，休谟真正彻底地坚持了经验论原则。他甚至认为，感觉"是由我们所不知的原因开始产生于心中"②。其一，休谟摧毁了因果关系的客观性。在休谟看来，从 N 种现象俱是如此并不能逻辑地推出 N+1 种现象也是如此。"我们关于因果关系的知识，在任何情况下都不是从先验的推理获得的，而是完全产生于经验，即产生于当我们看到一切特殊的对象恒常地彼此联结在一起的那种经验。"③ 因果关系无论是对日常生活还是对科学研究来说当然很重要，但是，它并非源于理性（比如人们的天赋观念），而是源于一种不完全的甚或错误的经验，即人们对空间上接近、时间上接续的两个事物之"恒常地彼此联结在一起"的心理联想。"由此可见，一切从经验而来的推论都是习惯的结果，而不是运用理性的结果。因此，习惯是人类生活中的伟大指南。只有这个原则才能使我们的经验对我们有用，使我们能期待将来出现一连串事件，与过去出现的事件相似。"④ 因果关系之客观性被摧毁，意味着自然规律不具有客观性。其二，休谟指出，物体之继续存在的信念（比如不以人的意志为转移的自然界），依赖于人对自身某些印象的一贯性和恒定性的想象。这种想象是人性所必需的，它源于人对不安（比如感觉经验的多变性）的恐惧。休谟说："我的一生中几乎没有一个刹那没有一个类似的例子呈现给我，我总是时时需要假设对象的继续存在，以便联系其过去的和现在的现象，

---

① 参见北京大学哲学系外国哲学史教研室编译《西方哲学原著选读》上卷，商务印书馆，1981，第505页。
② 〔英〕休谟：《人性论》上册，关文运译，郑之骧校，商务印书馆，1980，第19页。
③ 〔英〕休谟：《人类理智研究》，吕大吉译，商务印书馆，1999，第21页。
④ 〔英〕休谟：《人类理智研究》，吕大吉译，商务印书馆，1999，第37页。休谟将人类理性或研究的全部对象区分为观念的关系和实际的事情。他认为后者包含经验的内容，因而构成知识的对象。然而遗憾的是，由于因果关系被还原为心理联想，所以，关于实际的事情的知识是不具有普遍必然性。与之相比，关于观念的关系的判断倒是具有普遍必然性（休谟举例说，"直角三角形斜边的平方等于其余两边的平方和"），但它没有经验内容，所以不是知识。

并以我凭经验所发现为适合于它们的特殊本性和条件的那样一种彼此的结合给予它们。因此，在这里，我就自然而然地会把世界看作一种实在而持久的东西，并且当它已经不在我的知觉之中时仍然保持其存在。"① "显然，人们是借助于一种自然本能和先入之见而信赖他们的感觉；我们总是不作任何推理，甚至差不多是在运用理性之前，就假定有一个外在的宇宙，它不依赖于我们的知觉，即使我们和每一个有感觉的实体都不在场或者都消灭了，它也将会存在。"② 在休谟这里，经验唯物主义完成了自我解构。

经验唯物主义虽然存在唯物主义前提与经验论原则的内在冲突，但它仍然被诸多思想家运用来考察现象、揭示规律，就像培根所示范的那样。顺便一提，以上谈及经验唯物主义时提到的哲学家都是英国人。何以如此？"想法"源于"活法"。黑格尔解释道："因为英国人在欧洲似乎是一个局限于现实理智的民族，就象国内小商贩和手工业者阶层那样，注定老是沉陷在物质生活中，以现实为对象，却不以理性为对象。"③

经验唯物主义的唯物主义前提与经验论原则之内在冲突，在18世纪法国唯物主义那里得到常识层面的统一。18世纪法国唯物主义的代表人物有狄德罗、拉·梅特里、爱尔维修、霍尔巴赫。法国唯物主义者仅限于对呈现在人们表象中的现象的外在描述，而不去考察现象背后的内在根据（看不见、摸不着却真实地发生作用的人与人的社会关系）。黑格尔揭示出法国哲学根据个体的当下表象构建宏大理论的特点："我们发现法国人有一种深刻的、无所不包的哲学要求……他们是十分生动活泼的……他们的方法是从表象、从心情去发挥；这是一种伟大的看法，永远着眼于全体，并且力求保持和获得全体。"④ 比如伏尔泰在《哲学辞典》中以及狄德罗在《关于物质和运动的哲学原理》中将牛顿力学所揭示的自然规律推广到人类社会，提出世界是物质的、物质是运动的（物质是实物存在，运动是位移运动）。再如爱尔维修在《论人》中将人的本质置于肉体的感受性之中："我证明过灵魂在我们身上只不过是感觉能力；精神是它的结果；人身上的一切都是感觉；因此肉体的感受性乃是人的需要、感情、社会性、

① 〔英〕休谟：《人性论》上册，关文运译，郑之骧校，商务印书馆，1980，第223页。
② 〔英〕休谟：《人类理智研究》，吕大吉译，商务印书馆，1999，第140页。
③ 〔德〕黑格尔：《哲学史讲演录》第四卷，贺麟、王太庆译，商务印书馆，1978，第18页。
④ 〔德〕黑格尔：《哲学史讲演录》第四卷，贺麟、王太庆译，商务印书馆，1978，第220页。

观念、判断、意志、行动的原则；最后，如果可以用肉体的感受性来说明一切，承认我们身上有其他的能力就是无用的。人是一台机器，为肉体的感受性所发动，必须做肉体的感受性所执行的一切事情。"① "人是一台机器"表明唯物主义前提，"人身上的一切都是感觉"表明经验论原则。借用尼采的"人性的，太人性的"著名说法，可以说法国唯物主义是"常识的，太常识的"。法国唯物主义者完全无法理解"飞矢不动"悖论②的思想深度，也无法区分究竟世界本就如此这般（本体论问题）还是人们将之把握为如此这般（认识论问题），更无从认清他们对物质和运动的诸多外在描述所由出的内在根据（比如可感不可思、可思不可感）是相互冲突的。正是在常识的意义上，法国唯物主义者反对宗教神学，批评形而上学。在他们看来，宗教神学产生愚昧迷信，形而上学则为之作辩护，且提供了大量错误知识。黑格尔多次指出，法国唯物主义是"怀着深恶痛绝的感情"，"拿着健全的常识和一种富于机智的认真精神"③ 来反对宗教神学和形而上学的。法国唯物主义将其研究对象的特定社会历史条件抽象化和虚无化，以至于它反而成为它所反对的宗教神学和形而上学的补充（而非超越）。

　　需要指出：形而上学具有两层含义，一是探讨经验之最终根据或现象之最后本体的学问，二是孤立地、静止地、片面地看问题的方法。④ 法国

---

① 北京大学哲学系外国哲学史教研室编译《西方哲学原著选读》下卷，商务印书馆，1982，第 180～181 页。

② "飞矢不动"悖论由古希腊哲学家芝诺（前 490～前 425）提出，其意为：飞着的箭在任何一定的刹那都占据着一个与它自身相等的空间，在这个刹那和这个空间中，箭是不动的，所以，飞矢不动。若要反驳"飞矢不动"悖论，不能停留于经验常识的层面（比如"我看到它动了"），而必须揭示悖论的内在根据和逻辑错误，这种揭示需要理论思维和辩证逻辑，法国唯物主义恰恰缺乏这两点。对于"飞矢不动"悖论，恩格斯指出："运动本身就是矛盾；甚至简单的机械的位移之所以能够实现，也只是因为物体在同一瞬间既在一个地方又在另一个地方，既在同一个地方又不在同一个地方。这种矛盾的连续产生和同时解决正好就是运动。"（《马克思恩格斯文集》第九卷，人民出版社，2009，第 127 页。）

③ 〔德〕黑格尔：《哲学史讲演录》第四卷，贺麟、王太庆译，商务印书馆，1978，第 219 页。

④ 黑格尔在《小逻辑》"逻辑学概念的初步规定"第 24 节中指出："形而上学是研究思想所把握住的事物的科学，而思想是能够表达事物的本质性的。"在该节附释二中，黑格尔也说："逻辑思想是一切事物的自在自为地存在着的根据。"（〔德〕黑格尔：《小逻辑》，贺麟译，商务印书馆，1980，第 79、85 页。）在黑格尔那里，哲学就是形而上学，即探讨经验之最终根据或现象之最后本体的学问。黑格尔认为，在西方近代哲学的发展中，既有孤立地、静止地、片面地看问题的形而上学家，也有理性地、矛盾地、辩证地看问题的形而上学家。恩格斯在《社会主义从空想到科学的发展》和《自然辩证法》中否定了哲学就是形而上学的看法，他将形而上学直接等同于孤立地、静止地、片面地看问题的方法。

唯物主义所认为的为宗教神学作辩护的形而上学指的是第一层含义，法国唯物主义者斥之为一架发疯的钢琴。实际上，形而上学（第一层含义，下同）绝非法国唯物主义所理解和批评的那样肤浅，宗教神学也没有被法国唯物主义所驳倒。形而上学旨在对人们的思想予以思想（反思），不仅思想"思想的内容"，而且思想"思想的形式"；通过考察人类的理性能力本身，找到科学知识的内在根据，据此获得面对经验或现象的批判性。在黑格尔之前，形而上学将世界区分为经验世界和超经验世界，并认为经验世界的根据在超经验世界中，超经验世界是人类实现价值认同、对抗虚无主义的意义家园。以柏拉图哲学为代表的形而上学要求"上下二分"，即超经验世界（理念世界）在上，经验世界在下，宗教神学亦是如此；以笛卡尔哲学为代表的形而上学则是"内外二分"，即超经验世界（意识世界）在内，经验世界在外。黑格尔将两种思路统一起来，集形而上学之大成。首先，概念辩证法的否定性是黑格尔哲学的合理内核。概念辩证法的基本形式是"肯定—否定—否定之否定"或"正题—反题—合题"。一个概念唯有否定自己才能成为自己；它又通过对上述否定的再否定而在更高层次上复归自己。这两次否定都是自己否定自己。黑格尔说："它是本质的统一体，这个统一体不是通过一个他物的否定，而是通过它本身的否定，才与自身同一的。"① 否定性源于精神的能动力量，"它（指精神——引者注）敢于面对面地正视否定的东西并停留在那里"，"精神在否定的东西那里停留，这就是一种魔力，这种魔力就把否定的东西转化为存在"。② 否定性表达了一种主体自由的精神。黑格尔说："所以，逻辑学中所说的思想是指纯粹思想而言。所以逻辑学中所说的精神也是纯粹自在的精神，亦即自由的精神，因为自由正是在他物中即是在自己本身中、自己依赖自己、自己是自己的决定者。"③ 概念辩证法要求在认识活动中考察认识能力，所以它既具有反思性，也具有批判性。与之相比，康德要求在认识活动之前先考察认识能力，这就类似于要求人们在学会游泳之前不要下水④，所以康德的反思和批判是不彻底的。马克思充分肯定概念辩证法

---

① 〔德〕黑格尔：《逻辑学》下卷，杨一之译，商务印书馆，1976，第59页。也见第67页。
② 〔德〕黑格尔：《精神现象学》上卷，贺麟、王玖兴译，商务印书馆，1979，第21页。
③ 〔德〕黑格尔：《小逻辑》，贺麟译，商务印书馆，1980，第83页。也见第51页。
④ 参见〔德〕黑格尔《哲学史讲演录》第四卷，贺麟、王太庆译，商务印书馆，1978，第259页。

的否定性，他将之称作"作为推动原则和创造原则的否定性"①。在对资本主义经济生活的分析中，马克思也全面呈现了辩证法之否定性所蕴含的反思性和批判性。比如，"劳动只有在它生产了它自己的对立面时才是生产劳动"。② 再如，马克思在《资本论》第一卷第一章中对黑格尔特有表达方式（概念辩证法）的"卖弄"③。其次，黑格尔哲学的封闭性窒息了其合理内核（概念辩证法的否定性）的反思性和批判性。在黑格尔那里，辩证法是开放的，由于其自己否定自己，所以它在本质上是一种自由的生命力之体现；而概念是封闭的，既是编剧，又是导演，再是演员，还是观众，概念囿于自身而无法通达现实世界，由概念所构成的形而上学体系也是封闭的，它被表达为绝对真理，并自诩是现实世界的最终决定力量。对此，恩格斯批判道："黑格尔体系的全部教条内容就被宣布为绝对真理，这同他那消除一切教条东西的辩证方法是矛盾的；这样一来，革命的方面就被过分茂密的保守的方面所窒息。"④ 黑格尔哲学的教条内容包括但不限于如下几个方面。一是，黑格尔将思维视作第一性的，而将存在视作思维的"外化"，将自然界和人类社会视作逻辑学的"外化"，之所以"外化"，仅仅是因为思维"决心存在"⑤。显然，黑格尔颠倒了思维与存在的关系。马克思批评道："所以，范畴也和它们所表现的关系一样不是永恒的。它们是历史的和暂时的产物。"⑥ 马克思还在货币（一般等价物）体现了个人之间的私人关系获得独立性的意义上将黑格尔逻辑学讽刺为"精神的货币"⑦。二是，黑格尔混淆了感性具体和理性具体。对此，马克思批评道："因此，黑格尔陷入幻觉，把实在理解为自我综合、自我深化和自我运动的思维的结果，其实，从抽象上升到具体的方法，只是思维用来掌握具体、把它当作一个精神上的具体再现出来的方式。但决不是具体本

① 《马克思恩格斯文集》第一卷，人民出版社，2009，第205页。列宁非常重视"作为推动原则和创造原则的否定性"，指出："马克思和恩格斯在他们的著作中特别强调的是**辩证**唯物主义，而不是辩证**唯物主义**，特别坚持的是**历史**唯物主义，而不是历史**唯物主义**"。（《列宁选集》第二卷，人民出版社，2012，第225页。粗体部分为列宁所强调。）
② 《马克思恩格斯全集》第三十卷，人民出版社，1995，第264页。
③ 《马克思恩格斯文集》第五卷，人民出版社，2009，第22页。
④ 《马克思恩格斯文集》第四卷，人民出版社，2009，第271页。恩格斯指出，黑格尔"拖着一根庸人的辫子"，"没有完全摆脱德国庸人的习气"。（第272页）
⑤ 参见〔德〕黑格尔《逻辑学》上卷，杨一之译，商务印书馆，1966，第54页。
⑥ 《马克思恩格斯文集》第十卷，人民出版社，2009，第49~50页。
⑦ 《马克思恩格斯文集》第一卷，人民出版社，2009，第202页。

身的产生过程。"① 恩格斯也说："在黑格尔的辩证法中，正像在他的体系的所有其他分支中一样，一切真实的联系都是颠倒的。"② 三是，黑格尔在《小逻辑》第三篇"概念论"中关于"认识"以及"意志"的讨论，将实践归诸认识，不仅取消了实践的独立性，而且也抹杀了实践对认识的决定性。恩格斯指出："但是，人的思维的最本质的和最切近的基础，正是人所引起的自然界的变化，而不仅仅是自然界本身；人在怎样的程度上学会改变自然界，人的智力就在怎样的程度上发展起来。"③ 等等。海德格尔批评形而上学，认为它仅仅追问存在者而遗忘了存在本身；真相是存在显现为存在者，但其自身却隐而不显（存在以缺席的方式在场）。这个批评是有道理的，但海德格尔另起炉灶所提出的基础存在论实际上仍然落入了形而上学的窠臼，他无非是把黑格尔哲学所追求的理性的同一性（一切都是理性的显现）改造为前理性的同一性（一切都是存在的澄明）。海德格尔没有真正超越形而上学。真正超越形而上学的是马克思恩格斯共同创立的历史唯物主义。具体体现在三个方面。其一，将概念辩证法的否定性升华为现实生活本身的自我批判。马克思从黑格尔的自我意识（人把自我当对象）中提炼出生产力范畴，从黑格尔的对象意识（人把对象当自我）中提炼出生产关系范畴，并将自我意识和对象意识之对立同一批判地改造为生产力与生产关系的矛盾运动。马克思恩格斯指出："因此，按照我们的观点，一切历史冲突都根源于生产力和交往形式之间的矛盾。"④ 黑格尔以神秘化方式表达出的丰富历史内容，在马克思恩格斯那里获得了源于人的生命活动的真实体验和社会内涵。就此而言，《联共（布）党史》避而不谈"否定之否定"是有问题的，它不仅错失了"现实生活本身的自我批判"的自由向度，而且也消解了人的生命活动的真实体验和社会内涵。其二，指出形而上学是私有制社会关于主体自由的意识形态幻象。马克思恩格斯将意识还原为其所由出的客观社会现实："意识［das Bewuβtsein］在任何时候都只能是被意识到了的存在［das bewuβte Sein］，而人们的存在就是他们的现实生活过程。……只要描绘出这个能动的生活过程，历史

---

① 《马克思恩格斯全集》第三十卷，人民出版社，1995，第42页。
② 《马克思恩格斯文集》第九卷，人民出版社，2009，第441页。
③ 《马克思恩格斯文集》第九卷，人民出版社，2009，第483页。恩格斯说明了因果观念即一个运动是另一个运动的原因这样一种观念在人的活动中得到确证。（第482~483页）
④ 《马克思恩格斯文集》第一卷，人民出版社，2009，第567~568页。

就不再像那些本身还是抽象的经验主义者所认为的那样，是一些僵死的事实的汇集，也不再像唯心主义者所认为的那样，是想象的主体的想象活动。"① 语言亦是如此。马克思恩格斯说："哲学家们只要把自己的语言还原为它从中抽象出来的普通语言，就可以认清他们的语言是被歪曲了的现实世界的语言，就可以懂得，无论思想或语言都不能独立组成特殊的王国，它们只是现实生活的表现。"② 形而上学的"意识"是对自身实践限度和历史限度的无意识，形而上学的"语言"是对自身实践限度和历史限度的沉默。其三，黑格尔哲学是资产阶级意识形态。马克思说："黑格尔是站在现代国民经济学家的立场上的。……黑格尔唯一知道并承认的劳动是抽象的精神的劳动。"③ 黑格尔把异化等同于对象化，就是对古典经济学劳动范畴（其实是雇佣劳动范畴）的哲学直译。这种哲学话语蕴含着对资本主义社会的深度认同（承诺资本的永恒性）。马克思恩格斯认为："这样，整个历史过程就被看成是'人'的自我异化过程，实质上这是因为，他们总是把后来阶段的一般化的个人强加于先前阶段的个人，并且把后来的意识强加于先前的个人。"④ 黑格尔把资产阶级个人放大为绝对精神并以此叙述历史，同样是对资本主义社会的深度认同（绝对精神具有规范资本限度的有限改良意义）。据此，马克思恩格斯将黑格尔哲学科学地界定为："非批判的实证主义和同样非批判的唯心主义"⑤，"虚假的实证主义或他那只是虚有其表的批判主义"⑥，"实证唯心主义"⑦。黑格尔哲学是资产阶级意识形态在哲学上最为精致化的表现。接下来我们将看到，李嘉图经济学是资产阶级意识形态在经济学上最具科学性的表现。

黑格尔之后和马克思同时代的德国哲学家费尔巴哈（1804～1872），犯了和法国唯物主义一样的错误。其一，片面凸显感受的重要地位。费尔巴哈在《关于哲学改造的临时纲要》中指出："当你思想到性质之前，你先感觉到性质。

---

① 《马克思恩格斯文集》第一卷，人民出版社，2009，第 525～526 页。
② 《马克思恩格斯全集》第三卷，人民出版社，1960，第 525 页。
③ 《马克思恩格斯文集》第一卷，人民出版社，2009，第 205 页。
④ 《马克思恩格斯文集》第一卷，人民出版社，2009，第 582 页。
⑤ 《马克思恩格斯文集》第一卷，人民出版社，2009，第 204 页。
⑥ 《马克思恩格斯文集》第一卷，人民出版社，2009，第 213 页。
⑦ 《马克思恩格斯文集》第一卷，人民出版社，2009，第 510 页。

感受是先于思维的。"① 与旧哲学贬斥感觉、强调"我"是思维的实体不同，费尔巴哈在《未来哲学原理》中指出，新哲学突出感觉，强调"我是一个实在的感觉的本质，肉体总体就是我的'自我'，我的实体本身"②。这里，费尔巴哈不懂得人的感官、属人的感觉是在人的实践活动中被建构起来的。马克思指出："因为，不仅五官感觉，而且连所谓精神感觉、实践感觉（意志、爱等等），一句话，人的感觉、感觉的人性，都是由于它的对象的存在，由于人化的自然界，才产生出来的。五官感觉的形成是迄今为止全部世界历史的产物。"③ 费尔巴哈把他的新哲学称作光明正大的感性哲学。然而，他的感性是感性直观，而非感性活动。实际上，后者对前者具有先在性和决定性。马克思恩格斯指出："这种活动、这种连续不断的感性劳动和创造、这种生产，正是整个现存的感性世界的基础，它哪怕只中断一年，费尔巴哈就会看到，不仅在自然界将发生巨大的变化，而且整个人类世界以及他自己的直观能力，甚至他本身的存在也会很快就没有了。"④ 感性活动（而非感性直观）才是宗教神学和形而上学的真正根据。"他（指费尔巴哈——引者注）做的工作是把宗教世界归结于它的世俗基础。但是，世俗基础使自己从自身中分离出去，并在云霄中固定为一个独立王国，这只能用这个世俗基础的自我分裂和自我矛盾来说明。"⑤ 其二，认为"自然"和"人"没有社会历史性规定。费尔巴哈反对斯宾诺莎的"神即自然"，他认为自然是繁复的、平凡的、实在的、一切感官都能感知的东西。在《宗教本质讲演录》中，费尔巴哈认为："我所说的自然界，就是人拿来当作非人性的东西而从自己分别出去的一切感性的力量、事物和本质之总和。……自然界是光，是电，是磁，是空气，是水，是火，是地，是动物，是人，这里说的人乃是一个无意志和不自觉而活动着的东西。"⑥ 费尔巴哈把人理解为自然人：人就是他所吃下

---

① 〔德〕费尔巴哈：《费尔巴哈哲学著作选集》上卷，荣震华、李金山等译，商务印书馆，1984，第107页。

② 〔德〕费尔巴哈：《费尔巴哈哲学著作选集》上卷，荣震华、李金山等译，商务印书馆，1984，第169页。

③ 《马克思恩格斯文集》第一卷，人民出版社，2009，第191页。

④ 《马克思恩格斯文集》第一卷，人民出版社，2009，第529页。

⑤ 《马克思恩格斯文集》第一卷，人民出版社，2009，第500页。

⑥ 〔德〕费尔巴哈：《费尔巴哈哲学著作选集》下卷，荣震华、王太庆、刘磊译，商务印书馆，1984，第591页。

去的东西。至于人与人之间的关系，无非是自然关系，比如两性关系。费尔巴哈认为，这种自然关系本是神圣的，宗教的错误在于将之神化了。对待宗教的正确态度是将它错误地颠倒了的东西再颠倒过来。人的解放仍然要诉诸宗教，但那种宗教不是传统宗教，而是不存在上帝的"爱的宗教"。马克思恩格斯指出："他（指费尔巴哈——引者注）还从来没有看到现实存在着的、活动的人，而是停留于抽象的'人'，并且仅仅限于在感情范围内承认'现实的、单个的、肉体的人'，也就是说，除了爱与友情，而且是理想化了的爱与友情以外，他不知道'人与人之间'还有什么其他的'人的关系'。"① "他紧紧地抓住自然界和人；但是，在他那里，自然界和人都只是空话。"② 本想超越法国唯物主义（凸显唯物主义之人本性）的费尔巴哈，比法国唯物主义还要僵化。在马克思恩格斯那里，人是与生产发展的一定历史阶段相联系的现实的个人，在阶级社会中表现为阶级人，而自然则是人化自然，即作为人的无机身体处于与人的实践联系或观念联系中的自然。

大体说来，英国近代哲学偏爱经验知识，法国近代哲学偏爱直观表象，德国近代哲学偏爱概念思辨。对此，马克思有过形象的说明："在德国是自我意识；在法国是平等，因为这是政治；在英国是现实的、物质的、仅仅以自身来衡量自身的实际需要。"③

## 第二节　理性唯物主义

理性唯物主义的基本观点有二：一是，客观世界（"物"）与主观世界（"心"）既是彼此独立的，又是协调一致的，独立且一致的根本保证在于上帝（进言之即理性）；二是，经验知识是不可靠的，因为它没有普

---

① 《马克思恩格斯文集》第一卷，人民出版社，2009，第530页。
② 《马克思恩格斯文集》第四卷，人民出版社，2009，第294页。恩格斯所说的"我们一时都成为费尔巴哈派了"，以及列宁所说的"马克思和恩格斯的学说是从费尔巴哈那里产生出来的"，似有矫枉过正之嫌。（引文分别见《马克思恩格斯文集》第四卷，人民出版社，2009，第275页；《列宁选集》第二卷，人民出版社，2012，第225页。）在马克思恩格斯创立和完善历史唯物主义的过程中，费尔巴哈的影响是比较小的（影响主要在于批判思路从唯心主义转向唯物主义），远不如古典经济学（特别是李嘉图经济学）的思想冲击。
③ 《马克思恩格斯文集》第一卷，人民出版社，2009，第231页。

遍必然性，一切知识都来自清楚明白的天赋观念和形式逻辑的推理规则。前者是心物二元论的前提，后者是唯理论的原则。

理性唯物主义的开创者是法国哲学家笛卡尔（1596～1650）。对笛卡尔的理性唯物主义可从认识论和本体论两个角度予以把握。从认识论上看，"我思"是坚实可靠的、不可再被怀疑的起点。笛卡尔在《谈谈方法》第四部分一开头提出："既然我因此宁愿认为一切都是假的，那么，我那样想的时候，那个在想的我就必然应当是个东西。我发现，'我想，所以我是'这条真理是十分确实、十分可靠的，怀疑派的任何一条最狂妄的假定都不能使它动摇，所以我毫不犹豫地予以采纳，作为我所寻求的那种哲学的第一条原理。"① 笛卡尔由之出发，引出上帝必然存在。因为，"我"在怀疑本身表明了"我"的不完满，"我"心中一定有一个比"我"完满的东西的观念，正是这个完满的东西把不完满的观念放置在"我"心中，这个东西既然是完满的，就一定是客观存在的（否则它就不完满了），它就是上帝。"这个观念（指上帝的观念——引者注）是非常清楚、非常明白的，它本身比任何别的观念都含有更多的客观实在性，所以自然没有一个观念比它更真实，能够更少被人怀疑为错的和假的了。我说，这个无上完满的、无限的存在体的观念是完全真实的。"② 据此，笛卡尔由"我思"推出上帝。而上帝从不骗人，这保证了它所创造的精神世界是清楚明白的，它所创造的物质世界是真实可靠的。此即心物二元论。

从本体论上看笛卡尔哲学，上帝是绝对实体，上帝创造了物质实体和精神实体，这两者是相对实体；物质实体的唯一本质属性是广延，这使得物质世界遵循因果规律而运动（笛卡尔和霍布斯一样认为物质世界只存在机械运动或位移运动），精神实体的唯一本质属性是思维，这使得精神世界遵循自由意志而活动；物质实体与精神实体、广延与思维、物质世界与精神世界都是彼此独立的且协调一致的，上帝保证了这一切。探讨物质实体、广延、物质世界的学问是物理学，探讨精神实体、思维、精神世界以及上帝的学问是形而上学。笛卡尔在《哲学原理》法文版"代序"中将这两种学问分别视作"知识之树"的树干和树根（树干由树根而来，物

---

① 〔法〕笛卡尔：《谈谈方法》，王太庆译，商务印书馆，2000，第26～27页。"思"是理性活动，即怀疑、分析、论证。"我"是纯粹精神性的主体。

② 〔法〕笛卡尔：《第一哲学沉思集》，庞景仁译，商务印书馆，1986，第46页。

理学源于形而上学）。① 这实际上是科学统一性思想的萌芽。对于物质和精神在人身上显然存在相互影响的问题，笛卡尔以大脑中的松果腺是灵魂居住之地予以解释，这就是他的身心交感说。显然，这种解释与其心物二元论的前提相矛盾：无广延的精神（心）怎么可能居住在有广延的物质（物）之中，并与有广延的物质（物）发生关系？

初看起来，笛卡尔一开始借助普遍怀疑否定了物质世界的客观性，而后又借助上帝重新肯定了物质世界的客观性，这似乎是兜圈子式的文字游戏。然而细加分析，可以看到，这里发生了两个重要的甚至是根本的变化。其一，理性取代上帝成为哲学的第一原则。黑格尔称赞道："勒内·笛卡尔事实上是近代哲学真正的创始人，因为近代哲学是以思维为原则的。独立的思维在这里与进行哲学论证的神学分开了，把它放到另外的一边去了。思维是一个新的基础。"② 不妨将"我思故我在"的"我"提取出来，剩下的是"思故在"，笛卡尔的真实意图是以理性证明存在，而理性的基本要素是清楚明白的天赋观念和形式逻辑的推理规则，其典型表现是数学（特别是几何学）。在《自然辩证法》中，恩格斯说："最重要的数学方法基本上被确立了；主要由笛卡儿确立了解析几何……"③ 可以说，笛卡尔以更精致化的方式重提和发展了古希腊毕达戈拉斯派的"数目是万物的实体"④ 这一观点。笛卡尔在《谈谈方法》中提出"动物是机器"，其本意是动物没有主动的思维原则。法国唯物主义者拉·梅特里对之作了极其片面的发挥，提出"人是机器"⑤。其二，物质世界被置入数学公式中，得到数学化的精确表达，这为西方近代自然科学的发展奠定了

---

① 参见〔法〕笛卡尔《谈谈方法》，王太庆译，商务印书馆，2000，第70页。
② 〔德〕黑格尔：《哲学史讲演录》第四卷，贺麟、王太庆译，商务印书馆，1978，第63页。黑格尔说："这样，哲学就恢复了它的固有基地，即：思维的出发点是确认自己的思维，并不是什么外在的东西，给予的东西，某一个权威；它是彻底从'我思维'中包含的这种自由出发的。"（第74页）
③ 《马克思恩格斯文集》第九卷，人民出版社，2009，第411页。
④ 参见苗力田主编《亚里士多德全集》第七卷，中国人民大学出版社，2016，第39~43页。
⑤ 拉·梅特里指出："人体是一架会自己发动自己的机器：一架永动机的活生生的模型。体温推动它，食料支持它。""凡是真正的哲学家都会同意，从动物到人并不是一个剧烈的转变。""人并不是用什么更贵重的料子捏出来的；自然只用了一种同样的面粉团子，它只是以不同的方式变化了这面粉团子的酵料而已。""因此，让我们勇敢地作出结论：人是一架机器；在整个宇宙里只存在着一个实体，只是它的形式有各种变化。"（〔法〕拉·梅特里：《人是机器》，顾寿观译，王太庆校，商务印书馆，1959，第20、30~31、43、73页。）

形而上的基础。笛卡尔说："在这些观念里边，有些我认为是与我俱生的，有些是外来的，来自外界的，有些是由我自己做成的和捏造的。因为，我有领会一般称之为一个东西，或一个真理，或一个思想的功能，我觉得这种功能不是外来的，而是出自我的本性的。"① "与我俱生的"观念，即天赋观念，是确实可靠的。"外来的，来自外界的"观念，即经验的知识，是不可靠的。"由我自己做成的和捏造的"观念，即虚构的知识，更是不可靠的。精神（心）通过直观获得定义和公理，通过理性演绎，得到关于物质世界的全部知识。在这个意义上，马克思恩格斯说："笛卡儿的唯物主义汇入了真正的自然科学。"②

总之，心物二元论是理性唯物主义的合乎逻辑的前提。不过，吊诡之处也正在于此：关于物质世界的知识居然不需要对物质世界的经验。

荷兰哲学家斯宾诺莎（1632～1677）推进了笛卡尔的工作，主要有四。其一，提出自然界具有统一性和规律性。斯宾诺莎哲学的出发点不是"我思"，而是神。斯宾诺莎在《神、人及其幸福简论》中指出："神是一个固有因而不是一个超越因（causa transiens），因为神是在其自身之中而不是在其自身之外产生一切的，因为在它之外根本就没有任何东西。"③ 神既不是在自然之外的某个东西，也不是存在于自然之中的某个东西，相反，神就是作为整体的自然本身。斯宾诺莎将之进一步界定为"能动的自然"。"'能动的自然'是指在自身内并通过自身而被认识的东西，或者指表示实体的永恒无限的本质的属性，换言之，……就是指作为自由因的神而言。"④ 与神这个"能动的自然"相对的是"被动的自然"，即作为部分

---

① 〔法〕笛卡尔：《第一哲学沉思集》，庞景仁译，商务印书馆，1986，第37页。笛卡尔的天赋观念主要是指现成的天赋观念，比如形式逻辑的规则、几何学的公理等。莱布尼茨将之发展为潜在的天赋能力。莱布尼茨的用词是"有纹路的大理石"。他说："也就是像这样，观念和真理就作为倾向、禀赋、习性或自然的潜能天赋在我们心中，而不是作为现实天赋在我们心中。"（〔德〕莱布尼茨：《人类理智新论》上册，陈修斋译，商务印书馆，1982，第6～7页。）

② 《马克思恩格斯文集》第一卷，人民出版社，2009，第334页。

③ 洪汉鼎主编《斯宾诺莎全集》第一卷，龚重林等译，中国人民大学出版社，2021，第219页。

④ 〔荷兰〕斯宾诺莎：《伦理学》，贺麟译，商务印书馆，1983，第29～30页。"能动的自然"与"被动的自然"也分别被译作"产生自然的自然"和"被自然产生的自然"。（参见洪汉鼎主编《斯宾诺莎全集》第一卷，龚重林等译，中国人民大学出版社，2021，第235页。）

的个别事物。这个区分非常重要。它实际上说明了：神就是自然规律，自然界中诸事物莫不以某种方式表现神的本性（自然规律），信仰神就应该努力认识自然规律。"我们理解个别事物愈多，则我们理解神也愈多。"① 斯宾诺莎通过泛神论，一来，呈现了物质世界的统一性和规律性，二来，推进了西方近代自然科学的专门化和专业化（这些自然科学研究的是"被动的自然"）。恩格斯褒扬斯宾诺莎开创了"从世界本身来说明世界"的哲学道路："当时的哲学博得的最高荣誉就是：它没有被同时代的自然知识的狭隘状况引入迷途，它——从斯宾诺莎一直到伟大的法国唯物主义者——坚持从世界本身来说明世界，并把细节的证明留给未来的自然科学。"②

　　其二，在坚持笛卡尔开创的心物二元论的基础上，斯宾诺莎以属性二元论缓解了实体二元论的理论尴尬。所谓属性二元论，是指广延和思维是神（"能动的自然"）这个唯一实体的两重属性。"思想是神的一个属性，或者神是一个能思想的东西。……广延是神的一个属性，换言之，神是一个有广延的东西。"③ 既然出自同一实体，广延和思维、广延的世界与思维的世界，就必然是先天地相互协调、相互一致的。"观念的次序和联系与事物的次序和联系是相同的。"④ 由是，笛卡尔的身心"交感"被斯宾诺莎提升为身心"平行"。

　　其三，斯宾诺莎提出数学方法（特别是几何学方法）是揭示自然规律的唯一正确方法，将之称作真方法。数学方法（特别是几何学方法）之所以是唯一正确的，是因为它自身的逻辑自洽，既呈现了理性的必然性，也切中了自然的规律性。"如果人们理解了自然的整个秩序，他们就会发现万物就像数学论证那样皆是必然的。"⑤ 对自然规律的揭示，即为真观念。"因为凡具有真观念的人无不知道真观念包含最高的确定性。因为具有真观念并没有别的意思，即是最完满、最确定地认识一个对象。……真理即是真理自身的标准，又是错误的标准。……心灵中清楚明晰的观念与神的

---

① 〔荷兰〕斯宾诺莎：《伦理学》，贺麟译，商务印书馆，1983，第255页。

② 《马克思恩格斯文集》第九卷，人民出版社，2009，第413页。

③ 〔荷兰〕斯宾诺莎：《伦理学》，贺麟译，商务印书馆，1983，第46页。第99页提到身体不能决定心灵，使它思想，心灵不能决定身体，使它动或静。这里的属性二元论是显见的。

④ 〔荷兰〕斯宾诺莎：《伦理学》，贺麟译，商务印书馆，1983，第49页。

⑤ 〔荷兰〕斯宾诺莎：《笛卡尔哲学原理》，王荫庭、洪汉鼎译，商务印书馆，1980，第170页。

观念有同等的真实。"① 真观念，既是清楚明晰的，又是与对象相符合的（这是在身心平行的意义上说的），从根本上说真观念源于神（"能动的自然"）的无限观念。

其四，反对笛卡尔将必然（遵循因果规律而运动的物质世界）与自由（遵循自由意志而活动的精神世界）对立起来的做法，将自由解释为对必然的认识。斯宾诺莎认为："凡是仅仅由自身本性的必然性而存在、其行为仅仅由它自身决定的东西叫做自由。反之，凡一物的存在及其行为均按一定的方式为他物所决定，便叫做必然或受制。"② 自由和必然的区别不在于是否被决定，因为两者都是被决定的，区别在于，自由是自我决定，必然是被他物决定。"只要心灵理解一切事物都是必然的，那么它控制情感的力量便愈大，而感受情感的痛苦便愈少。"③ 斯宾诺莎将自由解释为对必然的认识，又将必然归诸因果关系，④ 如此一来，他实际上倒退回霍布斯（完全否定偶然性的存在，将偶然性归于人们在认识上的无知）那里了。在认为自由是对必然的认识的基础上，斯宾诺莎进一步提出以理性来规范和引导人的行为，唯此才能求善去恶、合乎德性。斯宾诺莎指出："一个人，只要他由于被不正确的观念所决定而有某种行动，决不能完全说是遵循德性而行。唯有他的行为是被他的理解所决定，方可说是遵循德性而行。……绝对遵循德性而行，在我们看来，不是别的，即是在寻求自己的利益的基础上，以理性为指导，而行动、生活、保持自我的存在（此

---

① 〔荷兰〕斯宾诺莎：《伦理学》，贺麟译，商务印书馆，1983，第 82～83 页。斯宾诺莎在 1663 年 3 月的一封信中提到："只有对于不能从事物的界说中推导出来的东西，我们才需要经验。……但对于那些其存在与其本质并无区别，因而其存在就能从其界说中推导出来的东西，我们就不需要经验。的确，关于它们，任何经验都不会告诉我们什么，因为经验并不告诉我们以事物的本质，经验起的作用，充其量也不过是限定我们的心灵去思考事物的某些本质。"（《斯宾诺莎书信集》，洪汉鼎译，商务印书馆，1993，第 42 页。）经验知识的根本局限在于缺乏普遍必然性，它所起的作用从最积极的意义上说是帮助人们确证神（自然规律）。经验需由数学加以救治，才能使人们认识真理。（参见〔荷兰〕斯宾诺莎《伦理学》，贺麟译，商务印书馆，1983，第 38～39 页。）

② 〔荷兰〕斯宾诺莎：《伦理学》，贺麟译，商务印书馆，1983，第 4 页。

③ 〔荷兰〕斯宾诺莎：《伦理学》，贺麟译，商务印书馆，1983，第 243 页。

④ 斯宾诺莎说："意志，和理智一样，乃是思想的一种样式；所以（据命题二十八）每一个意愿只有为另一个原因所决定，才可以存在，可以动作，而此另一原因又复为另一原因所决定，如此递推以至无穷。……意志不能说是自由因，只能说是必然的或被强迫的。"（〔荷兰〕斯宾诺莎：《伦理学》，贺麟译，商务印书馆，1983，第 31 页。）

三者意义相同）。"① "我把人的自由界说为：它是我们的理智通过与神直接的结合而获得的一种稳定的存在，所以它就能在自身之内产生观念，在自身之外产生同它的本性完全一致的结果，而它的结果并不屈从于任何能被它们改变或转换的外在的原因。"②

无论是笛卡尔，还是斯宾诺莎，都认为保证心物二元论的"法宝"是全知全能全善的上帝。德国哲学家威廉·莱布尼茨（1646～1716）就作过批评："但我不愿我们在自然的通常过程中也不得不求助于奇迹，并且承认有绝对不可解释的能力和作用"，"而说上帝平常也老是施行奇迹，这本身也就是荒唐无稽的"。③ 不过，颇为讽刺的是，莱布尼茨非但没有取消上帝，反而以更精巧的方式再度利用了这个"法宝"，他的"预定和谐"④ "最好的世界"⑤ 都是如此。对于莱布尼茨的这种做法，黑格尔作了辛辣的讽刺（"大阴沟"）："所以神这个字只不过是救急的东西，它所带来的统一只不过是徒托空言的统一；莱布尼茨并没有指出众多的事物如何从这个统一里产生出来。……因此神就仿佛是一条大阴沟，所有的矛盾都汇集

---

① 〔荷兰〕斯宾诺莎：《伦理学》，贺麟译，商务印书馆，1983，第187页。
② 洪汉鼎主编《斯宾诺莎全集》第一卷，龚重林等译，中国人民大学出版社，2021，第317页。
③ 〔德〕莱布尼茨：《人类理智新论》，陈修斋译，商务印书馆，1982，第19、26页。
④ "预定和谐"可类比于上帝为一支无比庞大的交响乐队编写的曲谱，每一个乐器的演奏者都演奏着自己的旋律，而整个乐队则奏出了和谐的乐章。莱布尼茨指出："灵魂遵守它自身的规律，形体也遵守它自身的规律，它们的会合一致，是由于一切实体之间的预定的和谐，因为一切实体都是同一宇宙的表象。" "这种谐和是由神的一切预先谋划制定的，神一起头就以十分完美、十分规整的方式，以十足的精确性，造成了这些实体中的每一个，因此它只遵守自己固有的那些与它的存在一同获得的规律，却又与别的实体相一致，就好像有一种相互的影响，或者神除了一般的维持以外还时时插手于其间似的。"（北京大学哲学系外国哲学史教研室编译《西方哲学原著选读》上卷，商务印书馆，1981，第490、501页。"预定和谐"也被译作"前定和谐"。参见〔德〕莱布尼茨《新系统及其说明》，陈修斋译，商务印书馆，1999，第51、56页。）这里，莱布尼茨显然是继承了斯宾诺莎关于"观念的次序和联系与事物的次序和联系"先天地相互协调、相互一致的思想，尽管他出于世俗利害的考量而极力淡化这种继承关系。
⑤ 莱布尼茨认为："上帝既然选择了所有可能世界中最好的世界，已经选择了其中最好的一个，他的智慧就会使他容忍与之密切相关的恶，恶与这个世界密切相关。但是，即使把这种种情况都考虑进去，这也依然无碍于这个世界是能够选择出来的最好的世界。"（〔德〕莱布尼茨：《神正论》，段德智译，商务印书馆，2016，第84页。）不妨将莱布尼茨的"最好的世界"作如下的转译：世界上一切可能的恶事都是命中注定的和应予承受的。"最好的世界"理论具有鲜明的媚俗性。在这方面，罗素的批评是深刻而到位的："这套道理明显中了普鲁士王后的心意。她的农奴继续忍着恶，而她继续享受善，有一个伟大的哲学家保证这件事公道合理，真令人快慰。"（〔英〕罗素：《西方哲学史》下卷，马元德译，商务印书馆，1976，第126页。）

于其中。这样一个通俗观点的总汇就是莱布尼茨的《神正论》。"① 不过，承认上帝这个最大的奇迹（莱布尼茨明确表示上帝不能违背逻辑规则）也就排除了它对世界的具体干预。那么，莱布尼茨接下来的工作就是利用数学方法（特别是他所发明的微积分）从世界本身来说明世界、揭示其固有的规律，而这是有理性启蒙的积极意义的。

理性唯物主义在 18 世纪的主要体现是法国启蒙哲学。用以保证客观世界（"物"）与主观世界（"心"）彼此独立和协调一致的"上帝"在法国启蒙哲学中被明确地替换为"理性"。理性意味着驱除蒙昧、扩展光明。蒙昧是指专制独裁和宗教神学。光明则是指民主和科学，此即中国"五四"时期所说的"德先生"和"赛先生"。对此，黑格尔指出："法国哲学著作在启蒙思想中占重要地位，这些著作中值得佩服的是那种反对现状、反对信仰、反对数千年的一切权威势力的惊人魄力。……这是一种对于理性真理的确信，这种理性真理与全部遥远的灵明世界较量，并且确信可以把它摧毁掉。"② 恩格斯也说："宗教、自然观、社会、国家制度，一切都受到了最无情的批判；一切都必须在理性的法庭面前为自己的存在作辩护或者放弃存在的权利。思维着的知性成了衡量一切的唯一尺度。"③ 法国启蒙哲学的代表人物有伏尔泰、孟德斯鸠。以孟德斯鸠（1689 ~ 1755）为例。他在其名著《论法的精神》中指出："从最广泛的意义上来说，法是源于事物本性的必然关系。就此而言，一切存在物都各有其法。上帝有其法，物质世界有其法，超人智灵有其法，兽类有其法，人类有其法。"④ 法是一种先验的规律或秩序，它源于理性；这种理性并非个体理性，而是整体理性。上帝作为宇宙的创造者和保护者，是"守法的"，他依"法"创世之后就不再干预世界了。根据孟德斯鸠的观点，物质世界恒久地遵守自身的法则，而智能世界却并非如此。由于人这种智能存在物的欲念、无知等，智能世界并不始终如一地遵循自身的法则。这就有了道德规范、法治建设、社会改造的必要。不过，孟德斯鸠的论证存在矛盾，即他一方面主

① 〔德〕黑格尔：《哲学史讲演录》第四卷，贺麟、王太庆译，商务印书馆，1978，第 184 页。在谈及贝克莱时，黑格尔也使用了"神这条大阴沟"的说法，以讽刺其体系的不一贯性。
② 〔德〕黑格尔：《哲学史讲演录》第四卷，贺麟、王太庆译，商务印书馆，1978，第 218 ~ 219 页。
③ 《马克思恩格斯文集》第三卷，人民出版社，2009，第 523 页。
④ 〔法〕孟德斯鸠：《论法的精神》上卷，许明龙译，商务印书馆，2012，第 9 页。

张法应该量身定做，符合法的精神的制度本应是多样的，另一方面又认可三权分立的普适性。这种矛盾是心物二元论前提与唯理论原则在理性唯物主义中被强硬结合所致。然而，孟德斯鸠对此却毫无自觉。他以理性为基础，批评宗教、宣扬启蒙。孟德斯鸠在《论罗马人的宗教政策》中指出："宗教竟然是人民在疯狂地追求自由时唯一不敢摆脱的枷锁。罗马的立法家们创立宗教时……他们只有一个总体看法，那就是让天不怕地不怕的老百姓对诸神有所畏惧，借此把老百姓引导到他们异想天开的方向去。"① 宗教神学的压迫性和保守性，可见一斑。概言之，法国的启蒙重在"他律"，即先知先觉者对普通民众的灌输。黑格尔认为这是符合法国国民性的："法国人具有现实感、实践的意志、把事情办成的决心，——在他们那里观念立刻就能转变为行动。……要想把抽象的观念生硬地应用于现实，那就是破坏了现实。人民群众把自由抓到手里，所表现出来的狂诞情形实在可怕。"② 这里所说的"狂诞情形"是法国大革命的激进甚或恐怖。与之不同，德国的启蒙强调"自律"，即人民群众的自我启蒙。这与德国的国民性（特别是德国资产阶级的软弱性和妥协性）相一致。黑格尔说："德国人的头脑，却仍然可以很安静地戴着睡帽，坐在那里，让思维自由地在内部进行活动。"③ 康德明确提出德国启蒙的自律性："要有勇气运用你自己的理智！这就是启蒙的口号。"④ 然而，这种自律是软弱无力的。恩格斯说："它之所以软弱无力，是因为它要求不可能的东西，因而永远达不到任何现实的东西。"⑤

---

① 〔法〕孟德斯鸠：《罗马盛衰原因论》，许明龙译，商务印书馆，2016，第 201 页
② 〔德〕黑格尔：《哲学史讲演录》第四卷，贺麟、王太庆译，商务印书馆，1978，第 256 ~ 257 页
③ 〔德〕黑格尔：《哲学史讲演录》第四卷，贺麟、王太庆译，商务印书馆，1978，第 257 页。
④ 〔德〕康德：《历史理性批判文集》，何兆武译，商务印书馆，1990，第 22 页。本书将原译本中"启蒙运动的口号"改为"启蒙的口号"。因为康德那里，Aufklärung 并不特别指 18 世纪的启蒙运动，而是泛指人基于自由意志从不成熟状态不断走向成熟状态的过程。
⑤ 《马克思恩格斯文集》第四卷，人民出版社，2009，第 285 页。恩格斯谈及，费尔巴哈否定宗教的"爱的宗教"和康德的"绝对命令"同样是软弱无力的，它们本是为一切时代而设计出来的，却特别地和完全地适合资本主义社会。恩格斯批判道："根据费尔巴哈的道德论，证券交易所就是最高的道德殿堂，只要人们的投机始终都是得当的。如果我的追求幸福的欲望把我引进了交易所，而且我在那里又善于正确地估量我的行为的后果，因而这些后果只使我感到愉快而不引起任何损失，就是说，如果我经常赚钱的话，那么费尔巴哈的指示就算执行了。……只要爱不纯粹是温情的空话，交易所也是由爱统治的，因为每个人都靠别人来满足自己追求幸福的欲望，而这就是爱应当做的事情，爱也在这里得到实现。"（第 293 ~ 294 页）费尔巴哈以自然情感为基础、以追求幸福为目标的"爱的宗教"，是对买卖行为的感性直观和对证券交易的道德辩护。

康德在《实践理性批判》中提出"人是目的",其背后的修辞学含义是"自然是手段",自然有待被理性地宰制,自然构成了资本增殖的原材料和工具。思辨的哲学话语("思维自由地在内部进行活动")表达了德国启蒙的资产阶级性质(观念的永恒性无非是这些观念所反映的物的依赖关系的永恒性)。对此,马克思恩格斯在《德意志意识形态》中有过透彻的说明:"在康德那里,我们又发现了以现实的阶级利益为基础的法国自由主义在德国所采取的特有形式。不管是康德或德国市民(康德是他们的利益的粉饰者),都没有觉察到资产阶级的这些理论思想是以物质利益和由物质生产关系所决定的意志为基础的。因此,康德把这种理论的表达与它所表达的利益割裂开来,并把法国资产阶级意志的有物质动机的规定变为'自由意志'、自在和自为的意志、人类意志的纯粹自我规定,从而就把这种意志变成纯粹思想上的概念规定和道德假设。"① 黑格尔以源于古希腊的强调言说之规范性的逻各斯(logos)精神和强调心灵之能动性的努斯(nous)精神,表明理性(绝对精神的自我运动)就是宗教(神正论),这其实是在说启蒙终结于资产阶级时代。根据马克思恩格斯的观点,一方面,资产阶级启蒙具有历史进步性,因为,"毫无疑问,这种物的联系比单个人之间没有联系要好,或者比只是以自然血缘关系和统治服从关系为基础的地方性联系要好"②。另一方面,资产阶级启蒙具有暂时必然性,因为,"资产阶级的观点从来没有超出同这种浪漫主义观点的对立,因此这种浪漫主义观点将作为合理的对立面伴随资产阶级观点一同升入天堂"③。

无论是经验唯物主义,还是理性唯物主义,背后的推动力量主要来自西方近代新兴资产阶级反对封建、专制以及宗教保守势力的革命运动。恩格斯指出:"但是,在从笛卡儿到黑格尔和从霍布斯到费尔巴哈这一长时期内,推动哲学家前进的,决不像他们所想象的那样,只是纯粹思想的力量。恰恰相反,真正推动他们前进的,主要是自然科学和工业的强大而日益迅猛的进步。在唯物主义者那里,这已经是一目了然的了,而唯心主义体系也越来越加进了唯物主义的内容,力图用泛神论来调和精神和物质的对立;因此,归根到底,黑格尔的体系只是一种就方法和内容来说唯心主

---

① 《马克思恩格斯全集》第三卷,人民出版社,1960,第213页。
② 《马克思恩格斯全集》第三十卷,人民出版社,1995,第111页。
③ 《马克思恩格斯全集》第三十卷,人民出版社,1995,第112页。

义地倒置过来的唯物主义。"① "哲学（指 15 世纪中叶以来的西方近代哲学——引者注）的内容本质上仅仅是那些和中小市民阶级发展为大资产阶级的过程相适应的思想的哲学表现。"②

## 第三节　社会唯物主义

社会唯物主义是西方近代资产阶级经济学家批判地综合经验唯物主义和理性唯物主义各自的真理性因素而形成的崭新哲学原则。其基本观点有二：一是，人们的经济活动背后存在着不以其意志为转移的经济规律，经济规律并不是外在的，相反，它就存在于人们的经济活动及其构筑的社会生产关系之中；二是，经济学的真理源于经验归纳和理性演绎的有机统一，即既要从经验中归纳、提炼规律，也要以规律解释、预测经验。前者是唯物主义的前提，后者是因果式的、非辩证的线性思维的原则。

法国经济学家让·巴蒂斯特·萨伊（1767～1832）在《政治经济学概论》中的一段论述，在最一般的意义上可作为社会唯物主义的这两个基本观点的注解："直到晚近，在前半个世纪内有助于一切其他科学发展的以哲理推究的良好方法，才用来进行我们这一方面的研究。……这个方法的优点在于，只承认经过仔细观察的事实，以及根据这些事实所作的推论，从而有效地排斥在文学上和科学上往往阻碍人们获得真理的偏见和先入之见。……事物怎样存在或怎样发生，构成所谓事物本质，而对于事物本质的仔细观察，则构成一切真理的唯一根据。……它说明那些事实不断相结合，以致一个事实总是另一个事实的结果，以及为什么是这样。但它不用假设来作进一步的说明，而要从事物的本质去明白理解事物的联系。政治经济学必须引导人们从一个环节到另一个环节，使得有理解力的人都能理会这个链条是怎样联系起来。"③ 如果说经验唯物主义和理性唯物主义关注和探讨"物"（实物存在），那么，社会唯物主义则关注和探讨"事"（经济行为、经济活动、人与人的经济关系）。"事"处在"物"的背后，看不见、摸不着，但真实地发生作用。"事物怎样存在或怎样发生，

---

① 《马克思恩格斯文集》第四卷，人民出版社，2009，第 280 页。
② 《马克思恩格斯文集》第四卷，人民出版社，2009，第 308～309 页。
③ 〔法〕萨伊：《政治经济学概论》，陈福生、陈振骅译，商务印书馆，1963，第 17～18 页。

构成所谓事物本质"，"那些事实不断相结合，以致一个事实总是另一个事实的结果"，表明"事"是人们的经济活动做出来的，而经济活动的规律就寓于"事"中。英国经济学家、李嘉图的门徒约翰·麦克库洛赫（1789～1864）也在最一般的意义上正确地把握了社会唯物主义的这两个基本观点。他一方面强调"事实之间的相互关系"："经济学家的结论是从观察许多大小国家用来支配人们生活条件的各种原则而得出的。……几乎所有连续不断出现的荒谬理论和意见，都曾诉诸事实而得到证明。但只知道事实而不知道事实之间的相互关系——不能说明为什么这是原因，那是结果——用萨伊的例子来说，这还比不上一个编印历书者的未经消化过的学问。"① 另一方面也主张"耐性的归纳法"："他（指经济学家——引者注）与统计学家的关系，一如天文学家与观察员的关系。他以统计学家调查所得的材料与历史家和旅行家所供给的材料比较后，然后他自己再发现其中的联系。以耐性的归纳法——细心地观察在某些原则作用下的有关情况，他发现这些原则所实际产生的效果，并说明这些效果在其他原则的作用下，可能改变到什么程度。就是这样地发现了并坚实地建立了地租与利润的关系，利润与工资的关系，以及各种的普遍规律，而这些规律是决定并联系着社会上各种不同秩序中似矛盾而实协调的利益的。"② 社会唯物主义既考察"事"的本质及其如何体现为"物"，也探讨"事"与"事"的固有联系和发展逻辑。

　　社会唯物主义的逻辑结局是经济决定论。英国经济学家、李嘉图的好友兼论敌马尔萨斯（1766～1834）在《政治经济学原理》中比较全面地指明了这一点："如果从全国的土地、资本和劳动所取得的大量产品中，各个劳动者所得的份额是那样小的一个部分，劳动阶级的处境当然要感到困难。但是，不论在目前还是在将来，收入的分配总是被无可避免的供求规律所决定的。如果市场上劳动比较缺乏，地主和资本家就不得不使各个工人得到产品中的一个较大份额。但是，当劳动供给充裕时，要长期地得到这样一个份额是绝对不可能的。要人为地使劳动在市场上处于不足状态，那些财主们既没有这个力量，也不能指望他们都会有这样的愿望。而且，如果劳动市场不存在改善的趋势，要普遍改善贫民处境的任何努力，

---

① 〔英〕麦克库洛赫：《政治经济学原理》，郭家麟译，商务印书馆，1975，第10、12页。
② 〔英〕麦克库洛赫：《政治经济学原理》，郭家麟译，商务印书馆，1975，第39页。

都是过于天真的想法，都是枉然的。因此很明显，贫民自己的知识和谨慎小心的习惯，是使他们的处境得以普遍改善的绝对的唯一手段。他们确实是自己命运的主宰者。别人对他们进行帮助，同他们自己的努力相比，只是像在天平上加上一点儿灰尘。这里所谈的一些真理，对社会中广大群众的幸福说来是非常重要的，我们应当利用一切机会，将这个道理反复说明。"[1] 李嘉图对其的评注是："这一段写得很出色，劳动阶级要尽可能地把它时刻铭记在心。"[2] 之所以"写得很出色"，是因为"这一段"清楚地表达了经济决定论。"无可避免的供求规律"表明经济生活中存在客观经济规律，这个规律是超历史的永恒规律；"要人为地使劳动在市场上处于不足状态"是不可能的，表明人是作为阶级而存在的，而阶级受客观经济规律制约；"贫民自己的知识和谨慎小心的习惯"以及"别人对他们进行帮助……只是像在天平上加上一点儿灰尘"，表明人是经济的奴隶，人对自身处境的改善极为有限。

　　以上是对社会唯物主义的粗线条的描画。接下来让我们具体看一下西方近代资产阶级经济学的发展脉络，以求进一步揭示其中"未被意识到"和"实际存在着"的社会唯物主义。西方近代资产阶级经济学的起讫时间是 16 世纪中叶到 19 世纪中叶，大体经历了五个阶段：重商主义、配第和布阿吉尔贝尔、重农学派、古典经济学、庸俗经济学。本节主要分析重商主义、配第和布阿吉尔贝尔、重农学派。

　　重商主义的基本特点有二：一是从流通的角度看待财富，把财富仅仅限定于金银；二是主张国家干预，采取奖入限出（顺差、净出口盈余）的对外贸易政策。这种观点和政策误解了经济活动的本质，因为，不管如何流通，财富总量始终是不变的。不过，历史地看，重商主义切合了当时欧洲封建制度解体过程中商业资本家的利益要求。一方面，商业资本家通过地理大发现（这意味着海外市场的发现），从东方进口大量奢侈品（如香

----

[1] 《马尔萨斯〈政治经济学原理〉评注》，见《大卫·李嘉图全集》第 2 卷，第 259～260 页。马尔萨斯于 1820 年 4 月出版《政治经济学原理》。李嘉图于该年年底以评注的方式写成《马尔萨斯〈政治经济学原理〉评注》。1821 年初将书稿寄给马尔萨斯。双方互相说服不了对方。马尔萨斯在《政治经济学原理》第二版（出版于 1836 年，这是马尔萨斯去世后的第二年）中，仍然坚持他和李嘉图存在严重分歧。大体来说，马尔萨斯和李嘉图的分歧体现在三个方面：价值论、地租论、危机论。《马尔萨斯〈政治经济学原理〉评注》一书在李嘉图生前未及出版，1919 年被发现，1928 年正式面世。

[2] 《马尔萨斯〈政治经济学原理〉评注》，见《大卫·李嘉图全集》第 2 卷，第 260 页。

料、绸缎、瓷器），卖给封建贵族，满足了他们的奢侈需要并从他们那里换来金银；另一方面，封建贵族为了自身的奢侈需要，同时也是为了对抗教会，不仅逐步取消对商业的诸多限制，而且还为商业资本家的海外贸易提供保护，如英国的东印度公司、荷兰的联合东印度公司。由此，重商主义所吁求的顺差，作为不等价交换（或者说得更直白些，作为殖民掠夺），构成了商业资本发展为农业资本或产业资本的必要原始资金。马克思在《经济学手稿（1861—1863 年）》中将商业资本称作"资本在历史上最初的自由存在方式"①。商业资本主义作为异质性因素在欧洲封建制度下日渐萌芽并发展壮大。重商主义的哲学表达是康德哲学。重商主义提供了一种否定劳动者的主体性以及劳动的生产性的世界观。劳动者的主体性，表明劳动者是社会财富的创造者；劳动的生产性，表明劳动既生产社会财富，也生产生产关系。重商主义否定劳动者的主体性和劳动的生产性的结果是，将人与人的实体性关系消解为纯形式的关系，即 $A = A$ 或 $A \neq A$。康德哲学与重商主义在这三个方面存在逻辑同构：其一，康德将劳动者排斥在理性存在者之外，表明他不理解劳动者作为社会财富创造者的主体地位（这正是康德哲学深具精英主义色彩的根据）；其二，康德将十二个知性范畴把握为无关乎客观对象的思维法则，表明他不知道劳动的生产性，其实知性范畴恰恰是在劳动中才被建构起来的；其三，康德将三大道德律令建构为形式主义的普世原则，表明他不懂得人与人之间的实体性关系究竟何在，当然他也就更不懂得人与人之间的实体性关系为什么会被物与物的关系所遮蔽。

　　自重商主义之后，西方近代经济学家将目光转向生产领域，以揭示财富的形成。马克思在《资本论》第三卷中指出："真正的现代经济科学，只是当理论研究从流通过程转向生产过程的时候才开始。"② 经济学的这种

---

① 《马克思恩格斯全集》第三十六卷，人民出版社，2015，第 73 页。

② 《马克思恩格斯文集》第七卷，人民出版社，2009，第 376 页。在《反杜林论》第二编中，恩格斯指出："政治经济学，从最广的意义上说，是研究人类社会中支配物质生活资料的生产和交换的规律的科学。……火地岛的居民没有达到进行大规模生产和世界贸易的程度，也没有达到出现票据投机或交易所破产的程度。谁要想把火地岛的政治经济学和现代英国的政治经济学置于同一规律之下，那么，除了最陈腐的老生常谈以外，他显然不能揭示出任何东西。因此，政治经济学本质上是一门历史的科学。"（《马克思恩格斯文集》第九卷，人民出版社，2009，第 153 页。）恩格斯将政治经济学视作"历史的科学"，表明政治经济学是人类社会历史发展到资本主义阶段的必然产物。

进步，是与货币在商业资本家手中大量积聚后逐渐介入农业、工业（出现农业资本家、产业资本家）的历史进程相一致的，从更深层次看，更是与资本主义生产方式在欧洲的逐步确立相一致的。在《经济学手稿（1857—1858 年）》中，马克思说："现代政治经济学的历史是以李嘉图和西斯蒙第（两个相对立的人，一个讲英语，一个讲法语）结束的，同样，它在 17 世纪末是以配第和布阿吉尔贝尔开始的。"① 在《政治经济学批判。第一分册》（出版于 1859 年 6 月）中，马克思表达了同样的意思："古典政治经济学在英国从威廉·配第开始，到李嘉图结束，在法国从布阿吉尔贝尔开始，到西斯蒙第结束。"② 下面我们对配第和布阿吉尔贝尔作一对比性分析，看看他们各自经济学理论中共同地、隐性地存在着的社会唯物主义。至于李嘉图和西斯蒙第的对比性分析，则留待以后。

其一，英国的配第和法国的布阿吉尔贝尔都认为经济生活中存在着不以人的意志为转移的客观规律。

配第在《赋税论》"原序"中说："我认为，为了使每个人各得其所，最好让事物 vadere sicut vult（各行其是）；我十分了解 res nolunt male administrari（事物是不愿意让人弄坏的）。我也十分了解（假设我想做某些事情或者能够做某些事情），事物有其本身的道理，自然是不能欺骗的。"③ 配第以高明的医生不乱给病人用药为例，说明政治和经济问题也要遵循自然的道理。④ 根据配第的观点，唯有科学地解剖"国家各个部分的匀称、组织和比例关系"⑤，才能正确地发现客观经济规律，也才能正确地运用客观经济规律，实现国家的经济发展乃至经济霸权。而所谓"科学地解剖"，是指"用一种极普通的科学原理来说明世界中混乱而错综的

---

① 《马克思恩格斯全集》第三十卷，人民出版社，1995，第 3 页。
② 《马克思恩格斯全集》第三十一卷，人民出版社，1998，第 445 页。马克思在此还作了一个注："对配第和布阿吉尔贝尔两人的著作和性格的比较研究，——暂且不谈这一比较将异常清楚地说明 17 世纪末和 18 世纪初英法两国的社会对立——将会成为对英法两国政治经济学之间的民族对比的起源性叙述。这种对比最后在李嘉图和西斯蒙第之间又重新表现出来。"
③ 《配第经济著作选集》，陈冬野、马清槐、周锦如译，商务印书馆，1981，《赋税论 献给英明人士 货币略论》第 15 页。
④ 《配第经济著作选集》，陈冬野、马清槐、周锦如译，商务印书馆，1981，《赋税论 献给英明人士 货币略论》第 57~58 页。
⑤ 《配第经济著作选集》，陈冬野、马清槐、周锦如译，商务印书馆，1981，《爱尔兰的政治解剖》第 5 页。

情况"①，"用数字、重量和尺度的词汇来表达我自己想说的问题，只进行能诉诸人们的感官的论证和考察在性质上有可见的根据的原因"②。用统计数字来面对国家这个有机体，发现其中的经济规律，这是配第批判地综合了经验归纳和理性演绎的产物（他将之视作"政治算术"）。布阿吉尔贝尔在《论财富、货币和赋税的性质》中指出："但是，只有大自然能够安排这个秩序并维持和平；其他的权力，尽管是出于善意，如果要过问其事就会将全盘搞坏。"③ 大自然所安排的"这个秩序"实际上就是市场机制。何谓市场机制？布阿吉尔贝尔接着指出："使每一个人无论是卖者或买者都同样地得到好处，就是说，使利润得以公平地分配于双方。"④ 诚然，每一个人只考虑自己的利益，对公众利益考虑得最少（尽管公众利益中也有他们的一份），斤斤计较、争论不休，甚至损人利己，这些都是市场的常态；但是，大自然会主持公道的，社会各种收益之间是可以形成有效循环的（一旦中断，会对双方造成致命伤害）。"它首先会在一切交易中，在售卖与购买之间，建立起同样的需求，使买卖双方谋利的愿望，成为各种各样市场的灵魂；而在这个不偏不倚平衡的要求的帮助下，双方彼此就同样地被迫要讲道理并对之服从。"⑤ 换言之，相信市场的力量，能够保证商品供求的平衡、价格比例的公正以及优胜劣汰的适度。

　　配第和布阿吉尔贝尔所认为的客观经济规律是各自所处时代和国家的产物。配第（1623～1687）生活在英国资产阶级革命曲折前进、工场手工业蓬勃发展的时代。布阿吉尔贝尔（1646～1714）生活在法国封建势力

---

① 《配第经济著作选集》，陈冬野、马清槐、周锦如译，商务印书馆，1981，《政治算术》第4页。

② 《配第经济著作选集》，陈冬野、马清槐、周锦如译，商务印书馆，1981，《政治算术》第8页。配第反对那种只使用比较级或最高级的词语以及单纯作思维的论证的方法，更反对以容易变动的思想、意见、胃口和情绪为依据的空洞研究。

③ 《布阿吉尔贝尔选集》，伍纯武、梁守锵译，商务印书馆，1984，第155页。布阿吉尔贝尔甚至认为："大自然总是走向自由和趋于完善的。"（第175页）关于"自然秩序"，见第158～160、167、179、264页。

④ 《布阿吉尔贝尔选集》，伍纯武、梁守锵译，商务印书馆，1984，第155页。

⑤ 《布阿吉尔贝尔选集》，伍纯武、梁守锵译，商务印书馆，1984，第156页。在《谷物论》中，布阿吉尔贝尔也说："既然交易的首要规律是使交易双方都能够有利可图，各得其所，不然的话，要是破坏了交易的目的，交易就会全部停止，所以必须绝对保持平衡，使双方分享利益……由此可见，是小麦的价格在保持着农业中的佃户、地主和帮助利用土地的工人之间的平衡。"（《布阿吉尔贝尔选集》，伍纯武、梁守锵译，商务印书馆，1984，第206页。）

异常强大、占主导地位的农业生产发生严重危机的时代。配第代表的是新上台的资产阶级和新贵族的利益（他曾追随克伦威尔征服爱尔兰）。他认为，英国特别是爱尔兰的封建主义财政税制严重落后于资本主义发展的要求（统一国家、统一市场），必须从根本上改变之。他的三本主要著作（《赋税论》《政治算术》《爱尔兰的政治解剖》）都是为当时的统治者谋划英国如何对内剥削、对外掠夺而作的。比如设置多少政治机构、教学机构、卫生机构以及发行多少铸币、设立多少警察等财政计划，初看起来是为了保持国家有机体的活力和国家各组成部分的协调，实际上不过是为了节约劳动时间，从而更精准地剥削劳动力、榨取剩余价值。"又如，正当荷兰作为一个贸易国家还占着优势地位，而法国看来要变成一个占支配地位的贸易强国的时候，他（指配第——引者注）在《政治算术》的一章中就证明英国负有征服世界市场的使命。"① 为此，配第甚至主张要用军队镇压爱尔兰人民，并要求他们承担镇压的军事开销。② 布阿吉尔贝尔代表的则是陷于破产和贫困的农民阶级的利益。他认为，一来，法国实行重商主义导致工商业的片面发展、经济结构失调、国民收入下降，而封建势力又穷奢极欲（路易十四奢华享受、连年征战）、大肆课税（如达依税，这是一种按人口和产业只向平民征收的税），使得法国社会日渐衰颓，所以应进行社会改良特别是分配制度的改良，降低赋税，建立自由竞争的经济环境；二来，禁止法国谷物输出的政策导致谷价低廉、农业凋敝（谷贱伤农），所以应该提高谷物价格（使农民增加收入、推进农业的良性再生产），允许谷物自由出口（显然这是符合当时法国国情的有限度的经济自由主义）。马克思对配第和布阿吉尔贝尔作了科学的评价。"这个敢于思想而又十分轻浮的外科军医，既能在克伦威尔的盾的保护下掠夺爱尔兰，又能为这种掠夺向查理二世跪求必要的男爵称号。"③ 而"布阿吉尔贝尔虽然身为路易十四的地方经理官之一，却既热情又勇敢地替被压迫阶级声辩"④。

---

① 《马克思恩格斯全集》第三十一卷，人民出版社，1998，第446页注释1。
② 《配第经济著作选集》，陈冬野、马清槐、周锦如译，商务印书馆，1981，《政治算术》第71页。
③ 《马克思恩格斯全集》第三十一卷，人民出版社，1998，第447页注释。马克思认为，配第的敢于思想和十分轻浮反映了"17世纪英国民族的强有力的、不顾一切的、普遍的致富欲"。（《马克思恩格斯全集》第三十一卷，人民出版社，1998，第334页。）
④ 《马克思恩格斯全集》第三十一卷，人民出版社，1998，第448页注释3。

其二，英国的配第和法国的布阿吉尔贝尔都将整个社会视作一个自循环的有机体来看待，指出经济力是其中的最主要因素，并认为经济事实之间存在着共同的基础，配第将之称作"等价关系"，布阿吉尔贝尔将之称作"一定比例的价格"。"等价关系"或"一定比例的价格"作为经济事实之间的共同基础，表明了一种非实体性的经济关系，并且这种非实体性的经济关系是可被量化的。这一发现是配第和布阿吉尔贝尔经济学的哲学原则无法被归于经验唯物主义或理性唯物主义，而只能被归于社会唯物主义的主要根据。经验唯物主义会认为非实体性的经济关系无法被感觉经验到，但社会唯物主义则坚持它能够被感性体验到，即，人们体验到他们在经济活动中创造出一种外在于经济关系任意一方的客观制约力量。理性唯物主义会认为非实体性的经济关系不是存在于人们头脑中的或现成或潜在的天赋观念，但社会唯物主义却认为它是生成性的，即人与人各自丰富的异质性因素在经济活动中被现实地抽象为利益关系特别是数量关系。

配第高度赞扬培根关于人体和国家的譬喻，认为国家是一个有机体。配第在《赋税论》第十章"论刑罚"中提出："我们认为，土地为财富之母，而劳动则为财富之父和能动的要素；所以我们应该记住，国家杀其成员，切断成员肢体，将其投入监狱，就无异于处罚国家自己。由此看来，应该尽可能避免这类处罚，把它们改为能增加劳动和公共财富的罚款。"① 这里，配第看待国家和成员的关系的视角是颇具功利性的，旨在通过增加劳动和公共财富保持国家的活力。此外，配第还将劳动视作等价关系的共同基础和评价尺度。在谈及一个人耕种土地而收获的谷物"值"多少白银时，配第指出："我认为它值多少货币，就看另一个在同一时间内专门从事货币生产与铸造的人，除去自己的费用之外还能剩下多少货币。也就是说，假定这一个人前往生产白银的地方，在那里采掘和提炼白银，然后把它运到另一个人栽培谷物的地方铸成货币，并假定这一个人在从事这些工作的同时，也能得到生活所必需的食物和衣服。我认为这个人的白银和另一个人的谷物，价值一定相等。假定前者所有的白银为二十盎司，后者所有的谷物为二十蒲

---

① 《配第经济著作选集》，陈冬野、马清槐、周锦如译，商务印书馆，1981，《赋税论 献给英明人士 货币略论》第66页。配第的这个看法来自他的好友霍布斯。后者在《利维坦》中指出："物资的数量，被自然限制在一些商品的范围之内，这些商品上帝往往通过我们大家共同的母亲的双乳——海洋与陆地无偿地赐与人类、或是以劳动为代价售与人类。"（〔英〕霍布斯：《利维坦》，黎思复、黎廷弼译，商务印书馆，1985，第191页。）

式耳，那么，一蒲式耳谷物的价格就等于一盎司白银。"① 那么，劳动生产率的变化对"一蒲式耳谷物＝一盎司白银"会产生什么影响呢？配第接着指出："假如一个人在能够生产一蒲式耳谷物的时间内，将一盎司从秘鲁的银矿采出来的白银运到伦敦来，那么，后者便是前者的自然价格。如果发现了新的更丰富的银矿，因而获得二盎司白银和以前获得一盎司白银同样容易，那么，在其他条件相等的情况下，现在谷物一蒲式耳售价十先令，和以前一蒲式耳售价五先令，同样低廉。"② 这两段论述是古典劳动价值论的萌芽，它包括了用以探讨"等价关系"或"一定比例的价格"之基础的全部要素。一方面，商品的价值（"自然价格"）由生产商品所耗费的劳动时间决定；另一方面，商品以价值量为基础，实行等价交换。③ 这是深及资本主义生产之本质的科学分析。在 1858 年 4 月 2 日致恩格斯的信中，马克思说："价值本身除了劳动本身没有别的任何'物质'。首先由配第大致指出、后来由李嘉图清楚地加以阐明的这种价值规定，只是资产阶级财富的最抽象的形式。"④ 在《资本论》第一卷中，马克思称赞道，配第

---

① 《配第经济著作选集》，陈冬野、马清槐、周锦如译，商务印书馆，1981，《赋税论 献给英明人士 货币略论》第 40～41 页。也见《爱尔兰的政治解剖》第 58 页。

② 《配第经济著作选集》，陈冬野、马清槐、周锦如译，商务印书馆，1981，《赋税论 献给英明人士 货币略论》第 48 页。引文中的意思是：原来是 1 蒲式耳谷物＝1 盎司白银；如果获取白银的劳动生产率提高 1 倍，同样时间内能够获得 2 盎司白银，那么，1 盎司白银所包含的劳动时间（也即价值量）就变少了；上述价值形式将变为 1 蒲式耳谷物＝2 盎司白银，亦即，1 蒲式耳谷物更值钱了，如果原来的 1 蒲式耳谷物值 5 先令，那么，现在 1 蒲式耳谷物将是 10 先令。马克思在《剩余价值理论》中谈及配第时指出，"他所说的'自然价格'实际上是指价值"，"配第在这本著作（指《赋税论》——引者注）中，实际上用商品中包含的劳动的比较量来确定商品的价值"，"劳动种类的差别在这里是毫无意义的——一切只取决于劳动时间"。（《马克思恩格斯全集》第二十六卷第一册，人民出版社，1972，第 379～380、382 页。）

③ 美国 18 世纪著名政治家富兰克林在 1729 年写就的《试论纸币的性质和必要性》一文，论述劳动作为价值尺度时使用了与配第这段论述极其相似的表述："假定一个人种植谷物，同时，另一个人在采掘和提炼白银，到了年终或任何别的一段时间，谷物的全部产量和白银的全部产量，互为自然价格。如果谷物是 20 蒲式耳，白银是 20 盎斯，那么一盎斯白银的价值，就相当于种植一蒲式耳谷物的劳动。假如现在由于发现一些较近的、较易开采的或丰富的矿藏，一个人生产 40 盎斯白银，和他以前生产 20 盎斯一样容易，而种植 20 蒲式耳谷物仍然需要同样的劳动，那么 2 盎斯白银的价值不过是种植 1 蒲式耳谷物的同等劳动，1 蒲式耳谷物售价 2 盎斯白银，就象从前售价 1 盎斯一样便宜；假定其他条件不变。"（〔美〕富兰克林：《富兰克林经济论文选集》，刘学黎译，商务印书馆，1989，第 9 页。"盎斯"同"盎司"。）根据富兰克林的观点，一国的财富是由居民所能购买的劳动量（而非由居民所拥有的黄金和白银量）决定的。

④ 《马克思恩格斯文集》第十卷，人民出版社，2009，第 158 页。

（以及从他以来的古典经济学）"研究了资产阶级生产关系的内部联系"①。

布阿吉尔贝尔关心的是法国现实经济问题，而非学理研究。他多次向法国封建统治者陈述其改革救弊之策，只可惜频遭冷遇。尽管如此，他还是正确地看到了经济事实之间的共同基础（劳动）及其所蕴含的非实体性的经济关系，初步提出了劳动价值论的思想雏形。根据布阿吉尔贝尔的观点，法国的穷人和富人在生计方面要相互帮助、相互支援。"假使穷人不借助于双手的劳动去支援富人以使他们所拥有的财产产生价值的话，富人连同他们一切的资产和所有就将完蛋"，"同样，反过来看，要是土地自己生产财富没有任何强制，完全听其自然，它给人们的给养和报酬不是像它现在那样按照劳动的比例提供……那么，一切没有土地的人就会完全处于不能生存的境地"。② 穷人和富人的利益就存在于经常不断地互通有无的交易中，而这个交易的达成依赖于双方劳动的比例。"我们曾经说过，并且还要说，为了保持幸福的境界，就必须使一切事物、一切商品，继续不断地处于平衡状态，并保持一个在商品之间的、按照一定比例的价格，以及使这个价格能偿付生产商品的费用。"③"一定比例的价格"的决定因素是劳动，它的必要条件是自由竞争。

可以看到，配第和布阿吉尔贝尔都准确地把握了物质生产对于资本主义经济生活的基础性和本质性，从本质出发对现象作了颇具科学性和批判性的考察。重农学派接着布阿吉尔贝尔的理论讲，其对法国工商业片面发展和社会衰颓等问题症结的呈现，对资本主义经济生活的本质的认识以及对改良之路的探索也愈加深刻了。

其一，"自然秩序"、农业国与开明君主制的同构性。

根据重农学派，"自然秩序"作为客观经济规律，出于神的创造。重农学派创始人魁奈（1694～1774）在《自然权利》中指出："所有的人，以及一切人类的权力，都必须遵守这个由神所制定的最高规律；这些规律是坚定不移的，不可破坏的，而且一般说来是最优良的，因此可以作为最完善统治的基本规律，可以作为所有实在法的基本规律。因为实在法，很

---

① 《马克思恩格斯文集》第五卷，人民出版社，2009，第99页注释32。

② 《布阿吉尔贝尔选集》，伍纯武、梁守锵译，商务印书馆，1984，第205页。

③ 《布阿吉尔贝尔选集》，伍纯武、梁守锵译，商务印书馆，1984，第156页。

明白的不过是对于人类最有利的，有关自然秩序的管理的法律。"① 那么，这种客观经济规律的具体内容是什么呢？正如这个学派的名称所表明的，客观经济规律是指农业生产规律。根据重农学派的观点，农业劳动是唯一的生产性劳动。所谓生产性，是指生产价值、创造财富。斯密在《国民财富的性质和原因的研究》第二篇第三章中指出："有一种劳动，加在物上，能增加物的价值；另一种劳动，却不能够。前者因可生产价值，可称为生产性劳动，后者可称为非生产性劳动。"② 魁奈说："国民明显的应该接受构成最完善的管理的自然秩序一般规律的指导。……君主和人民绝不能忘记土地是财富的唯一源泉，只有农业能够增加财富。"③

在"自然秩序"下，人们本然地享有"自然权利"。"所谓人的自然权利，大体上可以规定为人们对于适合他们享用的物件的权利。"④ 自然权利主要包括自由和所有权。魁奈指出："因此，人身自由和所有权，或者是对享有每个人为满足其需要而寻找到的东西的信念，是由自然规律从外部对人们加以保证的，一个完善社会的基本制度的基础，就建立在这种自然规律上。"⑤ "必须保证不动产和动产正当所有者的所有权；因为所有权的安全是社会经济秩序的主要基础。"⑥ 这里的意思是：自由人比其他任何人以及政府、组织都更清楚如何有效行使所有权、配置所有物，以实现利益最大化。在原始自然状态下，自然权利只限于人通过劳动所能获得的部分，因而非常有限。一旦缔结成社会，因为社会的构成明显地适合于

---

① 《魁奈经济著作选集》，吴斐丹、张草纫选译，商务印书馆，1980，第333页。在《中国的专制制度》中，魁奈将自然规律区分为实际规律和道德规律，前者是"对人类最有利的自然领域中的一切实际现象的正常趋向"，后者是"显然对人类最有利的自然领域中的一切道德活动的正常趋向"，并认为，"这些规律是造物主一成不变地制定的，以便于人们所必需的财富的不断再生产和分配；而人们结合在一起组成社会，服从于这些规律为他们确立的秩序"。（第432页）

② 〔英〕斯密：《国民财富的性质和原因的研究》上卷，郭大力、王亚南译，商务印书馆，1972，第303页。

③ 《魁奈经济著作选集》，吴斐丹、张草纫选译，商务印书馆，1980，第364页。在《谷物论》中，魁奈说："所以在工业制品的生产中，并没有财富的增加。因为，在工业制品中价值的增加，不过是劳动者所消费掉的生产资料价格的增加。商人的大财产也只能从这个观点来加以考察。就是它和小商人的利得是同性质的东西，不过是大商业企业综合的结果。……所有这些企业者，都不过是把别人的支出，来作为他的财产。因此，在这里并不存在财富的增加。"（第91～92页）

④ 《魁奈经济著作选集》，吴斐丹、张草纫选译，商务印书馆，1980，第316～317页。

⑤ 《魁奈经济著作选集》，吴斐丹、张草纫选译，商务印书馆，1980，第444～445页。

⑥ 《魁奈经济著作选集》，吴斐丹、张草纫选译，商务印书馆，1980，第364页。

人的最有利的秩序，所以，人就能享受到大部分的自然权利。至于人们在享受自然权利方面的不平等，是正常的现象。"这种不平等是和正义与不正义无关系，是从自然的各种规律所产生的。……我们的义务，就在于把能够预见得到的罪恶，尽可能地加以避免。"①

魁奈认为，农业国是最符合"自然秩序"和最能够保护"自然权利"的统治形式，从而能够保证个体利益与社会利益的一致。"除了同一切社会组织为敌的盗匪集团以外，所有其余的社会团体都是靠农业联合起来的，如果没有农业，它们只能组成不完善的民族。只有从事农业的民族，才能够组成稳固和持久的国家，这样的国家有能力进行稳固的全面管理，确切地服从于自然规律的不变制度，因此在这样的场合，农业本身构成了这些国家的基础，规定和确立它们的统治制度，成为能够满足人民需要的财富的来源；然而农业的发展和衰落本身又必然决定于统治形式。"② 人们需要熟稔"自然秩序"、保护"自然权利"的政府来从事农业国的管理工作。农业国的最高权力不应当是贵族式的，因为贵族联合起来有可能奴役国家，造成不公平现象甚至产生野蛮暴虐行为；也不应当是民主式的，因为平民百姓的愚昧和偏见会使国家变得动荡不安和遭到可怕的灾难。相反，"政权应当是统一的，在它的决定和行动方面应当是无私的；因此它应当集中在一个统治者的手里，他一个人拥有执行权，并且有全权执行以下工作：使公民遵守法律，保障每一个公民的权利，使不受其他公民的侵犯，保护弱者，使不受强者的欺凌，防止和消除违法行为、滥用职权，以及国内外敌人的压迫"③。显然，这是一种开明君主制。重农学派成员普遍将当时的中国视作开明君主制的典范。魁奈认为："因为，当法律和监护的权力，不能保证所有权和自由，就完全不存在有效的政府和社会，有的只是有政府外表的独裁，实际上则是无政府。在这样的情况下的实定法和独裁，只是庇护和保证了强者的僭夺，破坏弱者的所有权和自由。"④

其二，从社会视角出发的整体理性。

魁奈通过区分财物和财富来标识农业劳动的（唯一）生产性："我们在国内，必须把有使用价值而没有出卖价值的财物和有使用价值和出卖价

---

① 《魁奈经济著作选集》，吴斐丹、张草纫选译，商务印书馆，1980，第325页。
② 《魁奈经济著作选集》，吴斐丹、张草纫选译，商务印书馆，1980，第443页。
③ 《魁奈经济著作选集》，吴斐丹、张草纫选译，商务印书馆，1980，第434页。
④ 《魁奈经济著作选集》，吴斐丹、张草纫选译，商务印书馆，1980，第332页。

值的财富加以区别。"① 这里的出卖价值是指交换价值，财富是指资本主义条件下的商品。显然，这种对财富的界定是理性演绎前提下的经验归纳，而非经验唯物主义（比如"白板说"）意义上的经验归纳。至于这里的理性演绎，则主要是一种从社会视角出发的整体理性（黑格尔、李嘉图再现了这种整体理性），而非理性唯物主义（比如"我思"）意义上的个体理性。重农学派的方法论强调的是理性演绎相对于经验归纳的逻辑优先性。"我的朋友，你应当看到，自然界中的一切东西都是处在相互的关联中的，一切东西都要在相互联结在一起的圆环中通过。在这些各种各样的活动的不可避免的接触中，只有依靠抽象的概念才能够对这些对象加以考察、分析和研究。这些概念除了抽象地、用分析的方法以外，在这一团混乱现象中对自然界的东西什么也不能确定、移动，什么也不能包括。……只有依靠这种抽象作用，才能够研究和评价社会制度中的这些不同阶级的人们和工作的相互关系，为他们定下最适合于他们的作用和表达得最确切的名称，在详细地叙述经济学时，是必须遵守这种表达的确切性的。"②"因此，只有理性，人并不能很好地控制自己的行动，人必须依靠理性获得自己所必要的知识，并运用这些知识来正确地行动，和获得自己所必要的财货。"③

　　在明确了财富是使用价值和出卖价值的统一之后，魁奈进一步区分了财富的增加和财富的相加，前者的来源是农业，后者的来源是工业和商业。在《谷物论》中，魁奈说："问题在于这一切利益的本源，实际是农业。正是农业，供给着原材料，给君主和土地所有者以收入，给僧侣以十分之一税，给耕作者以利润。……通常都把农业和商业看作是我国财富的两个源泉，但是商业和手工业一样，不过是农业的一个分支；而且手工业比商业，范围远为广大，而且也远为重要。但是这两种职业，只有依靠农业才能存续。实际是，只有农业能够供给手工业和商业以材料，而且供给这两者以生活资料。因为这两个分支，都要把它们所取得的利得还给农业。农业则再生产着年年支出的和被消费掉的财富。实际上，如果没有土地生产物，没有土地所有者和耕作者的收入和支付，哪里还有商业的利润

---

①　《魁奈经济著作选集》，吴斐丹、张草纫选译，商务印书馆，1980，第394页。
②　《魁奈经济著作选集》，吴斐丹、张草纫选译，商务印书馆，1980，第403页。
③　《魁奈经济著作选集》，吴斐丹、张草纫选译，商务印书馆，1980，第335页。

和手工业的工资呢？""如果没有农业生产物，工业与商业是没有另外的财源。"① 重农学派后期代表杜阁（1727～1781）也说："土地永远是一切财富首要的、唯一的来源；作为耕种的结果而生产一切收入的就是土地；在完全未耕种以前，为人类提供第一批垫支基金的也是土地。"② 据此，农业国国民被划分为三个阶级，即生产阶级、土地所有者阶级和不生产阶级。生产阶级是耕种土地、逐年再生产国民财富的阶级，主要是租地农场主阶级；土地所有者阶级包括君主、土地所有者以及什一税的征收者；不生产阶级是从事农业生产之外的工作的阶级，主要是工商业阶级。

其三，纯产品概念的提出与农业剩余劳动的发现。

农业所带来的财富的增加是纯产品。魁奈说，纯产品是"生产阶级每年从再生产财富中，先扣除补偿年预付和维持经营上使用的财富基金所必要的部分之后，把它支付给土地所有者阶级的"③。简单说，纯产品即产品价值超出成本或支出的部分。

杜阁通过对比工人和农人的劳动方式，指出："只有双手和辛勤劳动的单纯工人，除了能够把他的劳动出卖给别人以外，就一无所有。他可能或多或少地以高价出卖他的劳动；但是，无论这种价格是高一些或低一些，都不能完全由他本人来决定；这是他同那个购买他的劳动的人双方协议的结果。……农人的地位却大不相同。土地把他的劳动的代价直接偿付给他，既不需要任何别人经手，也不需要任何协议。自然界并不同他讨价还价来迫使他满足于绝对必需的东西。它赐予他的东西，既不同他的需要成比例，也不同他的劳动日的价格的协议估值成比例。这是比辛勤劳动和

---

① 《魁奈经济著作选集》，吴斐丹、张草纫选译，商务印书馆，1980，第69～70、75页。在《租地农场主论》中，魁奈也说："制造业和商业，是依靠纷乱的奢侈来支持，把人口和财富集中和积蓄于大都市，妨碍了农地的改良，使农村趋于荒废，引起轻蔑农业的思想，过度地增加个人的支出，损害家属的生活，阻碍人口的增加，进而使国家陷于困疲的状况。"（第35页）富兰克林在1769年写作的《关于国民财富有待研究的几个问题》一文中旗帜鲜明地坚持重农学派关于农、工、商的关系的看法。

② 〔法〕杜阁：《关于财富的形成和分配的考察》，南开大学经济系经济学说史教研组译，商务印书馆，1961，第48页。杜阁没有参加重农学派的活动，不过，他自1751年从政后大力推行重农主义的政策措施，从这个意义上，应将杜阁视作重农学派后期代表。另外，该书是杜阁1766年为两位在法国完成了学业的中国青年所写，杜阁（以及当时的诸多思想家）认为中国实行开明君主制，他希望在两位中国青年回国后能够通过他们进一步了解中国的情况。

③ 《魁奈经济著作选集》，吴斐丹、张草纫选译，商务印书馆，1980，第340页。

他用来使土地肥沃的手段的结果多得多的土地肥力和智慧的自然结果。农人的劳动一旦生产出多于他的需要的东西以后，他就能够用自然界在他的劳动工资以外作为纯粹礼物给予他的这种剩余产品，来购买社会中其他成员的劳动。后者在向他出卖这种劳动时所得到的东西只能维持他们的生活；但是农人除了维持生活的资料以外，还能得到一笔独立的、可以任意支配的财富，这笔财富并不是由他买进来的，而是要由他卖出去的。因此，他是财富——这些财富，通过它们的流通，激发社会的一切劳动——的唯一源泉，因为他是唯一的这样一种人，他的劳动生产出来的产品超过了他的劳动工资。"① 重农学派所提出的纯产品，正确地把握了剩余价值的这个派生形式，因为，"农人的劳动"多于"他的需要的东西"，显然是指农业的剩余劳动（即农业剩余产品），工商业部门收入的来源是农业剩余劳动（即农业剩余产品）的某种改变了的形式；但其具体表述尚未脱离其自然基础，所以才有了诸如土地的果实、自然的赐予、"纯粹礼物"等拟人化说法。马克思说："这个生产率，这个作为出发前提的生产率阶段，必定首先存在于农业劳动中，因而表现为自然的赐予，自然的生产力。"② "这种'自然的赐予'是剩余价值的自然基础，它在最初几乎满足所有的需要的农业劳动中表现得最明显。……最先说明剩余价值的重农学派，就是在剩余价值的实物形式上理解剩余价值的。"③

　　魁奈的名著《经济表》将经验归纳和理性演绎相结合，以曲折连线或算数图示的方式，揭示了纯产品的再生产及其在三个阶级之间的流通（简单再生产均衡状态）。纯产品被不同的阶级以不同的方式经验到或体验到，比如被看到、被消费掉、被再生产出来。

　　接下来的问题是如何尽可能多地增加纯产品。因为蛋糕自然是越大越好。魁奈观察到，当时法国存在大农经营和小农经营两种农业劳动方式。大农经营的特点是，富裕的租地农场主使用先进的生产工具（马）进行集约型的土地耕种；小农经营的特点是，贫穷的租地农场主使用落后的生产工具（牛）进行粗放型的土地耕种。大农经营的劳动生产率远高于小农经营。而大农经营的稀缺、小农经营的泛滥是法国社会日渐衰颓的主要原

---

① 〔法〕杜阁：《关于财富的形成和分配的考察》，南开大学经济系经济学说史教研组译，商务印书馆，1961，第 21 ~ 22 页。
② 《马克思恩格斯全集》第三十三卷，人民出版社，2004，第 22 页。
③ 《马克思恩格斯全集》第三十五卷，人民出版社，2013，第 123 页。

因。所以，法国社会改良的道路就在于推广大农经营（实质是提高农业劳动生产率）："由富裕的耕作者所经营的农业，是非常阔绰的利润很大的企业。只有这种农业，才能够预付土地耕种所必要的大量费用，是自由人所能做的职业，并且是雇佣着农民，使他们能够得到相应的确实的利得的职业。……只有这些租地农场主的财富，能够产生出国民的生活资料、社会的安宁、君主、土地所有者和僧侣的收入，可以分配给所有职业的收入，众多的人口，国家的实力，以及国家的繁荣。"① 根据魁奈的观点，土地所有者特别是君主，应采取合理而有效的政策（比如反对商业垄断、反对苛捐杂税），保证农业人口稳定增加，使农产品经常保持高价。"但是个人的利益是不受考虑到公共福利的那种观点支配的。只有英明的政府才能够把它导向上述的结果。"② 魁奈的意思是通过国家自觉引导实现经济自由主义，这种略带政策建议色彩的重农思想，是一种披着封建外衣的资本主义农业发展论。在《德意志意识形态》中，马克思恩格斯揭示了重农学派的意识及其所意识到了的存在："但是重农学派所根据的是法国的尚不发达的经济关系，当时在法国，地产起着主要作用的封建制度还没有消灭，所以他们当了封建主义观点的俘虏，以致认为地产和农业劳动是决定整个社会制度的（生产力）。"③ 在《哲学的贫困》中，马克思肯定了魁奈在法国经济学说史上的积极作用："这位御医，这位经济学家是法国资产阶级即将取得必然胜利的代表。魁奈医生使政治经济学成为一门科学；他在自己的著名的《经济表》中概括地叙述了这门科学。"④ 在《经济学手稿（1861—1863 年）》中，马克思指出重农学派把本属于资产阶级社会的特定经济规律永恒化了："在资产阶级视野以内对资本进行分析，从本质上来说是重农学派的功绩。这个功绩使他们成为现代经济学的真正鼻祖。……重农学派的巨大功绩是，他们把这些形式看成社会的生理形式，即从生产本身的自然必然性产生的，不以意志、政策等等为转移的形式。这是物质规律；错误只在于，他们把社会的一个特定历史阶段的物质规律看成同样支配着一切社会形式的抽象规律。……这样，封建主义就被资产阶级化了，

---

① 《魁奈经济著作选集》，吴斐丹、张草纫选译，商务印书馆，1980，第 74 页。也见第 50、54 页。
② 《魁奈经济著作选集》，吴斐丹、张草纫选译，商务印书馆，1980，第 164 页。
③ 《马克思恩格斯全集》第三卷，人民出版社，1960，第 482 页。
④ 《马克思恩格斯文集》第一卷，人民出版社，2009，第 597 页。

资产阶级社会则获得了封建主义的外观。……重农主义体系就成为在封建社会的框子里为自己开辟道路的新的资本主义社会的表现了。因而，这个体系是同刚从封建制度中走出来的资产阶级社会相适应的。"①

　　通过上述考察，应该可以得出初步结论：社会唯物主义是西方近代经济学家在分析经济问题时或自觉运用或不自觉遵循的哲学原则。不同于经验唯物主义、理性唯物主义关注和探讨"物"，社会唯物主义关注和探讨"事"。不同于经验唯物主义、理性唯物主义重视个体理性，社会唯物主义重视整体理性。以社会唯物主义为哲学原则的古典经济学，"经验地观察"经济现象，"直观地把握"经济关系，"理性地阐发"经济本质，"科学地剖析"经济本质必然地和歪曲地表现为经济现象。接下来关于李嘉图对斯密的批判继承关系的分析，将清晰地呈现这一点。

---

　　①　《马克思恩格斯全集》第三十三卷，人民出版社，2004，第15、23页。

# 第二章　劳动价值论：从斯密到李嘉图

马克思在《资本论》第三卷中说："如果事物的表现形式和事物的本质会直接合而为一，一切科学就都成为多余的了。"[①] 是揭示事物的本质并以此解释其表现形式，还是混淆这两者或者直接将表现形式当作本质，构成了古典经济学和庸俗经济学的主要区别之一。古典经济学的代表人物是亚当·斯密（1723~1790）和大卫·李嘉图（1772~1823），他们都是英国人。庸俗经济学的代表人物包括但不限于：英国的马尔萨斯（1766~1834）、詹姆斯·穆勒（1773~1836）、麦克库洛赫（1789~1864）、琼斯（1790~1855）、西尼尔（1790~1864）、约翰·穆勒（1806~1873），法国的萨伊（1767~1832）、巴师夏（1801~1850），美国的凯里（1793~1879）。古典经济学和庸俗经济学的分界点是1823年（李嘉图逝世）。对于古典经济学向庸俗经济学的转变，马克思评述道："无私的研究让位于豢养的文丐的争斗，不偏不倚的科学探讨让位于辩护士的坏心恶意。"[②]

斯密和李嘉图见证了18世纪中后期和19世纪早期英国在政治经济领域的剧烈变化，比如圈地运动合法化所导致的土地关系资本化，通过海外殖民掠夺而成为头号资本主义经济强国（"日不落帝国"和"世界工厂"），新兴资产阶级与土地所有者之间矛盾的尖锐化（无产阶级尚未成为独立的政治力量，他们与新兴资产阶级的共同利益多于对立冲突）。斯密生活在工场手工业时代，李嘉图生活在机器大工业时代。他们各自的主要经济学著作《国民财富的性质和原因的研究》和《政治经济学及赋税原理》立足于不同的时代，也表现出不同的理论格局。工场手工业的历史任务是创造财富，所以斯密关注劳动的熟练程度以及分工之于财富创造的意义，机器大工业的历史任务是在已创造出的如此之多的财富的基础上扩

---

[①] 《马克思恩格斯文集》第七卷，人民出版社，2009，第925页。
[②] 《马克思恩格斯文集》第五卷，人民出版社，2009，第17页。

大资本积累，所以李嘉图重视生产的机械化程度以及财富创造后的分配（产业资本家所得之利润是资本积累之源泉）。斯密经济学的假定是物品普遍丰裕的商业世界，李嘉图经济学的假定是物品普遍稀缺的商业世界。斯密的"人"是独立的商品交换主体，李嘉图的"人"是经济范畴的人格化。斯密的"社会"体现为非对抗性的交换关系，李嘉图的"社会"体现为对抗性的生产关系。斯密和李嘉图的区别源于时代的差别。从李嘉图的立场反观斯密，确实应了恩格斯的那句名言："不成熟的理论，是同不成熟的资本主义生产状况、不成熟的阶级状况相适应的。"[①]

## 第一节　斯密在价值论上的双重标准

斯密和李嘉图的经济学方法，既有经验归纳，也有理性演绎。大体说来，斯密侧重于前者，李嘉图侧重于后者。

前已述及，重农学派将农业劳动视作唯一的生产性劳动。与之相比，斯密大大前进了一步：他提出"劳动一般"范畴。马克思述评道："他抛开了创造财富的活动的一切规定性，——干脆就是劳动，既不是工业劳动，又不是商业劳动，也不是农业劳动，而既是这种劳动，又是那种劳动。有了创造财富的活动的抽象一般性，也就有了被规定为财富的对象的一般性，这就是产品一般，或者说又是劳动一般，然而是作为过去的、对象化的劳动。"[②]"劳动一般"是对资本主义工场手工业中不同部门的不同劳动，比如毛纺织业、制盐业、冶金业、丝绸业、机器制造业、采煤业，再如毛纺织业中的分散生产和商业推销等，予以合理抽象的结果。在这些部门中，劳动者具有主体性和能动性，所以斯密在《国民财富的性质和原因的研究》一开篇就讨论了分工对劳动生产力的促进作用。及至李嘉图时代，即机器大工业时代，诸种具体劳动之间具有更直接的可交换性和可计量性，诸种具体劳动以量的方式汇入社会总劳动的趋向愈加明显，劳动者更多地具有受动性和物化性（经济范畴人格化）。资本主义的时代的进步体现为李嘉图对斯密的理论的进步。

斯密的分工理论客观地反映了工场手工业的发展。马克思在《资本

---

① 《马克思恩格斯文集》第九卷，人民出版社，2009，第274页。
② 《马克思恩格斯全集》第三十卷，人民出版社，1995，第45页。

论》第一卷中指出："政治经济学作为一门独立的科学，是在工场手工业时期才产生的，它只是从工场手工业分工的观点把社会分工一般看成是用同量劳动生产更多商品，从而使商品便宜和加速资本积累的手段。同这种着重量和交换价值的观点截然相反，古典古代的著作家只注重质和使用价值。"① 斯密认为："第一，劳动者的技巧因业专而日进；第二，由一种工作转到另一种工作，通常须损失不少时间，有了分工，就可以免除这种损失；第三，许多简化劳动和缩减劳动的机械的发明，使一个人能够做许多人的工作。"② 斯密的分工理论存在颇多问题。一来，斯密没能区分分工的具体形态，比如自然分工和社会分工，自然分工依据的是性别、地域等，社会分工依据的是社会经济因素。③ 二来，斯密实际上谈论的是社会分工，但他对社会分工的不同层次缺乏理论认识。比如一般的分工是指第一、二、三产业，特殊的分工是指某一产业内部的分工，个别的分工是指个人之间的分工。马克思说："单就劳动本身来说，可以把社会生产分为农业、工业等大类，叫做一般的分工；把这些生产大类分为种和亚种，叫做特殊的分工；把工场内部的分工，叫做个别的分工。"④ 三来，斯密错误地把社会分工视作人基于商人本性的自主选择。由此，斯密经济学中的阶级概念就是常识意义上的"某一类人"的意思，其与生产不具有本质上的关联。而这一点（阶级与生产的本质关联），是李嘉图率先完成的。马克思的进一步推进在于：证明了"阶级的存在仅仅同生产发展的一定历史阶段相联系"。⑤

　　在分工的基础上，斯密进而指出："在一个政治修明的社会里，造成普及到最下层人民的那种普遍富裕情况的，是各行各业的产量由于分工而大增。各劳动者，除自身所需要的以外，还有大量产物可以出卖；同时，因为一切其他劳动者的处境相同，各个人都能以自身生产的大量产物，换得其他劳动者生产的大量产物，换言之，都能换得其他劳动者大量产物的价格。别人所需的物品，他能与以充分供给；他自身所需的，别人亦能与

① 《马克思恩格斯文集》第五卷，商务印书馆，2009，第422页。
② 〔英〕斯密：《国民财富的性质和原因的研究》上卷，郭大力、王亚南译，商务印书馆，1972，第8页。
③ 参见《马克思恩格斯文集》第五卷，人民出版社，2009，第56、96页。
④ 《马克思恩格斯文集》第五卷，人民出版社，2009，第406~407页。
⑤ 《马克思恩格斯文集》第十卷，人民出版社，2009，第106页。

以充分供给。于是，社会各阶级普遍富裕。"① 据此，斯密提供了对人性的崭新理解：人是商人。相应地，社会是商业社会。斯密说："于是，一切人都要依赖交换而生活，或者说，在一定程度上，一切人都成为商人，而社会本身，严格地说，也成为商业社会。"② "人的商人本性"是指"互通有无，物物交换，互相交易"。③ "由于我们所需要的相互帮忙，大部分是通过契约、交换和买卖取得的，所以当初产生分工的也正是人类要求互相交换这个倾向。"④

倘若真如斯密所说，那么，每个劳动者都将是独立的商品交换主体，而整个世界也将是物品普遍丰裕的商业世界。实际上，这确实就是斯密经济学的基本预设。诚然，斯密生活和工作多年的大型工商业城市——格拉斯科（Glasgow），为他这里的描画及其经济学的基本预设提供了经验的支持和直观的证据。但我们必须指出，斯密的这种描画是对即将到来的新社会（脱胎于欧洲封建社会的资本主义社会）的浪漫主义想象，因为，物质生存条件（比如基本经济资源）掌握在资产阶级手中的客观现实决定了，无产阶级（劳动者）不可能成为独立的商品交换主体，社会化生产与生产资料资本主义私人占有制的内在矛盾也制约了物品普遍丰裕的实现，这对矛盾会不断再生产出生产过剩的经济危机。马克思在《伦敦笔记》中指出："生产力和商品生产的实际增长，是违背资产阶级生产的目的而进行的，价值增长在自己的运动中扬弃自己，转变为产品的增长，这种价值增长所产生的矛盾，是一切危机等等的基础。资产阶级的生产就是经常在这样的矛盾中打转的。"⑤ 至于斯密所认为的人的商人本性，更是为新兴资产阶级利益作论证的资产阶级意识形态了。恩格斯在《反杜林论》中对此有着深刻的揭示："在他们（指启蒙学者和当时的经济学家——引者注）

---

① 〔英〕斯密：《国民财富的性质和原因的研究》上卷，郭大力、王亚南译，商务印书馆，1972，第11页。

② 〔英〕斯密：《国民财富的性质和原因的研究》上卷，郭大力、王亚南译，商务印书馆，1972，第20页。

③ 〔英〕斯密：《国民财富的性质和原因的研究》上卷，郭大力、王亚南译，商务印书馆，1972，第12页。斯密在格拉斯科大学担任教授时说过："分工的直接根源乃是人类爱把东西互相交换的癖性。"（〔英〕坎南编《亚当·斯密关于法律、警察、岁入及军备的演讲》，陈福生、陈振骅译，商务印书馆，1962，第184页。）

④ 〔英〕斯密：《国民财富的性质和原因的研究》上卷，郭大力、王亚南译，商务印书馆，1972，第14页。

⑤ 《马克思恩格斯全集》第四十四卷，人民出版社，1982，第110页。

看来，新的科学不是他们那个时代的关系和需要的表现，而是永恒的理性的表现，新的科学所发现的生产和交换的规律，不是这些活动的历史地规定的形式的规律，而是永恒的自然规律；它们是从人的本性中引申出来的。但是，仔细观察一下，这个人就是当时正在向资产者转变的中等市民，而他的本性就是在当时的历史地规定的关系中从事工业和贸易。"①斯密把历史发展的结果（"当时正在向资产者转变的中等市民"）当作理论论证的前提（人的商人本性），且不自知。其实，在人类社会历史早期很长一段时间，人是从属于一个更大的共同体的，人与人之间充斥着自然半自然、等级半等级、血缘半血缘、宗法半宗法、裙带半裙带的关系，所谓"人的商人本性"完全无从谈起。

让我们顺着斯密的思路继续分析。在斯密看来，既然一切人都要依赖交换而生活，那么接下来的问题就是要确定交换价值。所谓交换价值，是指"由于占有某物而取得的对他种货物的购买力"；与之相对的范畴是使用价值，即"特定物品的效用"。② 对交换价值的探讨，引出了劳动价值论。斯密指出："劳动是衡量一切商品交换价值的真实尺度。""等量劳动，无论在什么时候和什么地方，对于劳动者都可以说有同等的价值。""由此可见，只有劳动才是价值的普遍尺度和正确尺度，换言之，只有用劳动作标准，才能在一切时代和一切地方比较各种商品的价值。"③ 无疑，这个理论是斯密对前辈经济学家（特别是配第、杜阁）劳动价值论的批判改造。斯密的主要贡献，当然也是其主要局限，在于提出了价值论上的双重标准。

其一，"在资本累积和土地私有尚未发生以前的初期野蛮社会，获取各种物品所需要的劳动量之间的比例，似乎是各种物品相互交换的唯一标准。……在这种社会状态下，劳动的全部生产物都属于劳动者自己。一种物品通常应可购换或支配的劳动量，只由取得或生产这物品一般所需要的劳动量来决定。"④ 初期野蛮社会是指原始社会，在其中，"劳动的全部生

① 《马克思恩格斯文集》第九卷，人民出版社，2009，第158页。
② 〔英〕斯密：《国民财富的性质和原因的研究》上卷，郭大力、王亚南译，商务印书馆，1972，第25页。
③ 〔英〕斯密：《国民财富的性质和原因的研究》上卷，郭大力、王亚南译，商务印书馆，1972，第26、28~29、32页。
④ 〔英〕斯密：《国民财富的性质和原因的研究》上卷，郭大力、王亚南译，商务印书馆，1972，第42页。

产物都属于劳动者自己"。其二，及至存在资本累积和土地私有的"进步社会"（资本主义社会），劳动的全部生产物未必都属于劳动者，换言之，资本所有者和土地所有者有权利要求分割商品价值（他们分别获得利润和地租）。斯密指出："必须指出，这三个组成部分各自的真实价值，由各自所能购买或所能支配的劳动量来衡量。劳动不仅衡量价格中分解成为劳动的那一部分的价值，而且衡量价格中分解成为地租和利润的那些部分的价值。无论在什么社会，商品价格归根到底都分解为那三个部分或其中之一。在进步社会，这三者都或多或少地成为绝大部分商品价格的组成部分。……工资、利润和地租，是一切收入和一切可交换价值的三个根本源泉。"① 一般将前者称作劳动价值论，将后者称作收入价值论（或生产费用论）。前者表明商品价值由生产它所耗费的劳动量决定，后者表明商品价值由它所能购买或所能支配的劳动量（亦即由它所能交换到的财富中所包含的劳动量）决定。此之谓双重标准。

　　这里有三点亟待申说。

　　其一，劳动价值论谈论的就是商品价值的决定，而收入价值论谈论的其实是商品价值的分割（而非决定）。资本主义经济生活的真相是：价值决定在先（无论是逻辑上还是时间上），之后才有价值的分割。遗憾的是，斯密混同了这两者，将它们"并列为"适用于不同社会的价值决定论了。马克思批评道："斯密在阐述了内在联系之后，突然又被表面现象所迷惑，被竞争中表现出来的事物联系所迷惑，而在竞争中，一切总是表现为颠倒的、头足倒置的。……斯密用不依赖于商品价值而独立决定的工资价值、利润价值和地租价值构成商品价值之后，接着就给自己提出了一个问题：这些要素的价值又是怎样决定的呢？这里斯密是从竞争中呈现出来的现象出发的。"②

　　其二，劳动价值论不仅适用于初期野蛮社会（原始社会），而且也适用于进步社会（资本主义社会）。在进步社会（资本主义社会）中，由于生产资料私有制，资本所有者要求利润，土地所有者要求地租，这是符合

---

①　〔英〕斯密：《国民财富的性质和原因的研究》上卷，郭大力、王亚南译，商务印书馆，1972，第44~45、47页。在"劳动不仅衡量价格中分解成为劳动的那一部分的价值"中，后一个"劳动"与"工资"同义。谈及进步社会时，斯密常将这两个名词交替使用，不予区分。

②　《马克思恩格斯全集》第三十四卷，人民出版社，2008，第240页。

资本主义生产方式的。对此，马克思指出："生产当事人之间进行的交易的正义性在于：这种交易是从生产关系中作为自然结果产生出来的。……这个内容，只要与生产方式相适应，相一致，就是正义的；只要与生产方式相矛盾，就是非正义的。在资本主义生产方式的基础上，奴隶制是非正义的；在商品质量上弄虚作假也是非正义的。"① 收入价值论以歪曲的方式表现了劳动价值论的适用性。

以斯密在《国民财富的性质和原因的研究》第六章"论商品价格的组成部分"中的一段论述为例。斯密说："在文明国家内，交换价值单由劳动构成的商品极不常见，大部分商品的交换价值，都含有大量的利润和地租，所以，社会全部劳动年产物所能购买或支配的劳动量，远远超过这年产物生产制造乃至运输所需要的劳动量。"② 一方面，"在文明国家里，交换价值单由劳动构成的商品极不常见"，说明劳动价值论在进步社会中失效了。另一方面，"大部分商品的交换价值，都含有大量的利润和地租"，斯密在经验归纳甚或感性直观的意义上将劳动、利润、地租并列，共同作为交换价值的内容。实际上，资本的利润和土地的地租本身是活劳动对象化于生产资料（原材料、土地）而导致的价值的增加；它们的存在非但没有证伪劳动价值论，反而是后者的证明和应用。李嘉图对斯密的反驳即在于此。李嘉图指出：在斯密所说的初期野蛮社会（原始社会），猎人总要有一些资本（武器）才能捕猎海狸和野鹿，"所以这类野物的价值不仅要由捕猎所需的时间和劳动决定，而且也要由制备那些协助猎人进行捕猎工作的资本（武器）所需的时间和劳动决定"。③ 即使这些资本（武器）不属于猎人，那也无碍于劳动价值论这个价值决定的原则，而只是价值分割的问题，即，在生产资料私有制条件下，对象化劳动（死劳动）反过来统摄活劳动并要求分割活劳动所创造的价值。至于进步社会（资本主义社会），同样如是。"例如，在评定袜子的交换价值时，我们就会发现它和其他物品相对而言的价值取决于制造它和把它运到市场上所必需的劳动总量。"④

① 《马克思恩格斯文集》第七卷，人民出版社，2009，第379页。
② 〔英〕斯密：《国民财富的性质和原因的研究》上卷，郭大力、王亚南译，商务印书馆，1972，第48页。
③ 《政治经济学及赋税原理》，见《大卫·李嘉图全集》第1卷，第16页。
④ 《政治经济学及赋税原理》，见《大卫·李嘉图全集》第1卷，第17页。"取决于"书中误写为"取决了"，引用时已改正。

在这段引文中，李嘉图不仅提到了"制造它"的直接劳动，还提到了"把它运到市场上"的间接劳动。仍以袜子为例，间接劳动包括但不限于：种植原棉的土地所需要的劳动、把棉花运送到制造袜子的地方所需要的劳动、纺纱工人和织袜工人的劳动、修建织袜所需的厂房机器的工程师和木工的一部分劳动、零售商人的劳动。斯密的"劳动"主要是直接劳动，而非间接劳动。而李嘉图的"劳动"则更加全面、更具社会内涵，它既表明了劳动的社会有用性，也提示了劳动的社会等同性，换言之，任何人的劳动（私人劳动）都只有成为社会劳动（有用性和等同性），才有资格换得社会总劳动中其他人的劳动（私人劳动）。马克思在《论分工》（写于1859年秋）中指出："因此，我的劳动表现为全部社会劳动的独立部分。各种不同的劳动构成社会劳动的不同部分，因此，总的来说，它们表现为分工，这种分工通过交换，表现为整体，表现为互相补充的各部分，表现为社会劳动体系的各个环节。……社会分工是多种多样劳动的整体，这些劳动正是由于它们之间的差别，由于它们的差异性而互相补充。"① "我的劳动是片面的，但它满足某种社会需要，其他社会成员的需要。如果我不知道其他社会成员在进行着其他各种必需的劳动，因而补充着我的劳动，那我就不可能只从事这种片面的劳动。因此，满足一种社会需要的劳动，是把这种劳动变成自己职业的一定的个人的特殊的劳动。"② 李嘉图的"劳动"正确地反映了机器大生产时代的资本主义生产，因而具有科学性。

再以斯密在第八章"论劳动工资"的一段论述为例。斯密指出："劳动工资的增加，必然按照价格中那一部分增高的比例，抬高许多商品的价格，并按照价格增高的比例，减少国内外这些商品的消费。"③ 李嘉图在《政治经济学及赋税原理》第一章"论价值"第六节中转述道："在结束这一问题以前，我应当指出，据我所知，亚当·斯密和一切追随他的作家都毫无例外地认为劳动价格上涨之后，所有商品价格都会上涨。"④ 李嘉图对斯密的批评是：工资上涨导致的是利润降低，而非商品价格上涨。因

---

① 《马克思恩格斯全集》第四十四卷，人民出版社，1982，第438页。该文是马克思为生活在伦敦的德国工人所作的政治经济学演讲的提纲。
② 《马克思恩格斯全集》第四十四卷，人民出版社，1982，第439页。
③ 〔英〕斯密：《国民财富的性质和原因的研究》上卷，郭大力、王亚南译，商务印书馆，1972，第80页。
④ 《政治经济学及赋税原理》，见《大卫·李嘉图全集》第1卷，第35页。也见第302、307、315页。

为：“只有生产时所用固定资本比估计价格时媒介所用的少的商品才会在工资上涨的时候涨价，一切使用固定资本较多的商品的价格在工资上涨时都可能跌落。”① 李嘉图的这个反驳是正确的。不过，从马克思的观点来看，李嘉图仍然没有说到位。真实情况是，“总资本所赚得的剩余价值在不同部门之间或在不同生产领域的各个资本之间的分配”②。

其三，斯密的收入价值论构成了日后几乎所有西方资产阶级经济学家的基本观点，一般被称作“斯密教条”③。根据马克思的观点，商品的价值是由不变资本的价值（c）、可变资本（工资）的价值（v）、利润与地租的价值（m）构成的，c 是旧价值的转移，v 和 m 是新价值的创造。斯密的收入价值论则主张商品价值仅仅由工资、利润与地租的价值（v+m）构成，商品中没有旧价值的转移，而只有新价值的创造。“斯密教条”的错误在于抹杀了不变资本的价值（c）。马克思说：“这里也可以看出，为什么斯密——尽管在这一问题上内心有很大的犹豫——把商品的价值只分解为地租、利润和工资，而略去了不变资本，尽管他自然也承认‘单个’资本家的不变资本。因为不然的话，他就必须说商品的价值是由工资、利润、地租以及不由工资、利润、地租构成的那个商品价值部分构成的了。这样一来，就必须离开工资、利润和地租来确定价值了。”④ 斯密为了解释存在资本累积和土地私有的进步社会，不得不坚持收入价值论（“尽管在这一问题上内心有很大的犹豫”）。这还算可以理解。吊诡的是，斩断了收入价值论这根庸人的辫子、更加彻底地坚持劳动价值论的李嘉图，居然也信奉“斯密教条”。例如他在论述总收入和纯收入时指出：“每一个国家的全部土地和劳动产品都要分成三部分，其中一部分归于工资，一部分归于利润，另一部分归于地租。”⑤

“斯密教条”之所以抹杀不变资本的价值，其错误根源在于不理解生产商品的劳动具有二重性，即创造使用价值的具体劳动和创造价值的抽象劳动，具体劳动是劳动的自然形式，抽象劳动是劳动的经济形式。马克思

① 《政治经济学及赋税原理》，见《大卫·李嘉图全集》第 1 卷，第 35 页。
② 《马克思恩格斯全集》第三十四卷，人民出版社，2008，第 221 页。
③ 《马克思恩格斯全集》第三十四卷，人民出版社，2008，第 378 页。马克思将“斯密教条”概括为：产品价值等于产品的费用价格。
④ 《马克思恩格斯全集》第三十四卷，人民出版社，2008，第 242 页。
⑤ 《政治经济学及赋税原理》，见《大卫·李嘉图全集》第 1 卷，第 295 页。

在 1868 年 1 月 8 日致恩格斯的信中说："经济学家们毫无例外地都忽略了这样一个简单的事实：既然商品是二重物——使用价值和交换价值，那么，体现在商品中的劳动也必然具有二重性，而像斯密、李嘉图等人那样只是单纯地分析劳动本身，就必然处处都碰到不能解释的现象。实际上，对问题的批判性理解的全部秘密就在于此。"① 正因为劳动具有二重性，所以在资本主义生产中，就事实层面来说，转移旧价值（c）和创造新价值事实上是同时进行的，就理论层面来说，则可作一区分，即工人在必要劳动时间中转移旧价值（c）、重新创造劳动力自身的价值（v），在剩余劳动时间中新创造剩余价值（m）。资本家将工人在必要劳动时间中新创造的劳动力价值（v）以工资的形式"还"给工人，之后，无偿占有了工人在剩余劳动时间中新创造的剩余价值（m）。剩余价值（m）虽由可变资本（v）创造，但其实现却要以旧价值转移（也即全部预付资本的价值实现）为条件。这是斯密和李嘉图无法理解的。否认不变资本的存在使他们不可能提出科学的再生产理论。

这里需要处理一种质疑，即认为商品二因素其实是一因素。根据这种观点，使用价值和交换价值（价值）都是物对人的有用性，前者是物对人的直接的有用性，后者是物对人的间接的有用性（通过交换别人的商品来间接地满足自己的需要）。如上质疑是不成立的。基本理由是：忽视了物物交换（W—W）、简单商品交换（W—G—W）、资本主义商品交换（G—W—G'）的历史差别，其中 W 是商品，G 是货币，G' 是增殖后的货币。劳动力商品是一个历史范畴。劳动力商品本身表明人类社会历史已经发展到工人自由得一无所有、不得不出卖劳动力的时代了。既如此，我们还能在有用性（尽管是间接的有用性）这个非常抽象、非常朴素、非常低端的层面上谈论资本家以货币换得劳动力吗？

对于斯密在价值论上的双重标准，马克思有过深刻的揭示："斯密本人非常天真地活动于不断的矛盾之中。一方面，他探索各种经济范畴的内在联系，或者说，资产阶级经济制度的隐蔽结构。另一方面，他又把在竞争现象中表面上所表现的那种联系，也就是在非科学的观察者眼中，同样在那些被实际卷入资产阶级生产过程并同这一过程有实际利害关系的人们眼中所表现的那种联系，与上述内在联系并列地提出来。这是两种理解方

---

① 《马克思恩格斯文集》第十卷，人民出版社，2009，第 276 页。

式，一种是深入研究资产阶级制度的内在联系，可以说是深入研究资产阶级制度的生理学，另一种则只是把生活过程中外部表现出来的东西，按照它表现出来的样子加以描写、分类、叙述并归入图式化的概念规定之中。这两种理解方式在斯密那里不仅安然并存，而且相互交错，不断自相矛盾。"①第一种理解方法，即劳动价值论，"或多或少正确地表达了内在联系"；而第二种理解方法，即收入价值论，"同样合理地，并且缺乏任何内在关系地，——和前一种理解方法没有任何联系地——表达了外部表现出来的联系"。② 前者是斯密经济学的科学成分，后者是斯密经济学的庸俗成分。

　　萨伊充分发挥了斯密经济学的庸俗成分。萨伊的"庸俗"体现有四。一是将生产视作反映人与自然之间技术关系的范畴（而非反映人与人之间经济关系的范畴），将价值完全还原为使用价值。他说："所谓生产，不是创造物质，而是创造效用。……物品的效用就是物品价值的基础。"③ 众所周知，李嘉图认同斯密关于使用价值和交换价值的区分："所以，效用对于交换价值说来虽是绝对不可缺少的，但却不能成为交换价值的尺度。"④所以，李嘉图才会认为政治经济学的主要问题是交换价值的决定或财富的分配。在《政治经济学及赋税原理》第二十章"价值与财富：它们的特性"中，李嘉图还批评萨伊："不过这些自然要素尽管会大大增加商品的使用价值，但是从来不会使商品增加萨伊先生所说的交换价值。"⑤ 即使如此，非常可笑的是，萨伊致信李嘉图时竟然说"您我之间并无分歧"。萨伊的原话如下："我殷切地希望，我在这里对我价值学说所作的阐述，比我在以往的著作中所作的阐述使您较为满意。……因为我相信我已经证明，它正是您自己的学说，只不过用了另一套词汇来表述，因为它承认一件物品的价值只是该物品在交换中获得支配一定量效用的能力，这一价值与物品能够获得的效用量成正比。因此，价值和效用量是同一方程式的两个等项。在财富的定义上，当您引用某些词汇，而我用另外一些词汇时，您我之间并无分歧。"⑥

---

① 《马克思恩格斯全集》第三十四卷，人民出版社，2008，第182～183页。

② 《马克思恩格斯全集》第三十四卷，人民出版社，2008，第183页。

③ 〔法〕萨伊：《政治经济学概论》，陈福生、陈振骅译，商务印书馆，1963，第59页。

④ 《政治经济学及赋税原理》，见《大卫·李嘉图全集》第1卷，第5页。

⑤ 《政治经济学及赋税原理》，见《大卫·李嘉图全集》第1卷，第241页。在第三版中，李嘉图在该段还特地加上了一句话："萨伊先生始终忽视了使用价值和交换价值之间的根本区别。"

⑥ 《萨伊致李嘉图》（1820年8月10日），见《大卫·李嘉图全集》第8卷，第265～266页。

李嘉图的回信是："我在书中指出了我们之间在'价值'一词的含义方面存在的那一分歧。您把这个词作为'财富'和'效用'的意义来使用，我渴望您进一步考虑的正是您宝贵著作的这一部分。"① 在之后的复信中，萨伊仍然坚持效用即价值："我坚信创造效用就是创造财富，但我们没有另一种尺度来衡量这种创造出来的效用，而只是以另外某种产品的或多或少的数量作为尺度；这一数量构成前者的交换价值，即它的现行价格。"② 这种观点是错误的，因为它抽象掉资本主义生产的特殊历史规定，将之不恰当地还原为简单商品流通甚至是物物交换。马克思批评道："但就资本创造使用价值来说，它生产使用价值，然而这是由价值决定的使用价值：'价值构成产品'。（萨伊）从这个角度来看，资本是为消费而生产。"③

二是提出了著名的萨伊定律。该定律要点有二：生产自行创造需求，投资等于储蓄。萨伊认为："一个人通过劳动创造某种效用，从而把价值授予某些东西。但除非别人掌握有购买这价值的手段，便不会有人鉴赏，有人出价购买这价值。上述手段由什么东西组成呢？由其他价值组成，即由同样是劳动、资本和土地的果实的其他产品组成。这个事实使我们得到一个乍看起来离奇的结论，就是生产给产品创造需求。"④ 萨伊实际上是在物物交换（W—W）的层面上来看待资本主义生产（G—W—G'）。至于货币，萨伊认为它就是媒介而已，只在一瞬间起作用。根据萨伊定律，资本主义社会的产品或是被用于消费，或是被用于投资，所以，经济生活始终保证充分就业（生产要素得到充分利用），不可能发生有效需求不足，不可能发生全面性的生产过剩经济危机。李嘉图信奉萨伊定律。他在致马尔萨斯的信中说："我认为萨伊先生在他的书的新版第 1 卷第 99 页上非常巧〔妙地〕支持生产调节需求的学说。需〔求〕总是以一种商品去交换另一种商品。当鞋匠以他的鞋子交换面包时，他对面包有着有效需求，而面包师则对鞋子有着有效需求。虽然很明显，鞋匠对面包的需求必定受他的需要所限制，但在他有鞋子以供交换时，他就具有对其他的东西的有效

---

① 《李嘉图致萨伊》（1821 年 5 月 28 日），见《大卫·李嘉图全集》第 8 卷，第 358 页。

② 《萨伊致李嘉图》（1821 年 7 月 19 日），见《大卫·李嘉图全集》第 9 卷，第 35 页。

③ 《马克思恩格斯全集》第三十一卷，人民出版社，1998，第 231 页。

④ 〔法〕萨伊：《政治经济学概论》，陈福生、陈振骅译，商务印书馆，1963，第 142 页。萨伊指出："仅仅鼓励消费并无益于商业，因为困难不在于刺激消费的欲望，而在于供给消费的手段，我们已经看到，只有生产能供给这些手段。所以，鼓励生产是贤明的政策，鼓励消费是拙劣的政策。"（第 149 页）

需求。如果对他的鞋子没有需求，那表明他没有受到贸易的公平原则所支配，他没有把他的资本和劳动用来制造社会所需要的商品，更多的教训会使他在未来的生产中改正错误。积累必然使生产增加，同时也必然使消费增加。如果选择得恰当，产品的积累可以经常就是资本的积累，而且以谷物或劳动来估计，它的价值一定大于它的生产成本。"[1]　意思很清楚："贸易的公平原则"能够保证资源（无论是物还是人）的合理配置，此即生产和消费的合目的性。即使偶有教训或错误，也能在未来生产中得到改正。李嘉图进一步论证说，利息率可以自发地调节储蓄与投资，使两者实现均衡；储蓄一旦增加，那么，利息率下降，而利息率下降，投资就上升，储蓄减少，反之亦然；既然投资等于储蓄，有效需求怎么可能不足？实际上，萨伊定律是对资本主义经济生活的漫画式想象。

　　三是提出了"三位一体"公式。萨伊认为："不论借出的是劳动力、资本或土地，由于它们协同创造价值，因此它们的使用是有价值的，而且通常得有报酬。对借用劳动力所付的代价叫做工资。对借用资本所付的代价叫做利息。对借用土地所付的代价叫做地租。"[2]　这里，萨伊一不去追问三种不同的"东西"（劳动力、资本、土地）何以能产生同一种"东西"（价值）；二不去追问三种不同的"东西"（劳动力、资本、土地）为什么"通常得有报酬"；三不去追问这同一种"东西"（价值）的"报酬"为什么是这样分配而不是那样分配。实际上，这三个问题的根据都在于生产资料的资本主义私人占有制；私有制导致某个阶级自由得一无所有，也导致另一阶级垄断生产资料（这种垄断是一种社会权力），不同阶级在分配中所得的不同收入源于经济条件和经济制度，等等。这些都是萨伊理解不了的。马克思在《资本论》第三卷中批评"三位一体"公式的论述是非常出名的："在资本—利润（或者，更恰当地说是资本—利息），土地—地租，劳动—工资中，在这个表示价值和财富一般的各个组成部分同其各种源泉的联系的经济三位一体中，资本主义生产方式的神秘化，社会关系的物化，物质的生产关系和它们的历史社会规定性的直接融合已经完成：这是一个着了魔的、颠倒的、倒立着的世界。在这个世界里，资本

---

① 《李嘉图致马尔萨斯》（1814 年 12 月 18 日），见《大卫·李嘉图全集》第 6 卷，第 197 ~ 198 页。

② 〔法〕萨伊：《政治经济学概论》，陈福生、陈振骅译，商务印书馆，1963，第 77 页。

先生和土地太太，作为社会的人物，同时又直接作为单纯的物，在兴妖作怪。"① 萨伊把分配和生产并列，作为另一个独立的领域，从而在逻辑上顺理成章地将三种不同的"东西"（劳动力、资本、土地）予以简单罗列。这种做法倒真的是经验唯物主义的。萨伊的经济学探讨立足于资本主义生产直接给予人们的经验，他丝毫意识不到这些经验是资本主义生产必然地、歪曲地表现自身的"假象"②。对此，马克思以"事实"颠倒地表现"概念"作过说明："因此，在竞争中一切都颠倒地表现出来。在表面上呈现出来的经济关系的完成形态，在这种关系的现实存在中，从而在这种关系的承担者和代理人试图借以说明这种关系的观念中，是和这种关系的内在的、本质的、但是隐蔽着的核心形态以及与之相适应的概念大不相同的，并且事实上是颠倒的和相反的。"③ 想想斜插入一碗水中的筷子在水下的部分看起来发生了向上的弯折这一现象，恐怕不难理解何谓必然地、歪曲地表现本质的"假象"。

"三位一体"公式颇合马克思在《〈政治经济学批判〉导言》中所批评的那种对生产、分配、交换、消费之关系的肤浅表象："肤浅的表象是：在生产中，社会成员占有（开发、改造）自然产品供人类需要；分配决定个人分取这些产品的比例；交换给个人带来他想用分配给他的一份去换取的那些特殊产品；最后，在消费中，产品变成享受的对象，个人占有的对象。"④ 以分配为例。马克思批判道："在分配是产品的分配之前，它是（1）生产工具的分配，（2）社会成员在各类生产之间的分配（个人从属于一定的生产关系）——这是同一关系的进一步规定。这种分配包含在生产过程本身中并且决定生产的结构，产品的分配显然只是这种分配的结果。"⑤ 及至《哥达纲领批判》，马克思仍然强调生产与分配的"你中有我、我中有你"："消费资料的任何一种分配，都不过是生产条件本身分配的结果；而生产条件的分配，则表现生产方式本身的性质。例如，资本主义生产方式的基础是：生产的物质条件以资本和地产的形式掌握在非劳动

---

① 《马克思恩格斯文集》第七卷，人民出版社，2009，第940页。

② 所谓假象，即歪曲地表现本质的现象。黑格尔在探讨不法时指出："假象是不符合本质的定在。"（〔德〕黑格尔：《法哲学原理》，范扬、张企泰译，商务印书馆，1961，第14页。G. W. F. Hegel, *Elements of the Philosphy of Right*, edited by Allen W. Wood, translated by H. B. Nisbet, Cambridge: Cambridge University Press, 1991, pp. 115 – 116.）

③ 《马克思恩格斯文集》第七卷，人民出版社，2009，第231页。

④ 《马克思恩格斯全集》第三十卷，人民出版社，1995，第30页。

⑤ 《马克思恩格斯全集》第三十卷，人民出版社，1995，第37页。

者手中，而人民大众所有的只是生产的人身条件，即劳动力。既然生产的要素是这样分配的，那么自然就产生现在这样的消费资料的分配。如果生产的物质条件是劳动者自己的集体财产，那么同样要产生一种和现在不同的消费资料的分配。"① 李嘉图在《政治经济学及赋税原理》第一版序中明确提到，分配是政治经济学的主要问题。但他所理解的分配是与生产（劳动价值论）直接相关的。正是在对生产与分配之间复杂关系的把握中，李嘉图揭示了资本主义生产关系的对抗性。这是他超越萨伊的地方。马克思对此高度评价："如果在考察生产时把包含在其中的这种分配撇开，生产显然是一个空洞的抽象；相反，有了这种本来构成生产的一个要素的分配，产品的分配自然也就确定了。正因为如此，力求在一定的社会结构中来理解现代生产并且主要是研究生产的经济学家李嘉图，不是把生产而是把分配说成现代经济学的本题。"② 这里并非"反语"。李嘉图经济学"力求在一定的社会结构中来理解现代生产"，所以"主要是研究生产"，却将分配作为主要问题。苏联经济学博士卢森贝高度评价李嘉图："李嘉图不曾把分配从生产中分裂出去，他仍然是一位最卓越的生产的经济学家；他的科学（在资产阶级视野内）方法以及这个方法所决定的他的劳动价值论——他的整个研究工作的基础——做了他的保证。庸俗经济学家把分配从生产中分裂出去，声称生产是技术现象（据说社会现象只有在分配领域中可以发见），而且'驱遣历史到分配领域中去'。"③

四是刻意美化资本家。资本主义生产被萨伊解释作生产要素的预支和后补，三大阶级（工人、资本家、土地所有者）被解释作利益与共的合作者。而且，即使谈及利益与共，萨伊也对工人（劳工）的报酬极尽压榨。他在《政治经济学概论》第二篇第七章中把劳动的收入分为三类：科学家的利润（这是理论劳动的报酬），老板、经理或冒险家的利润（这是应用劳动的报酬），劳工的利润（这是执行劳动的报酬）。前两种劳动者供不应求，报酬较高；后一种劳动者供过于求，报酬较低（只需维持个人和家庭的基本生活）。④

① 《马克思恩格斯文集》第三卷，人民出版社，2009，第436页。
② 《马克思恩格斯全集》第三十卷，人民出版社，1995，第37~38页。
③ 〔苏〕卢森贝：《政治经济学史》第一卷，李侠公译，张贤发校，生活·读书·新知三联书店，1959，第402页。
④ 参见〔法〕萨伊《政治经济学概论》，陈福生、陈振骅译，商务印书馆，1963，第371~376页。

萨伊甚至提出："工资率的降低和跟着而来的竞争的不断作用，必定使产品价格下降，因此从工资下降得到利益的乃是消费阶级，或换句话说，整个社会。"① 英国经济学家西尼尔（1790～1864）继承了萨伊的"三位一体"公式，他也刻意美化资本家。"经济学家把地主、资本家和劳动者说成是成果的共享者的那种通常说法，只是出于杜撰。差不多一切所生产的，首先是资本家的所有物；他预先支付了在其生产中所必要的地租和工资，偿付了在生产中所必要的节制行为，他是在这个方式下购入的。他购入以后，自己所消费的只是其中的一部分，一般只是其中的一小部分，然后将其余的部分售出。"② 资本家既要生产，又要分配；在生产中资本家非常"节制"（"自己所消费的只是其中的一部分"），在分配中资本家非常"负责"（"预先支付"地租和工资，还要想到扩大再生产的问题）。可以看到，资本家在分配中起着多么重要的作用。西尼尔更著名的观点是"最后一小时论"（出自他在1837年所写的《论工厂法对棉纺织业的影响的书信》）。这一观点更是对资本家作用的极尽美化。基本内容是：资本家的利润是在当时通行的11.5小时的最后一小时被生产出来的，"劳动时间每天缩短1小时，纯利润就会消失，缩短$1\frac{1}{2}$小时，总利润也会消失"③，所以，劳动时间绝对不能减少为10小时。显然，这是比萨伊经济学更为精巧的掩盖阶级矛盾和剥削关系的学术话语。实际上，工人在劳动中时刻都在进行着旧价值的转移和新价值的创造。劳动时间缩短1小时或1.5小时，只会使这段时间内所创造的价值消失，但不会使利润消失。如果说萨伊的观点是法国大革命后新兴资产阶级与拿破仑政权相妥协的产物，那么，西尼尔的观点就是19世纪三四十年代已落后于生产力发展而沦为反动势力的英国资产阶级面对工人运动高涨（在政治上工人发动宪章运动，提出《人民宪章》的纲领，在经济上工人提出实行十小时工作日制的要求）的社会现实而对自身的辩护。马克思将以萨伊、西尼尔等为代表的庸俗经济学斥作"没有想象力的虚构方式"和"庸人的宗教"。④

① 〔法〕萨伊：《政治经济学概论》，陈福生、陈振骅译，商务印书馆，1963，第383页。
② 〔英〕西尼尔：《政治经济学大纲》，蔡受百译，商务印书馆，1986，第145～146页。
③ 《马克思恩格斯文集》第五卷，人民出版社，2009，第259页。在该页，马克思还说："工厂主选中了他，要他充当斗士去反对新颁布的工厂法和比工厂法更激进的争取十小时工作日的鼓动。"
④ 《马克思恩格斯全集》第三十五卷，人民出版社，2013，第302页。

斯密经济学可被看成是路德"因信称义"的经济学版本。其一，正像路德"把宗教笃诚变成人的内在本质，从而扬弃了外在的宗教笃诚"① 一样，斯密也把人本身（具体地说是人的劳动本身）变成私有财产的主体本质，从而扬弃了私有财产外在于人的状态。其二，斯密对重商主义的批判再现了新教对天主教的扬弃关系。新教否定了天主教徒匍匐于教会、神职人员面前的外在仪式，而将之转变为给人的心灵戴上锁链的"因信称义"的内在仪式。同样地，斯密否定了重商主义所必然导致的商业的贪婪性和无人性，② 他将商业的贪婪性和无人性包裹在商业的人道本质之中。③ 正如恩格斯在批判斯密时所说的，"一个民族要是引起它的供应者和顾客的敌对情绪，就太不明智了。它表现得越友好，对它就越有利。这就是商业的人道，而滥用道德以实现不道德的意图的伪善方式就是自由贸易体系（指斯密的经济体系——引者注）引以自豪的东西"④。这里，"滥用道德以实现不道德的意图的伪善方式"准确地揭示了斯密的"自由贸易体系"（即经济自由主义）的本质。恩格斯曾指出："新教的伪善代替了天主教的坦率。"⑤ 实际上，斯密也以其理论上的伪善，继承了重商主义在财富崇拜上的坦率。其三，斯密将利润和地租视作商品价值不同于劳动的两个源泉，表明他预设了资本积累的必然性，只不过他无法从劳动价值论出发科学地解释之。就此来说，斯密经济学是关于资本积累的"新教"，它因信（信仰资本积累）称义（经济自由主义）。

## 第二节　李嘉图（一）：只关注量的劳动价值论

李嘉图经济学假定了一个物品普遍稀缺的商业世界，基本理由是：劳动者通过劳动所创造的价值需要在三大对立阶级（土地所有者、工人、资

---

① 《马克思恩格斯文集》第一卷，人民出版社，2009，第179页。马克思认为，路德的宗教改革，破除了对官僚化的天主教会、腐败不堪的神职人员等外在权威的信仰，恢复了"信仰的权威"，"他把人从外在的宗教笃诚解放出来，是因为他把宗教笃诚变成了人的内在世界"。（《马克思恩格斯文集》第一卷，人民出版社，2009，第12页。）

② 参见《马克思恩格斯文集》第一卷，人民出版社，2009，第56、61页。

③ 恩格斯指出，"斯密证明，人道也是由商业的本质产生的"，"商业总的说来对它的一切参加者都是有利的"。（《马克思恩格斯文集》第一卷，人民出版社，2009，第61~62页。）

④ 《马克思恩格斯文集》第一卷，人民出版社，2009，第62页。

⑤ 《马克思恩格斯文集》第一卷，人民出版社，2009，第61页。

本家）中进行分配；土地的稀缺性（这源于大自然的吝啬）决定了地租的"主动性"，所以土地所有者特别占便宜；工资相对固定，所以劳动者勉强过活（货币工资看涨，然而实物工资下跌）；利润是扣除了工资和地租之后的余额，所以资本家非常吃亏。与斯密的物品普遍丰裕的商业世界假定相比，李嘉图的假定更加接近资本主义的经济现实。

恩格斯在《卡尔·马克思〈政治经济学批判。第一分册〉》中说："经济学研究的不是物，而是人和人之间的关系，归根到底是阶级和阶级之间的关系；可是这些关系总是同物结合着，并且作为物出现。"① 如果说斯密探讨的是"人和人之间的关系"，那么，李嘉图就进入了"归根到底"的层次，探讨"阶级和阶级之间的关系"。斯密经济学缺乏社会关系的线索，而李嘉图经济学（尽管只是在数量关系的分析上）正确揭示了资本主义生产关系的对抗性本质。从马克思在《雇佣劳动与资本》中的论述就可看出李嘉图观点的深刻性了："工人不是属于某一个资本家，而是属于整个资本家阶级；至于工人给自己寻找一个雇主，即在这个资本家阶级中间寻找一个买者，那是工人自己的事情了。"② 李嘉图把握到的是资本主义经济的物化结构（"阶级和阶级之间的关系"），其中，土地所有者是土地的人格化，工人是劳动力的人格化，资本家是资本的人格化。下面，我们从劳动价值论上进一步确证这一点，兼及西方当代的某些经济学说。

第一，李嘉图批评斯密在价值论上的双重标准，牢固确立了劳动价值论的基本原则。

李嘉图在《政治经济学及赋税原理》第一章第一节标题中开宗明义地表明他与斯密的原则区别："商品的价值或其所能交换的任何另一种商品的量，取决于其生产所必需的相对劳动量，而不取决于付给这种劳动的报酬的多少。"③ 马克思对此作了精彩的述评："李嘉图一开始就反对亚·斯

① 《马克思恩格斯文集》第二卷，人民出版社，2009，第 604 页。值得再度强调的是，既然经济学探讨人和人之间的关系、阶级和阶级之间的关系，那么，没有不同于经验唯物主义、理性唯物主义、功利主义、实证主义的新唯物主义作为世界观和方法论的支撑，这种探讨是不可能发生的。至于经济学家是否意识到这一点，那是另外的问题了。

② 《马克思恩格斯文集》第一卷，人民出版社，2009，第 717 页。

③ 《政治经济学及赋税原理》，见《大卫·李嘉图全集》第 1 卷，第 5 页。李嘉图虽然继承了斯密关于使用价值不是交换价值的尺度的正确观点，但在谈到交换价值时却提出了两个泉源——"一个是它们的稀少性，另一个是获取时所必需的劳动量"，尽管他认为前者"只占极少一部分"，但也表明他的劳动价值论的某种不彻底性。（第 6 页）

密把商品价值决定于生产商品所必需的相应的劳动量这个规定与劳动的价值（或劳动的报酬）混淆起来。显然，A 和 B 两个商品包含的相应的劳动量，同生产商品 A 和 B 的工人从自己的劳动产品中得到多少，是绝对没有关系的。"① 两段话的意思都非常清晰："付给这种劳动的报酬的多少""工人从自己的劳动产品中得到多少"并不影响商品价值取决于其生产所必需的相对劳动量这个劳动价值论的基本原则。

在李嘉图看来，生产商品所耗费的劳动量和这个商品所能换得的劳动量（准确地说是这个商品所能换得的商品中所包含的劳动量）常常是不相等的。若要相等，则要求这些所有商品的供给和需求刚好一致，而这显然是极为偶然的情况。李嘉图举例反驳："同一国家中，在某一时期内生产一定量食物或必需品所需的劳动量，可以二倍于另一相隔很远时期所需的劳动量，但劳动者的报酬却可能不减少。因为劳动者的工资在这一时期是一定量的食物和必需品，要减少这一数量的话，他也许就不能维持生活。在这种情况下，食物和必需品如果按其生产所必需的劳动量来计算，就会涨价百分之百，但如果按其所能交换的劳动量来衡量，则价值几乎没有增加。"② 李嘉图的反驳同样有其经验的支持和直观的证据，此即产业革命所带来的技术进步和劳动生产率提高。因为：技术进步了，劳动生产率提高了，生产商品所耗费的劳动量即使减少了，也能生产出和原来一样多的商品，这些商品所能换得的劳动量继续保持不变。以这段论述的语言来表达，即，食物和必需品生产所必需的劳动量增加一倍（"涨价百分之百"），但其所能交换的劳动量"却可能不减少"，"价值几乎没有增加"。

在李嘉图那里，劳动、资本、土地都是商品，它们的价值由它们各自生产所耗费的劳动量决定。李嘉图在《政治经济学及赋税原理》第三十章"论需求和供给对价格的影响"中指出："降低帽子的生产成本，即令需求二倍、三倍或四倍于前，其价格最后总会降落到新的自然价格上去。降低维持生活的衣服食物的自然价格，因而降低人类生活资料的成本，即令劳动者的需求大大增加，工资最后还是要降低的。"③ 在《哲学的贫困》中，马克思引用了这段话，指出："当然，李嘉图的话是极为刻薄的。把帽子的生产费用和人的生活费用混为一谈，这就是把人变成帽子。但是用

① 《马克思恩格斯全集》第三十四卷，人民出版社，2008，第 447 页。
② 《政治经济学及赋税原理》，见《大卫·李嘉图全集》第 1 卷，第 9 页。
③ 《政治经济学及赋税原理》，见《大卫·李嘉图全集》第 1 卷，第 323 页。

不着对刻薄大声叫嚷！刻薄在于事实本身，而不在于表明事实的字句！"①
李嘉图通过刻薄的言辞，"把现代经济关系赤裸裸地揭露，把资产阶级最
大的秘密戳穿"②。李嘉图经济学的最大特色就在于"把人变成帽子"。李
嘉图经济学是"古典政治经济学的最完备的和最后的表现"③。

　　在价值问题上，李嘉图和斯密虽有差别，但他们都正确地看到了价值
的社会规定性。马克思评价道："所有这些经济学家都多少懂得（李嘉图
更懂得）应该把物的交换价值看做仅仅是人的生产活动的表现，人的生产
活动的特殊的社会形式，看做一种和物及其作为物在生产消费或非生产消
费中的使用完全不同的东西。在他们看来，价值实际上不过是以物表现出
来的、人的生产活动即人的各种劳动的相互关系。"④《政治经济学及赋税
原理》的前两版共 31 章，第三版共 32 章（加上"论机器"一章），前 6
章探讨"政治经济学原理"，第七章"论对外贸易"，接下来的 11 章论及
各种税收，从第十九章开始到最后一章都是上述原理的应用（也是与诸多
经济学家论战的文章）。李嘉图的弟弟摩西·李嘉图在其兄去世后所写回
忆录中这样评价《政治经济学及赋税原理》："在这部著作中，他的思想
深邃有力，十分出色地阐明了一个十分艰深的问题，其程度完全可以同他
过去发表的著作相媲美。几个简明的原理派生出一系列论点，而这些论点
互相紧密关联，达到了不可分割的地步，正因为如此，这部著作结论的推
断几乎具有数学的精确性。……在此之前，这本书所论述的问题并不为人
重视，然而这本书却在很短时间内就发行了三版，并使作者跻身于最优秀
的哲理作家之列。"⑤ 马克思特别强调前两章（"论价值""论地租"）的
重要意义，认为前两章给人以高度的理论享受，"它们简明扼要地批判了
那些连篇累牍、把人引入歧途的老观念，从分散的各种各样的现象中吸取
并集中了最本质的东西，使整个资产阶级经济体系都从属于一个基本规
律"⑥。社会生产关系维度的呈现，使斯密和李嘉图（特别是李嘉图）的
经济学超越了经验唯物主义在经济学中的简单应用（实际上也超越了与李

---

① 《马克思恩格斯全集》第四卷，人民出版社，1958，第 94 页。
② 《马克思恩格斯全集》第四卷，人民出版社，1958，第 94 页。
③ 《马克思恩格斯全集》第三十卷，人民出版社，1995，第 4 页。
④ 《马克思恩格斯全集》第三十五卷，人民出版社，2013，第 198 页。
⑤ 《大卫·李嘉图回忆录》，见《大卫·李嘉图全集》第 10 卷，第 9 页。
⑥ 《马克思恩格斯全集》第三十四卷，人民出版社，2008，第 187 页。

嘉图同时代的仍奉个体理性为圭臬的功利主义、实证主义），而进入对资本主义经济本质的探讨，这是其科学性和批判性之源。李嘉图关于土地所有者是资本主义社会的赘疣、地租是对生产成果的掠夺、商业投机是社会财富的虚耗等剖析，都体现了这种科学性和批判性的统一。这就是马克思将古典经济学（特别是李嘉图经济学）称作"批判的经济学"的原因。与古典经济学相对的是庸俗经济学，马克思将之称作"辩护论的经济学"①。马克思说："庸俗经济学家所做的实际上只是把那些受竞争束缚的资本家的奇特观念，翻译成表面上更理论化、更一般化的语言，并且煞费苦心地论证这些观念是正确的。"②"当庸俗经济学家不去揭示事物的内部联系却傲慢地鼓吹事物从现象上看是另外的样子的时候，他们自以为这是作出了伟大的发现。实际上，他们所鼓吹的是他们紧紧抓住了外表，并且把它当做最终的东西。这样一来，科学究竟有什么用处呢？"③

　　李嘉图劳动价值论的科学性得到了马克思的高度评价。在《经济学手稿（1861—1863年）》中，马克思说："李嘉图的方法是这样的：李嘉图从商品的价值量决定于劳动时间这个规定出发，然后研究其他经济关系是否同这个价值规定相矛盾，或者说，它们在多大的程度上使这个价值规定发生变形。"④李嘉图"向科学大喝一声：'站住！'资产阶级制度的生理学——对这个制度的内在有机联系和生活过程的理解——的基础、出发点，是价值决定于劳动时间这一规定。李嘉图从这一点出发，迫使科学抛弃原来的陈规旧套，要科学讲清楚：它所阐明和提出的其余范畴——生产关系和交往关系——和形态同这个基础、这个出发点适合或矛盾到什么程度；一般说来，只是反映、再现过程的表现形式的科学（因而这些表现本身），同资产阶级社会的内在联系即现实生理学所依据的，或者说成为它的出发点的那个基础适合到什么程度；一般说来，这个制度的表面运动和它的实际运动之间的矛盾是怎么回事"⑤。李嘉图经济学堪称资产阶级制度或资产阶级社会的生理学，它揭示的是生理结构，即"内在有机联系和生活过

---

①《马克思恩格斯全集》第三十五卷，人民出版社，2013，第359、361页。
②《马克思恩格斯文集》第七卷，人民出版社，2009，第256页。
③《马克思恩格斯文集》第十卷，人民出版社，2009，第290页。
④《马克思恩格斯全集》第三十四卷，人民出版社，2008，第182页。
⑤《马克思恩格斯全集》第三十四卷，人民出版社，2008，第183～184页。

程"。这是"李嘉图在科学上的巨大历史意义"①。

第二，李嘉图将资本主义社会视作超历史的社会，将劳动价值论视作超历史的经济规律。

在李嘉图看来，超历史的社会是从来就有、永不消亡的一般社会；超历史的经济规律是从来就有、永不消亡的永恒规律。李嘉图实际上分析的是人类实践活动在生产力与生产关系之矛盾运动支配下发展到一定阶段的特殊社会、特殊规律，但他自认为分析的是一般社会、永恒规律。马克思说："然而，甚至古典经济学的最优秀的代表——从资产阶级的观点出发，只能是这样——，也还或多或少地被束缚在他们曾批判地予以揭穿的假象世界里，因而，都或多或少地陷入不彻底性、半途而废状态和没有解决的矛盾之中。"②

马克思在 1868 年 7 月 11 日致库格曼的信中指出："任何一个民族，如果停止劳动，不用说一年，就是几个星期，也要灭亡，这是每一个小孩子都知道的。小孩子同样知道，要想得到与各种不同的需要量相适应的产品量，就要付出各种不同的和一定量的社会总劳动量。这种按一定比例分配社会劳动的必要性，决不可能被社会生产的一定形式所取消，而可能改变的只是它的表现方式，这是不言而喻的。自然规律是根本不能取消的。在不同的历史条件下能够发生变化的，只是这些规律借以实现的形式。而在社会劳动的联系体现为个人劳动产品的私人交换的社会制度下，这种按比例分配劳动所借以实现的形式，正是这些产品的交换价值。"③"按一定比例分配社会劳动"是人类社会物质生产的基本法则，它在不同的时代有着不同的表现，比如按传统经验的习惯分配社会劳动，按政治强力的要求分配社会劳动，按计划经济的指令分配社会劳动等。在资本主义生产中，上述基本法则表现为按市场规律（劳动价值论以及在此基础上的供求法则）分配社会劳动。显然，这些不同的表现都是生产力（人把自我当对象看，表明自我的主体性）与生产关系（人把对象当自我看，表明非我的反主体性）的内在矛盾发展到一定历史阶段的必然的和暂时的产物。马克思在《经济学手稿（1861—1863 年）》中以"人只有作为自己本身的产物和结果才成为前提"对此作过精彩的说明："例如，人的存在是有机生命所

① 《马克思恩格斯全集》第三十四卷，人民出版社，2008，第 184 页。
② 《马克思恩格斯文集》第七卷，人民出版社，2009，第 940 页。
③ 《马克思恩格斯文集》第十卷，人民出版社，2009，第 289 页。

经历的前一个过程的结果。只是在这个过程的一定阶段上，人才成为人。但是一旦人已经存在，人，作为人类历史的经常前提，也是人类历史的经常的产物和结果，而人只有作为自己本身的产物和结果才成为前提。"①资本主义生产中"按市场规律分配社会劳动"所倚赖的"一定社会条件"，是社会分工和生产资料的资本主义私人占有。这是劳动价值论所由出的社会历史背景。唯有对上述社会历史背景特别是其真实来历有理论自觉，才能真正领会和科学运用劳动价值论。

　　遗憾的是，李嘉图只有对私有制和自由竞争市场的理论自觉，而缺乏对这两者的真实来历的理论自觉。李嘉图认为"早期状态"是存在资本的："即使是在亚当·斯密所说的那种早期状态中，虽然资本可能是由猎人自己制造和积累的，但他总是要有一些资本才能捕猎鸟兽。"② 李嘉图虽然将资本归诸由猎人自己制造和积累的物，但是他又认为这个物必须得是能带来利润的物。那么，这个物为什么能带来利润呢？对此，李嘉图就语焉不详了。不管如何，既然"早期状态"存在资本，那么，资本主义社会就是超历史的。及至麦克库洛赫，他作为李嘉图的门徒，更清楚地表达了一般社会和永恒规律："决定财富的生产与分配的规律，在每一个国家和每一个社会发展阶段中，都是一样的。"③ 马克思多次谈到这一点并对之作了批评。在《雇佣劳动与资本》中马克思强调社会生产关系对"物"的根本制约性："纺纱机是纺棉花的机器。只有在一定的关系下，它才成为资本。"④ 在《经济学手稿（1857—1858年）》中，马克思说："只有在资本的基础上流通才能掌握一切生产要素。……价值概念完全属于现代经济学，因为它是资本本身的和以资本为基础的生产的最抽象的表现。价值概念泄露了资本的秘密。"⑤ 在《政治经济学批判。第一分册》中，马克思提到价值规律的社会历史性："实际上，这不过是说，价值规律的充分发展，要以大工业生产和自由竞争的社会，即现代资产阶级社会为前提。同时，李嘉图还把劳动的资产阶级形式看成是社会劳动的永恒的自然形式。他让原始的渔夫和原始的猎人一下子就以商品所有者的身分，按照对

① 《马克思恩格斯全集》第三十五卷，人民出版社，2013，第350～351页。
② 《政治经济学及赋税原理》，见《大卫·李嘉图全集》第1卷，第15～16页。
③ 〔英〕麦克库洛赫：《政治经济学原理》，郭家麟译，商务印书馆，1975，第37页。
④ 《马克思恩格斯文集》第一卷，人民出版社，2009，第723页。
⑤ 《马克思恩格斯全集》第三十一卷，人民出版社，1998，第180页。

象化在鱼和野味的交换价值中的劳动时间的比例交换鱼和野味。在这里他犯了时代错误，他竟让原始的渔夫和猎人在计算他们的劳动工具时去参看1817 年伦敦交易所通用的年息表。"① 在《经济学手稿（1861—1863 年）》中，马克思说："他（指李嘉图——引者注）完全生活在他那个时代的历史焦点上，一如他完全缺乏对过去的历史感。"② 李嘉图"完全缺乏对过去的历史感"，他是真的不关注"历史"。而这，导致了他对"社会"的真实来历的非反思。换言之，李嘉图把由资产阶级关系所构筑的资本主义经济总体作为不证自明的前提，然后证明各个部分是这个总体的必要组成，其中作为资本承担者的工业资本家阶级的利益是与这个经济总体的发展最为一致的。英国经济学家米克指出："李嘉图的重大缺点（同时正是马克思的绝大优点），是他不曾正确地认识到：经济理论问题，即使是像价值这样深奥的问题，不仅仅是逻辑的问题，而且也是历史的问题。"③

反观斯密，他是有历史感的。比如，斯密认为资本主义社会不是超历史的，因为还存在着"在资本累积和土地私有尚未发生以前的初期野蛮社会"。不过，斯密仍然强调人具有商人本性，所以他其实是把商品经济看作超历史的了。马克思批评说："亚当·斯密按照真正的 18 世纪的方式列为史前时期的东西，先于历史的东西，倒是历史的产物。"④ 但这与李嘉图直接将资本主义社会视作超历史的社会，毕竟有所不同。再如，斯密认为工资、利润和地租是进步社会中一切收入和一切可交换价值的三个根本源泉，尽管这个观点是错误的，但斯密意识到工资是资本主义社会的特有经济范畴，它不适用于初期野蛮社会。在这一点上，斯密与直接将工资法则视作支配每一个社会的法则的李嘉图，⑤ 也有所不同。

第三，李嘉图不理解劳动没有价值这一观点，他所说的"劳动的价值"其实是劳动力的价值。

---

① 《马克思恩格斯全集》第三十一卷，人民出版社，1998，第 454~455 页。在《资本论》第一卷第二版中，马克思以这段引文作为对"政治经济学喜欢鲁滨逊的故事"的注。马克思说："但是，价值的一切本质上的规定都包含在这里了。"（《马克思恩格斯文集》第五卷，人民出版社，2009，第 94 页。）

② 《马克思恩格斯全集》第三十五卷，人民出版社，2013，第 52 页。

③ 〔英〕米克：《劳动价值学说的研究》，陈彪如译，商务印书馆，1963，第 132 页。

④ 《马克思恩格斯全集》第三十卷，人民出版社，1995，第 106 页。引文中"斯密……列为史前时期的东西"，具体是指斯密所说的在初期野蛮社会中由生产商品所耗费的劳动时间决定的商品交换价值。

⑤ 参见《政治经济学及赋税原理》，见《大卫·李嘉图全集》第 1 卷，第 86 页。

刚才提到，斯密主要分析直接劳动，而李嘉图则更全面地看待劳动（直接劳动和间接劳动）。但两人毕竟都主张劳动价值论，都以劳动评价商品价值。那么，他们如何看待"劳动的价值"呢？

斯密在论及商品的真实价格和名义价格时指出："诚然，他的劳动，虽有时能购得多量货物，有时只能购得少量货物，但这是货物价值变动，不是购买货物的劳动价值变动。……所以，只有本身价值绝不变动的劳动，才是随时随地可用以估量和比较各种商品价值的最后和真实标准。"可以看到，斯密不仅认为劳动有价值，而且认为劳动的价值是"绝不变动的"。那么，劳动的价值是什么呢？斯密接着指出：从真实价格上看，就是"报酬劳动的一定数量的生活必需品和便利品"；从名义价格上看，就是"报酬劳动的一定数量的货币"。①

李嘉图在第五章中也将劳动的价值归诸维持劳动者及其家庭最低生活水平的生活资料的价值。他写道："同样，如果劳动的价值相对于其他一切物品而言大大跌落，并且发现这种跌落是由于生产谷物和生产劳动者其他各种必需品更为便利，使得供给充足而造成的，那么，我认为我就可以正确地说，谷物和必需品的价值降低是由于生产所必需的劳动量已经减少，而劳动价值的降低是随着这种为劳动者提供生活资料的更为便利而来的。"②"劳动的市场价格是根据供求比例的自然作用实际支付的价格。劳动稀少时就昂贵，丰裕时就便宜。"③ 李嘉图和斯密一样，都以"供求关系"来解释"劳动的价值"。这样做实际上回到了与劳动价值论相悖的供求关系论上了。马克思说："李嘉图在这里，在整个体系的一个基本点上，正像萨伊幸灾乐祸地指出的那样（见康斯坦西奥的译本），是用需求和供给来决定价值。"④ 不过，不同于斯密所认为的"劳动的价值"绝不变动，李嘉图主张"劳动的价值"是变化的："而且，劳动的价值不也同样是变化无常，不但和其他一切物品一样，要受始终随着社会状况的每一变动而

① 上述引文均见〔英〕斯密《国民财富的性质和原因的研究》上卷，郭大力、王亚南译，商务印书馆，1972，第29页。

② 《政治经济学及赋税原理》，见《大卫·李嘉图全集》第1卷，第11页。

③ 《政治经济学及赋税原理》，见《大卫·李嘉图全集》第1卷，第76页。

④ 《马克思恩格斯全集》第三十四卷，人民出版社，2008，第452~453页。萨伊在该书中幸灾乐祸地指出的是李嘉图以供给和需求来决定"货币的价值"，而不是马克思这里所说的"劳动的价值"。不过，对于李嘉图以供给和需求来决定"劳动的价值"，想来萨伊也会幸灾乐祸的。

变化的供求比例的影响，而且也要受用劳动工资购买的食物与其他必需品的价格变动的影响吗？"①

　　首先要说明的是，"劳动的价值"这个说法是错误的，因为劳动不是商品，它没有价值。②无论是斯密，还是李嘉图，他们所说的"劳动的价值"其实是资本主义社会中劳动力的价值，即，劳动者用以维持自身及其家庭基本生活的生活资料的价值。显然，这是一个确定的量，当然，时代的不同和国情的差异等也会使这个量在一定范围内浮动。劳动力的再生产不需要劳动，而只需要劳动资料。这与产品的再生产不同，因为产品的再生产既需要劳动，也需要劳动资料。那么，劳动既然不是商品，那它是什么呢？首先，劳动是过程，而非要素。其次，劳动是资本主义社会中劳动力商品的使用价值。马克思正确地揭示了劳动创造新价值，这里的劳动包括必要劳动和剩余劳动，这里的新价值包括劳动力商品价值（当然是通过劳动重新创造出来的，所以是"新"的）和超过劳动力商品价值的一个更大价值（剩余价值），必要劳动创造前者，剩余劳动创造后者。这里需要探讨一种看法。这种看法认为，劳动是劳动力的使用价值，而使用价值归根到底就是效用，所以，劳动价值论可以被还原为效用价值论；而且，劳动力的价

---

①　《政治经济学及赋税原理》，见《大卫·李嘉图全集》第1卷，第9页。
②　马克思在1849年写作《雇佣劳动与资本》时尚未意识到"劳动商品"这个说法是错误的。1891年，该书出单行本。恩格斯特地写了序言解释该词为什么是错误的。根据古典经济学的劳动价值论，商品的价值由生产该商品所必需的劳动量或劳动时间决定，那么，"劳动"这个商品的价值由什么决定呢？说劳动这个商品的价值由劳动量或劳动时间决定，这是同义反复，在理论上没有意义。斯密和李嘉图以工人的生产费用（生活资料的货币价格）来考察劳动商品的价值。恩格斯的批评就此开始。恩格斯举例道：假定工人的生产费用是每天3马克，而资本家借此让他一天工作12小时，此即是说，工人一天的工资是他工作12小时后所应得的那3马克。再假定资本家花费的购买原料以及支付机器损耗等的费用是24马克，如此一来，资本家所花费的全部生产费用是27马克（3马克+24马克），但他最终却得到了30马克。因为原料和生产资料只能转移价值而不能创造价值，所以，多出的3马克必然来自工人的劳动。但由此，矛盾生焉："对于工人说来，12小时劳动的价值是3马克；对于资本家说来却是6马克，资本家从这6马克中拿出3马克作为工资付给工人，而其余3马克则装进了自己的腰包。这样看来，劳动不是有一个价值，而是有两个价值，并且是两个极不相同的价值！"（《马克思恩格斯文集》第一卷，人民出版社，2009，第706页。）"劳动……有……两个极不相同的价值"，这是古典经济学难以克服的理论尴尬。"古典政治经济学几乎接触到事物的真实状况，但是没有自觉地把它表述出来。只要古典政治经济学附着在资产阶级的皮上，它就不可能做到这一点。"（《马克思恩格斯文集》第五卷，人民出版社，2009，第622页。）恩格斯出此单行本时强调他作了重要改动：将"工人为取得工资向资本家出卖自己的劳动"改为"出卖自己的劳动力"。（《马克思恩格斯文集》第一卷，人民出版社，2009，第702页。）

值由生活资料的价值构成，生活资料的价值又由劳动创造，所以，劳动力的价值由劳动力的使用价值决定。这种看法是不对的。如刚才提到的，劳动是过程，这里可以再补充一句，劳动是处于生产关系之中并且生产生产关系的过程，不能将之把握为效用价值论意义上的效用（有用性）。在劳动过程结束之后，资本家所得到的"效用"绝非效用价值论意义上的个人需要的满足，而是生产需要的积累，进言之，即价值增殖。在明确了这两点之后，我们完全可以认同"劳动力的价值由劳动力的使用价值决定"的说法。

基于上述认识，再来看斯密和李嘉图的不同看法，就很清楚了。斯密既然认为劳动的价值是一定数量的生活必需品和便利品的价值，那么，它们的变化就必然导致劳动的价值的变化。斯密所认为的劳动的价值"绝不变动"是错误的。李嘉图的看法（"劳动价值的降低是随着这种为劳动者提供生活资料的更为便利而来的"）是相对合理的。不过，这个看法仍有缺陷。马克思批评李嘉图："因为其他商品也受加入它们的生产并和它们交换的其他商品的价格变动的影响。而花费在食物和必需品上的工资支出，只不过表明劳动的价值同食物和必需品进行交换而已。问题正是在于：劳动和劳动所交换的商品为什么不按价值规律进行交换，不按劳动的相对量进行交换？这样提出问题，既然以价值规律作为前提，问题本身就无法解决，所以不能解决，是因为这里把劳动本身同商品对立起来了，把一定直接劳动本身同一定量对象化劳动对立起来了。"① "如果商品同劳动本身相交换，则是不等量劳动相交换，而资本主义生产正是以这种交换的不平等为基础的。李嘉图没有解释这个例外如何同价值概念相符合。"②

无论是斯密，还是李嘉图，都没能从劳动价值论中解释资本积累。斯密将资本积累的原因归诸节俭："资本增加的直接原因，是节俭，不是勤劳。诚然，未有节俭以前，须先有勤劳，节俭所积蓄的物，都是由勤劳得来。但是若只有勤劳，无节俭，有所得而无所贮，资本决不能加大。节俭可增加维持生产性劳动者的基金，从而增加生产性劳动者的人数。他们的劳动，既然可以增加工作对象的价值，所以，节俭又有增加一国土地和劳动的年产物的交换价值的趋势。节俭可推动更大的劳动量；更大的劳动量可增加年产物的价值。"③ 李

① 《马克思恩格斯全集》第三十四卷，人民出版社，2008，第450页。
② 《马克思恩格斯全集》第三十五卷，人民出版社，2013，第185页。
③ 〔英〕斯密：《国民财富的性质和原因的研究》上卷，郭大力、王亚南译，商务印书馆，1972，第310页。

嘉图并不反对斯密的看法，他进一步提出资本是利润的积累。他说："价值的差额都是由于有利润积累成为资本而造成的。"① 这个观点是古典经济学关于利润的最深刻的见解。刚才提到，斯密经济学是关于资本积累的"新教"，它因信（信仰资本积累）称义（经济自由主义）。如此来看，李嘉图经济学同样如是。斯密和李嘉图都不理解，等价交换（等量劳动相交换）和利润存在（以少量劳动交换多量劳动）并不矛盾，劳动的价值（其实是劳动力的价值）由生活资料的价值决定与资本主义社会中商品的价值由劳动（其实是劳动力这种商品被购买之后的施用）决定也不矛盾；它们都是资本主义生产方式歪曲表现自身的必然产物。关于资本与雇佣劳动之间的不平等交换，马尔萨斯看得反而更为准确。马克思述评道："马尔萨斯在这里也是正确的。商品供给条件，即在资本主义生产基础上的商品生产或者更确切些说再生产的条件，就在于商品或它的价值（由商品转化成的货币）在它生产或再生产过程中换得比它本身所包含的劳动量更大的劳动量；因为生产商品仅仅是为了实现利润。"② 不过，马尔萨斯的错误更多，也更庸俗。比如马克思在上述引文之前就指出：马尔萨斯想一下子把"利润"包括在价值规定之中，以便使"利润"直接从这个规定中得出。马尔萨斯在《政治经济学原理》中评论斯密的初期野蛮社会时就是这样。他说："但是事实上，无论处于怎样野蛮的社会阶段，其商品的生产成本完全以劳动为限的情况是很少见的。在最初时期，利润会成为这一成本中的重要部分，因此被广泛考虑在交换价值问题之内，成为供给的一个必要条件。"③

第四，李嘉图的劳动价值论是只关注量而不关注质的劳动价值论。

李嘉图虽然提出劳动创造价值，但他在实际分析中却只关注到量的关系，比如劳动量、价值量，而丝毫不关注质的层面，比如劳动性质、价值实体。李嘉图在《政治经济学及赋税原理》第一章"论价值"中说："我还必须指出，我并没有因为一种商品所用的劳动量值一千镑、另一种商品所用的劳动量值二千镑，就说前者具有一千镑的价值，后者具有二千镑的价值。我只是说它们的价值彼此成为二与一之比，而且它们会按这一比例进行交换。"④ 这里的"价值"显然是指交换价值，或者更直白地说，是交

---

① 《政治经济学及赋税原理》，见《大卫·李嘉图全集》第 1 卷，第 28 页。
② 《马克思恩格斯全集》第三十五卷，人民出版社，2013，第 14 页。
③ 《马尔萨斯〈政治经济学原理〉评注》，见《大卫·李嘉图全集》第 2 卷，第 62 页。
④ 《政治经济学及赋税原理》，见《大卫·李嘉图全集》第 1 卷，第 35 页。

换比率、数量比例。李嘉图以市场估价进一步发展了量的分析思路："不过当我说劳动是一切价值的基础，相对劳动量是几乎唯一的决定商品相对价值的因素时，绝不可认为我忽视了劳动的不同性质，或是忽视了一种行业一小时或一天的劳动与另一种行业同等时间的劳动相比较的困难。为了实际目的，各种不同性质的劳动的估价很快就会在市场上得到十分准确的调整，并且主要取决于劳动者的相对熟练程度和所完成的劳动的强度。估价的尺度一经形成，就很少发生变动。"① 这种看法的确符合经济生活的常识，却直接与他自己的劳动价值论相矛盾了。李嘉图不是主张生产商品所耗费的劳动量决定商品的价值吗？既如此，市场上的交换只能表现商品的价值，可他却以市场上的交换来"估价"商品价值。什么叫"估价"？其实就是"决定"之意。

　　李嘉图只关注量的分析，单就他本人的立场来说不无道理，甚至可以说是其经济学逻辑自洽的表现。因为，李嘉图借此表明了工资、利润、地租只是价值的分割，而无关乎价值决定。他以"两种行业中的工资要高就会一起高，要低就会一起低"来说明价值（其实是交换价值）不受影响："作为工资而付出的比例，对利润问题是极为重要的，因为我们一眼就可以看清楚，利润的高低恰好和工资的高低成反比。但这绝不能影响鱼和鹿的相对价值，因为这两种行业中的工资要高就会一起高，要低就会一起低。如果猎人借口他曾将很大比例的猎物或其价值当做工资支付了，因而叫渔人拿出更多的鱼来交换他的猎物，渔人就会说他也同样受了这一原因的影响。所以无论工资和利润怎样变动，无论资本积累发生怎样的影响，只要他们一天的劳动分别继续获得同量的鱼和同量的猎物，那么自然交换率就会是一只鹿等于两尾鲑鱼。"② 只关注量的分析也与李嘉图将资本主

---

① 《政治经济学及赋税原理》，见《大卫·李嘉图全集》第 1 卷，第 13 页。上述引文的英文原文如下：In speaking, however, of labour, as being the foundation of all value, and the relative quantity of labour as almost exclusively determining the relative value of commodities, I must not be supposed to be inattentive to the different qualities of labour, and the difficulty of comparing an hour's or a day's labour, in one employment, with the same duration of labour in another. The estimation in which different qualities of labour are held, comes soon to be adjusted in the market with sufficient precision for all practical purposes, and depends much on the comparative skill of labourer, and the intensity of labour performed. The scale, when once formed, is liable to little variation。我们看到，estimation 和 scale 都被翻译成"估价"。这个翻译是准确的。李嘉图在第二十章"价值与财富：它们的特性"中以特累西（马克思主义经典文献中译"特拉西"）为例，进一步确证市场估价对价值的决定意义。

② 《政治经济学及赋税原理》，见《大卫·李嘉图全集》第 1 卷，第 19 页。

义社会视作超历史的社会有关，因为他看不到资本和劳动力的交换与简单商品交换之间"质"的差别。

不过，从根本上说，只关注量的分析是错误的。一方面，价值和交换价值有着本质的区别。价值是实体，它是一般人类劳动，即人类劳动（无论是体力还是脑力）的无差别付出，也即抽象劳动的凝结。这是价值的质的规定。在单位时间内，价值的"质"是相似的或接近的，所以，价值才能够以"量"来度量，即以劳动时间或劳动量的耗费来度量（少量的复杂劳动等于多量的简单劳动），交换价值是量，是价值的表现形式。在单位时间内，价值量与劳动时间成正比，与劳动生产率成反比。以马克思在《资本论》第一卷中探讨价值形式时所谈论的"20码麻布＝1件上衣"为例。如果上衣的劳动生产率不变，麻布的劳动生产率提高一倍，单位时间内能够生产出更多的麻布，单位麻布中所包含的劳动时间减少了，那么，40码麻布＝1件上衣；如果麻布的劳动生产率不变，上衣的劳动生产率提高一倍，单位时间内能够生产出更多的上衣，单位上衣中所包含的劳动时间减少了，那么，20码麻布＝2件上衣；如果麻布的劳动生产率提高一倍，上衣的劳动生产率提高一倍，那么，"20码麻布＝1件上衣"的等式不变，但是麻布和上衣的价值都发生了变化。可见，只有从价值的"质"出发，才能正确地说明价值的"量"。

李嘉图不理解：只有劳动被先行付出，才有这种劳动是否被社会所承认的问题。这其实就是私人劳动转化为社会劳动。只有这种转化完成了，才有价值实体；价值实体是私人劳动所提供并转化为社会劳动的人类劳动无差别付出；价值实体存在了，才有价值实体以怎样的比率或比例交换的问题。马克思说："李嘉图总是只看到交换价值的量的规定，就是说，交换价值＝一定量的劳动时间，相反，他忘记了质的规定，就是说，个人劳动必然只有通过自身的转让（异化）才表现为抽象一般的、社会的劳动。"① 李嘉图抹杀了质的规定，混淆了价值决定和价值表现。

---

① 《马克思恩格斯全集》第三十四卷，人民出版社，2008，第572页。在第181页，马克思说："它们的实体是劳动。所以它们是'价值'。根据它们各自包含的这种实体是多还是少，它们的量是不同的。而这种劳动的形态——作为创造交换价值或表现为交换价值的劳动的特殊规定，——这种劳动的性质，李嘉图并没有研究。因此，李嘉图不了解这种劳动同货币的联系，也就是说，不了解这种劳动必定要表现为货币。"及至《评阿·瓦格纳的"政治经济学教科书"》，马克思也有论述："李嘉图实际上把劳动只是当做价值量的尺度来考察，因而他看不到自己的价值理论和货币的本质之间的任何联系。"（《马克思恩格斯全集》第十九卷，人民出版社，1963，第400页。）

另一方面，李嘉图不理解私人劳动转化成社会劳动对于价值和价值量的确定的前提性意义。李嘉图的思维是因果式的、非辩证的线性思维。他不理解辩证法，特别是不理解如下一点：矛盾双方在对立中发展，发展而成的新的矛盾双方既是旧有矛盾的暂时解决，也是旧有矛盾的扩大再生产。马克思以等价形式（这是资本主义生产的基本形式）为例说明了这一点。根据马克思的观点，等价形式具有三个特点，一是"使用价值成为它的对立面即价值的表现形式"，二是"具体劳动成为它的对立面即抽象人类劳动的表现形式"，三是"私人劳动成为它的对立面的形式，成为直接社会形式的劳动"。① 价值之所以能够被生产出来，是因为它能满足他人的需要，满足他人的需要有赖于他人的评价，这种评价源于私人劳动转化为社会劳动（这就有了个别劳动时间和社会必要劳动时间的问题）。马克思说："李嘉图的错误在于，他只考察了价值量，因而只注意不同商品所代表的、它们作为价值所包含的物体化的相对劳动量。但是不同商品所包含的劳动，必须表现为社会的劳动，表现为异化的个人劳动。这种表现在价格上是观念的，只有通过出卖才能实现。商品中包含的私人的劳动转化为同一的社会劳动，从而转化为可以用所有使用价值来表现，可以同所有使用价值相交换的劳动——这种转化，交换价值表现为货币所包含的这个问题的质的方面，李嘉图没有加以阐述。商品中包含的劳动必须表现为同一的社会劳动即货币，这种情况被李嘉图忽视了。"② 李嘉图逝世（1823年9月）前一个月写作的《绝对价值与交换价值》一文，仍然坚持价值源于劳动："在我看来，当一种东西继续以完全与以往相同的条件生产时，如果说它的自然价值上升了，那是自相矛盾的。"③ 然而，对价值源于劳动的原则承认与对交换价值（价值量）的实际分析在他那里始终是"两张皮"。

第五，李嘉图的劳动价值论与其货币数量论存在矛盾。

———————————

① 《马克思恩格斯全集》第四十九卷，人民出版社，1982，第156~158页。这些论述出自《资本论》第一卷德文第一版的附录，题为《价值形式》。之所以有此附录，是马克思接受了库格曼和恩格斯关于"大多数读者需要有一个关于价值形式的更带讲义性的补充说明"的建议而加上去的。在《资本论》第二版及之后，这个附录经过删减被合并到正文中了。不过应当承认，这个附录确有通俗而不失严谨的科学价值。

② 《马克思恩格斯全集》第三十五卷，人民出版社，2013，第140页。也见第147、188~191页。

③ 《绝对价值与交换价值》，见《大卫·李嘉图全集》第4卷，第370页。李嘉图在该文中多次强调"劳动具有价值，对此没有人能提出反对意见"。

货币数量论反映了 16 和 17 世纪以来美洲金银矿被大量开采并运至欧洲，导致欧洲金银流通量增加、物价上涨的客观经济事实。该理论的基本内容有二：货币价值取决于其数量；货币越多，或者货币流通速度越快，那么，货币价值越低，物价越高。货币数量论最早由法国学者让·博丹在其 1569 年所著的《对马莱斯特罗伊的谬论的答复》一书中提出，博丹以货币流通数量来解释 16 世纪西欧的物价波动。之后，巴尔本、洛克、孟德斯鸠、休谟都接受了这一思想。以孟德斯鸠为例。他在《论法的精神》第二十二章中论及法与货币的关系时说："在美洲开采的白银运到欧洲后再转运东方，从而促进了欧洲的航运业。白银是欧洲通过交易从美洲获得的又一宗商品，又通过贸易把它输送到印度去。当黄金和白银被当作商品时，数量当然越多越好，而当黄金和白银被当作价值符号时，情况就全然不同了。因为，金银被当作价值符号的基础是稀有，所以，数量大增就会损害金银作为价值符号的身份。……所以，从根本上来说，货物的价格取决于全部货物和全部价值符号。"[①] 李嘉图之后的西方资产阶级经济学家大都认可这种观点。美国数理经济学家欧文·费雪（1867~1947）甚至赋予货币数量论以数学公式的形式，即 $MV = PT$。其中，M 是货币量，V 是货币流通速度，P 是价格水平（加权平均后的价格水平），T 是交易总量，MV 是货币的总供给，也是产品的总需求，PT 是货币的总需求，也是产品的总供给。在实际运算中，因 T（交易总量）无从获知，故而常以 Y（实际 GDP）来换算之。大概说来，Y（实际 GDP）小于 T（交易总量）。上述公式在不太严格的意义上会被写成 $MV = PY$。$MV = PT$ 是货币数量论的交易方程，$MV = PY$ 是货币数量论的收入方程。费雪的意思是：V 在每年都是不变的，T 或 Y 基本上也是不变的（或处于缓慢增长状态）；故而对上述方程两边求导，就可得出，货币每增长 1 个百分点，价格水平（通货膨胀率）就上升 1 个百分点。如是，货币数量论得证。费雪的数学公式是一种去阶级化的、无矛盾的总量分析。

应当承认，货币数量论有其历史意义，即反对重商主义将财富仅仅限定于金银并且要求奖入限出的错误观念。马克思说："大家知道，在 16 和 17 世纪，由于美洲的发现，金和银的贬值贬低了工人阶级和土地所有者

---

① 〔法〕孟德斯鸠：《论法的精神》上卷，许明龙译，商务印书馆，2012，第 460 页。

阶级，抬高了资本家（特别是产业资本家）阶级。"① 但从学理上看，货币数量论是站不住脚的。我们试以劳动价值论批判货币数量论。首先，货币价值不取决于其数量，而是取决于单位时间内所耗费的劳动量。美洲金银矿的大量开采，使得耗费在贵金属中的劳动量降低，贵金属价值降低。其次，贵金属价值降低，商品的价值就升高，商品价值升高推高了它的市场价格，而后者要求相应的金银流通量的增加。可见，真相是：商品流通是货币流通的基础，商品流通所需要的货币量与商品价格、商品数量成正比，与货币流通速度成反比。② 而货币数量论却歪曲地、颠倒地表现这个真相：因为金银流通量增加，所以物价上涨。

　　李嘉图在 19 世纪头十年开始其经济学探讨时就认可货币数量论："一张银行纸币的内在价值不会超过印制纸币的纸张。……这种货币的价值一定完全取决于它的数量。"③ "作为出口黄金的对价，就会有商品的进口；虽然通常称作贸易差额的部分会于出口货币或金银块的国家不利，但显然它是在进行一种最有利的贸易，因为它是在出口一种对它已经没有什么用处的东西，以换取各种可以用于扩大其制造业并增加其财富的商品。"④ 李嘉图还将货币数量论的应用范围扩大到国际上的货币自由流动。他说："这就显而易见，流通媒介的贬值是它数量过多的必然结果；在一国通货的普通状态下，这种贬值为贵重金属的出口所抵消。"⑤ 意思是：在一国内货币价值由生产它所耗费的劳动量决定；当流通中的货币数量多于实际需要量时，货币价值下降，商品价格上涨，从国际贸易角度来看，该国进口商品增加，出口商品减少，这是逆差，进而导致货币外流，最终与该国商品价值量趋于一致；当流通中的货币数量少于实际需要量时，货币价值上升，商品价格下降，从国际贸易角度来看，该国进口商品减少，出口商品增加，这是顺差，进而导致货币回流，最终与该国商品价值量趋于一致。马克思在《政治经济学批判。第一分册》第二章中对此作过深刻的分析："李嘉图完全受价值符号因它的数量而贬值的现象所左右……然而他

---

① 《马克思恩格斯全集》第三十一卷，人民出版社，1998，第 214 页。
② 参见《马克思恩格斯全集》第三十一卷，人民出版社，1998，第 290 页。
③ 《答博赞克特先生对金价委员会报告的实际观感》，见《大卫·李嘉图全集》第 3 卷，第 213 页。
④ 《黄金的高价是银行纸币贬值的明证》，见《大卫·李嘉图全集》第 3 卷，第 57、59 页。
⑤ 《黄金的高价是银行纸币贬值的明证》，见《大卫·李嘉图全集》第 3 卷，第 67 页。

给整个阐述涂上了一层国际的色彩。但是不难证明，表面上的规模宏大一点也不改变他的基本思想的渺小。"① 李嘉图坚持金本位制。他在《一个既经济又安全的通货的建议》中指出："一种通货，假使其本位是不变的，是永远跟那个本位一致的，在实际使用中又是极端经济的，这就可以认为是十全十美的通货。"② 从"永远跟那个本位一致的，在实际使用中又是极端经济的"可以看到，李嘉图希望英国能够建立一种只使用纸币（它能够固定地和随时地兑换黄金）的货币制度。金本位制过于依赖地球上的既有金矿，从而使得货币的流动性不足以满足资本增殖的客观需要。英国维多利亚女王时期大力推行金本位制。一战后，金本位制逐渐被放弃。二战后，国际社会建立了以美元为中心的布雷顿森林体系。1971 年 8 月尼克松时期，布雷顿森林体系解体。美元成为当今国际社会的硬通货。美国作为全世界的"资产阶级"，凭借美元霸权（以及由之而来的军事霸权），四处"割韭菜"。

在继承斯密的劳动价值论并予以完善之后，李嘉图对货币数量论的看法（对货币价值由什么决定的看法）颇多纠结。首先，根据劳动价值论，金银包含社会劳动，所以金银有价值。金银的价值变化会影响商品价格的变化，两者成反比。李嘉图其实是看到了这一点的："黄金和白银像一切其他商品一样，其价值只与其生产以及运上市场所必需的劳动量成比例。金价约比银价贵十五倍，这不是由于黄金的需求大，也不是因为白银的供给比黄金的供给大十五倍，而只是因为获取一定量的黄金必须花费十五倍的劳动量。"③ 这里，李嘉图拒绝用供给和需求来解释黄金和白银的价值，而是根据生产商品所耗费的劳动量来作解释。这个看法没有问题。然而，其次，李嘉图在接下来具体分析时又不谈商品的价格和金银的价值，他让商品不带价格、金银不带价值进入流通过程。他说："不过通货贬值与否，完

---

① 《马克思恩格斯全集》第三十一卷，人民出版社，1998，第 569 页。马克思对李嘉图的具体分析，参见第 565 ~ 574 页。

② 《一个既经济又安全的通货的建议》，见《大卫·李嘉图全集》第 4 卷，第 55 页。李嘉图在继承和完善劳动价值论之后仍然主张金本位制："世界各国必然早已相信，根本没有什么绝对确切可供比照的价值标准，因此就选了一种大体看来似乎比任何其他商品更少变动的媒介。在法律没有改变，在我们没有发现某种其他商品可用来作为比现有标准更为完满的标准以前，我们就必须遵守这种标准。在英国，黄金是唯一的标准。"（《政治经济学及赋税原理》，见《大卫·李嘉图全集》第 1 卷，第 124 页。）

③ 《政治经济学及赋税原理》，见《大卫·李嘉图全集》第 1 卷，第 299 页。

全取决于其数量是否过剩，而不取决于它是辅币还是主币。"①

李嘉图之所以在确立了劳动价值论之后还会转向货币数量论，原因有三。一是，他始终只把货币看作交换媒介。李嘉图说："产品总是要用产品或劳务购买的，货币只是实现交换的媒介。"② 这种定位不仅抹杀了货币作为社会劳动之凝结的实体性，而且也忽视了货币作为贮藏手段的职能，因为买和卖有可能脱节。所以，毫不奇怪李嘉图会否认资本主义发生全面性的生产过剩经济危机。二是，之前提到的，李嘉图不懂得私人劳动转化为社会劳动的前提性意义，他在实际分析中将价值归诸交换价值，并且只关注量的分析，这使得他难以真正从劳动价值论的理论逻辑上认可金银包含社会劳动因而具有价值。由前两点而来的第三点是，李嘉图无法真正地理解货币为什么固定地充当一般等价物。根据李嘉图的观点，任何劳动产品都可以充当价值尺度，至于人们选择金银固定地充当价值尺度，那仅仅是因为"方便"，即金银的物理属性（体积小、易于携带、便于分割、不易损毁、可长期保存等）更适合充当价值尺度。李嘉图不懂得：一方面，金银的使用价值特别适合充当价值的表现形式；另一方面，金银作为私人劳动的产物特别适合表现社会劳动（私人劳动几乎直接地就是社会劳动）。正所谓："金银天然不是货币，但货币天然是金银。"③ 马克思说："金在第四种形式中同麻布在第三种形式中一样，都是一般等价物。唯一的进步在于：能直接地一般地交换的形式，即一般等价形式，现在由于社会的习惯最终地同商品金的独特的自然形式结合在一起了。"④ 金银这种货币是特殊的商品，它将商品二因素（使用价值与价值）这对内在矛盾外在化了。金银这种货币作为使用价值是有限的，但它作为价值表现（从原则上说）则是无限的，它使商品世界获得内在的统一；货币作为价值表现的无限性是金银不足值也能代表价值的原因，也是货币不局限于金银而能"进化为"纸币甚至电子货币（货币的虚拟化）的原因。立足于劳动价值论，可以看清货币这种一般等价物的社会内涵：货币占有者在一般意义上

---

① 《政治经济学及赋税原理》，见《大卫·李嘉图全集》第1卷，第315页。通货大体上可被界定为流通中的货币。

② 《政治经济学及赋税原理》，见《大卫·李嘉图全集》第1卷，第246页。

③ 《马克思恩格斯全集》第三十一卷，人民出版社，1998，第550页。

④ 《马克思恩格斯文集》第五卷，人民出版社，2009，第87页。这里的"第三种形式"是一般价值形式，"第四种形式"是货币形式。

占有社会劳动、拥有社会权力。马克思在《经济学手稿（1857—1858年）》中将人类社会历史发展的第二大形态称作"以物的依赖性为基础的人的独立性"①，这里的"物"指的就是货币。马克思将货币称作"激进的平均主义者"："正如商品的一切质的差别在货币上消灭了一样，货币作为激进的平均主义者把一切差别都消灭了。但货币本身是商品，是可以成为任何人的私产的外界物。这样，社会权力就成为私人的私有权力。"②批评李嘉图没有认识到货币"进化为"电子货币（货币的虚拟化），显然是过分苛责，但批评他没有认识到货币这种一般等价物的社会内涵，无疑是正中要害。

第六，李嘉图经济学在对量的分析中触及了资本主义生产关系的对抗性本质。

李嘉图认为："假定谷物和工业制造品总是按照同一价格出售，利润的高低就会与工资的高低成反比。"③ 即在商品价值量一定的前提下，工资和利润必然成反比。这里的利润包括地租，李嘉图一般将地租称作超额利润。李嘉图这里所说的地租显然是资本主义地租，他抹杀了地租，比如封建社会的劳役地租、实物地租、货币地租与资本主义社会的地租的历史差别。而工资，作为维持工人及其家庭基本生活需要的价值，又有涨价的趋势。不过，那只是货币工资涨价（因为规定其价格的主要商品由于生产难度加大而涨价），但实物工资并未涨价，甚至有可能下跌。李嘉图解释道："工资之所以会增加，是因为随着资本的增加，所雇用的劳动者将成比例地增加；并且每个劳动者将得到更多的货币工资。不过前面已经说过，劳动者的生活状况将会恶化，因为他们在一国的产品量中所能支配的份额减小了。真正得到利益的只有地主。他们会得到更高的地租，这是因为：第一，产品将具有更高的价值；第二，他们在这种产品中所占的比例将大大增加。"④

"工资和利润必然成反比"的分析已触及资本主义生产关系的对抗性

① 《马克思恩格斯全集》第三十卷，人民出版社，1995，第107页。
② 《马克思恩格斯文集》第五卷，人民出版社，2009，第155~156页。所以不难理解，古代社会会咒骂货币是其经济秩序和道德秩序的瓦解者。
③ 《政治经济学及赋税原理》，见《大卫·李嘉图全集》第1卷，第90页。在论述利润时，李嘉图也说，"工资上涨不会提高商品的价格，但必然会降低利润"，"即使一切商品的价格能够提高，利润所受的影响也还是一样"。（第105页）
④ 《政治经济学及赋税原理》，见《大卫·李嘉图全集》第1卷，第104页。

本质，不仅正确，而且深刻。在《经济学手稿（1861—1863 年）》中，马克思称赞道："分析相对工资，或者说，比例工资，并把它作为范畴确定下来，是李嘉图的巨大功绩之一。在李嘉图以前，始终只对工资作了简单的考察，因而工人被看做牲畜。而这里工人是被放在他的社会关系中来考察的。"[1] 在该手稿另一处，马克思也谈到李嘉图的相对工资论正确地切中了两个阶级的社会关系："提出相对工资的观点是李嘉图的最大功绩之一。其要点是：工资的价值（因而还有利润的价值）完全取决于工作日中工人为他自己劳动（为了生产或再生产他的工资）的那一部分和归资本家所有的劳动时间部分的比例。这一点在经济学上非常重要，事实上这只是对正确的剩余价值理论的另一种表达。其次，这一点对两个阶级的社会关系是很重要的。"[2] 卢森贝在其名作《政治经济学史》中有一段论述极有道理："李嘉图的方法论充满着社会的要素；但这个方法论中的社会性，是资产阶级式的，而且是刚适合于资产阶级所需要的程度，刚达到了能够武装资产阶级的程度。这也就决定了这个方法论的历史意义和它的科学性的程度。"[3]

　　但是，站在历史唯物主义的高度，我们仍需指出李嘉图的不足。李嘉图只看到相对剩余价值生产，而没有看到绝对剩余价值生产，后者是前者的历史起点。显然，这是李嘉图经济学的超历史性所致。所谓绝对剩余价值生产，是指在既定的必要劳动时间基础上延长剩余劳动时间的资本主义生产。在这种生产中，工资没有降低，但利润提高了，剥削加重了。至于相对剩余价值生产，则是指在既定的工作日长度基础上缩短必要劳动时间、相对地延长剩余劳动时间的资本主义生产。在这种生产中，工资降低了（并非资本家少支付工资，而是资本家降低劳动力价值），利润提高了，剥削加重了（工人为自己创造的价值越来越少，为资本家创造的价值越来越多）。李嘉图"工资和利润必然成反比"的论断揭示了相对剩余价值生产的规律：在既定的工作日长度基础上必要劳动时间与剩余劳动时间是对立的，工人和资本家是对立的。马克思说："因此，李嘉图错误地假定总工作日的量是固定的，并从这里直接得出了错误的结论。因此，李嘉图只

① 《马克思恩格斯全集》第三十四卷，人民出版社，2008，第474页。
② 《马克思恩格斯全集》第三十五卷，人民出版社，2013，第30～31页。
③ 〔苏〕卢森贝：《政治经济学史》第一卷，李侠公译，张贤务校，生活·读书·新知三联书店，1959，第406页。

能用生产必需品的社会劳动的生产率的提高或降低来说明剩余价值的增加或减少。这就是说，李嘉图只知道相对剩余价值。"① "相对剩余价值——这实际上是李嘉图在利润名义下阐述的剩余价值的惟一形式。"② 李嘉图在利润名义下阐述剩余价值，已是资产阶级学术范围内最大限度的科学抽象。因为这两者（利润和剩余价值）的价值实体是相同的。区别则在于：剩余价值是可变资本创造的超过劳动力价值的额外价值，而利润则是将剩余价值视作全部预付资本的产物后所得的范畴。就此来看，李嘉图的利润学说仍有一定的表象性和外在性。这导致了他从劳动价值论出发无法应对一种质疑。这种质疑是：资本家和工人一样也从事劳动，利润是资本家劳动的报酬。这种质疑是不成立的。原因有三：一是，资本家的劳动（比如管理、监督）是为了占有增殖的价值，而不是为了形成价值；二是，总劳动所生产出来的价值不是按照资本家和工人各自付出的劳动来分配的，而是按照是否拥有生产资料来分配的；三是，资本家所得的利润不与其劳动有关，而与其所无偿地占有的工人的剩余劳动有关（应该说本质相关）。据此三点，利润不能被视作资本家劳动的报酬。

具体到资本家的利润和土地所有者的地租（超额利润），毫无疑问，仍是反比关系。和货币工资一样，地租也有涨价的趋势，原因是：有限的土地因其耕种条件的日渐困难而涨价。李嘉图从数量关系上作了论证："由此可见，无论谷物的价格怎样上涨，由于要获得一定的产品增加量必须使用更多的劳动和资本，这种上涨的价值总会被追加的地租或追加的劳动所抵消。所以无论谷物售价是四镑、四镑十先令，还是五镑二先令十便士，农场主支付地租后从剩余数额中所得到的实际价值总是一样。……因此，可以看出，地租总是落在消费者身上而不是落在农场主身上；因为如果农场产品始终是一百八十夸特，那么随着价格的上涨，农场主就只能为自己保留较少的产品的价值，而付给地主较多的产品的价值，可是这种扣除留给他的金额将始终是七百二十镑。"③ 谷物价格的上涨所带来的价值的上涨，或者"被追加的地租或追加的劳动所抵消"，这意味着"农场主支付地租后从剩余数额中所得到的实际价值总是一样"，或者导致"农场主就只能为自己保留较少的产品的价值，而付给地主较多的产品的价值"。

① 《马克思恩格斯全集》第三十四卷，人民出版社，2008，第459页。
② 《马克思恩格斯全集》第三十四卷，人民出版社，2008，第472页。
③ 《政治经济学及赋税原理》，见《大卫·李嘉图全集》第1卷，第74页。

"在谷物价格上涨百分之十时，工资上涨总是少于百分之十，而地租上涨却总多于百分之十；劳动者的生活状况将普遍下降，而地主的生活状况却总会提高。"① 农产品高价是地租上涨的原因。劳动者和资本家不会希望农产品高价，只有土地所有者才会乐见于此。

诚然，这些论述都是李嘉图在错误的"斯密教条"之下做的推论。但是，更应看到，李嘉图正确揭示了工资、利润、地租之间以及劳动者、资本家、土地所有者之间的相互对立。普列汉诺夫（1856～1918）说得很对："在社会观念领域天才之超越其同时代人是在这样的意义上：他比他们更早地理解新的、产生着的社会关系的意义。"② 李嘉图是 19 世纪初比同时代人"更早地理解新的、产生着的社会关系的意义"的卓越经济学家。李嘉图综合运用了经验归纳和理性演绎的方法，他的经济学是"社会唯物主义的"，既探讨资本主义生产的本质，也探讨这一本质如何歪曲地表现为现象。马克思称赞李嘉图"揭示并说明了阶级之间的经济对立"，抓住并揭示了"历史斗争和历史发展过程的根源"。③ "英国古典政治经济学是属于阶级斗争不发展的时期的。它的最后的伟大的代表李嘉图，终于有意识地把阶级利益的对立、工资和利润的对立、利润和地租的对立当做他的研究的出发点，因为他天真地把这种对立看做社会的自然规律。"④ 吊诡的是，美国经济学家凯里（1793～1879）反而指责李嘉图经济学是"制造纷争的体系"，"挑动阶级之间和民族之间的仇恨"。⑤ 事实上，经济生活如果真的不存在"纷争"，那么"阶级之间和民族之间的仇恨"不会被经济学家制造或挑动起来。李嘉图没有哲学，但他的经济学"经验地观察"经济现象，"直观地把握"经济关系，"理性地阐发"经济本质，"科学地剖析"经济本质必然地和歪曲地表现为经济现象，这种经济学并非经验唯物主义、理性唯物主义、功利主义或实证主义者在经济学领域的简单运用，而是达到了远超这四种哲学的崭新高度，即社会唯物主义。

李嘉图对三大阶级的利益对抗性的揭示存在三大问题。一是，在剩余

---

① 《政治经济学及赋税原理》，见《大卫·李嘉图全集》第 1 卷，第 83 页。
② 〔俄〕普列汉诺夫：《论个人在历史上的作用问题》，王荫庭译，商务印书馆，2010，第 71 页。
③ 《马克思恩格斯全集》第三十四卷，人民出版社，2008，第 184 页。
④ 《马克思恩格斯文集》第五卷，人民出版社，2009，第 16 页。
⑤ 《马克思恩格斯全集》第三十四卷，人民出版社，2008，第 184 页。

价值的特殊形式（而非剩余价值的纯粹形式）上考察剩余价值。马克思在《经济学手稿（1861—1863年）》中说："所有经济学家都犯了一个错误：他们不是纯粹地就剩余价值本身，而是在利润和地租这些特殊形式上来考察剩余价值。"① 在另一处，马克思也说："李嘉图的这整个错误和由此而来的对地租等的错误论述，以及关于利润率等的错误规律，都是由于他没有区分剩余价值和利润而造成的，总之，是由于他像其余的政治经济学家那样粗暴地、缺乏理解地对待形式规定而造成的。"② 二是，没有看到生产关系的生产，更没有看到资本本身就是一种生产关系。李嘉图在第二十章"价值与财富：它们的特性"中说："资本是一个国家为了未来生产而使用的那部分财富，它可以和财富按照同样的方法增加。"③ 马克思在《伦敦笔记》中引用了这段话，批评道："李嘉图在这里把资本和构成资本的材料混为一谈了。财富只是资本的材料。资本总是重新供生产利用的价值总和；它不单是产品的总和，也不是为了去生产产品的，而是为了去生产价值的。"④ "去生产价值"科学地表达了资本的本质。所以，"李嘉图本来应该说劳动能力，而不是劳动。而这样一来，资本也就会表现为那种作为独立的力量与工人对立的劳动的物质条件了。而且资本就会立刻表现为一定的社会关系了。可是，在李嘉图看来，资本仅仅是不同于'直接劳动'的'积累劳动'，它仅仅被当作一种纯粹物质的东西，纯粹是劳动过程的要素，而从这个劳动过程是决不可能引出劳动和资本、工资和利润的关系来的"⑤。这里，我们不得不再一次提到斯密。与李嘉图在物（这个物要能带来利润）的层面上理解资本不同，斯密朦胧地把握到了资本作为剥削与被剥削关系的性质（斯密在大多数场合也和李嘉图一样在物的层面上理解资本）。斯密说："资本一经在个别人手中积聚起来，当然就有一些人，为了从劳动生产物的售卖或劳动对原材料增加的价值上得到一种利润，便把资本投在劳动人民身上，以原材料与生活资料供给他们，叫他们劳作。"⑥ 这里，斯密揭示了"一些人"通过占有"原材料与生活资料"，

---

① 《马克思恩格斯全集》第三十三卷，人民出版社，2004，第7页。
② 《马克思恩格斯全集》第三十四卷，人民出版社，2008，第239页。
③ 《政治经济学及赋税原理》，见《大卫·李嘉图全集》第1卷，第235页。
④ 《马克思恩格斯全集》第四十四卷，人民出版社，1982，第110~111页。
⑤ 《马克思恩格斯全集》第三十四卷，人民出版社，2008，第453页。
⑥ 〔英〕斯密：《国民财富的性质和原因的研究》上卷，郭大力、王亚南译，商务印书馆，1972，第43页。

剥削他人（"叫他们劳作"），从而得到利润。三是，没有认识到自身研究
的历史限度。李嘉图经济学之所以能够触及资本主义生产关系，从客观方
面看，是因为资本主义的历史发展提供了这样的条件。在《经济学手稿
（1857—1858年）》中，马克思说："因此，要揭示资产阶级经济的规律，
无须描述生产关系的真实历史。……另一方面，这种正确的考察同样会得
出预示着生产关系的现代形式被扬弃之点，从而预示着未来的先兆，变易
的运动。如果说一方面资产阶级前的阶段表现为仅仅是历史的，即已经被
扬弃的前提，那么，现在的生产条件就表现为正在扬弃自身，从而正在为
新社会制度创造历史前提的生产条件。"① 在《资本论》第一卷中，马克
思说："对人类生活形式的思索，从而对这些形式的科学分析，总是采取
同实际发展相反的道路。这种思索是从事后开始的，就是说，是从发展过
程的完成的结果开始的。"② 机器大工业，是资本主义历史发展的必然产
物。对于李嘉图来说是"发展过程的完成的结果"。李嘉图立足于此，是
可以做出深及资本主义生产关系（内在矛盾和生理结构）的科学发现的，
他也确实做出了代表他那个时代最高水平的科学发现。然而遗憾的是，李
嘉图仅仅停留于"当下"（机器大工业），既不去探讨"当下"是怎么由
"过去"发展而来的，也不去追问"当下"面向"未来"的可能突破。李
嘉图的"仅仅停留于当下"，与机器大工业将人塑造为经济范畴的人格化、
把资本主义经济生活建构为基于整体理性的一个闭环（经济决定论），有
着莫大的关系。资本主义现实为李嘉图经济学提供了条件，也使其自惑于
这个条件。

## 第三节　李嘉图（二）："93%或94%的劳动价值论"

让我们接着分析。第七，李嘉图混淆了价值和生产价格，他错误地将
工资（或利润）视作影响商品价值变动的因素。他认为这种影响的最大值
不超过6%或7%。

李嘉图在《政治经济学及赋税原理》第四章"论自然价格与市场价
格"中说："假定一切商品都按照它们的自然价格进行买卖，因之一切行

---

① 《马克思恩格斯全集》第三十卷，人民出版社，1995，第453页。
② 《马克思恩格斯文集》第五卷，人民出版社，2009，第93页。

业的资本利润率都恰好相同，如有差额，也只是在当事人的评价中相当于他们所享有或已放弃的现实或设想的利益。假定时尚变迁使丝绸的需求增加、毛呢的需求减少；丝绸和毛呢的自然价格——也就是生产所必要的劳动量——仍旧不变，但丝绸的市场价格提高，毛呢的市场价格降低；结果是丝绸业者的利润超过一般利润率，而毛呢商业者的利润则跌落到这一利润率以下。"① 前一句话的"自然价格"是生产价格，后一句话的"自然价格"是价值。

　　谈及价值和生产价格，首先需要正确把握"利润率"。利润率是剩余价值（m）与预付资本（c＋v）的比率，它反映了预付资本的增殖程度。与之相关的另一个范畴是"剩余价值率"。剩余价值率是剩余价值（m）与可变资本（v）的比率，它反映了资本剥削劳动力的程度。在资本主义经济中，利润率是趋于一致的，如果一定量的流动资本获得了一定量的利润，那么，同量的固定资本也要获得同量的利润。因为资本追逐超额利润，必然争夺有利的生产条件或投资场所，所以利润要在部门内和部门间转移。这其实是资本为了增殖而不得不做的"倒霉事"。马克思讽刺道："一切资本主义生产方式的国家，都周期地患一种狂想病，企图不用生产过程作中介而赚到钱。"② 利润在部门内和部门间转移，结果就形成了平均利润（平均利润＝预付资本×一般利润率）。马克思说："一切商品的这些费用价格加在一起，其总和将等于这一切商品的价值。同样，总利润将等于这些资本加在一起比如说在一年内提供的总剩余价值。……各个不同生产部门的剩余价值的平均化丝毫不改变这个总剩余价值的绝对量，它所改变的只是这个总剩余价值在不同生产部门中的分配。但是，这个剩余价值规定本身，只来自价值决定于劳动时间这一规定。没有这一规定，平均利润就是无中生有的平均，就是纯粹的幻想。"③ 平均利润与预付资本（也被称作成本价格）的加和，就是生产价格。所谓价值转形，是剩余价值在全社会范围内的再分配。因为总平均利润＝总剩余价值，总生产价格＝总价值，在这两个等式中，后者均为自变量，不仅逻辑在先，而且时间在先。马克思在《资本论》第三卷中指出，生产价格的呈现是资本主义逐步成熟的标志："因此，商品按照它们的价值或接近于它们的价值进行的交

①　《政治经济学及赋税原理》，见《大卫·李嘉图全集》第 1 卷，第 73 页。引文有改动。
②　《马克思恩格斯文集》第六卷，人民出版社，2009，第 67～68 页。
③　《马克思恩格斯全集》第三十四卷，人民出版社，2008，第 210 页。

换，比那种按照它们的生产价格进行的交换，所要求的发展阶段要低得多。按照它们的生产价格进行的交换，则需要资本主义的发展达到一定的高度。"① 在平均利润、生产价格下，会出现相应的范畴人格化，比如产业资本家、商业资本家、借贷资本家等。

剩余价值和利润、剩余价值率和利润率、价值和生产价格，都是本质与现象的关系。马克思说："不过，利润率一开始就和剩余价值率有区别，这首先只表现为不同的计算方式；但这一开始就使剩余价值的真实起源完全模糊了和神秘化了……然而，量的差别只存在于剩余价值率和利润率之间，而不是存在于剩余价值和利润本身之间。因为在利润率中，剩余价值是按总资本计算的，是以总资本为尺度的，所以剩余价值本身也就好像从总资本产生，而且同样地从总资本的一切部分产生，这样，不变资本和可变资本的有机差别就在利润的概念中消失了；因此，实际上，剩余价值本身在它的这个转化形态即利润上否定了自己的起源，失去了自己的性质，成为不能认识的东西。"② 工资变动，导致成本价格变动，所以，生产价格一定变动；然而价值是不变的。价值实体构成生产价格实体，价值总量决定生产价格总量，价值的变化决定了生产价格的变化，这个过程是不可逆的。这是资本主义生产的本质（价值）呈现为现象（生产价格）的必然逻辑，也是现象歪曲地表现本质（逐层掩盖资本主义剥削）的必然逻辑。不顾本质而只"经验"现象，必然导致三大拜物教。仅以生息资本为例。马克思说："收入的形式和收入的源泉以最富有拜物教性质的形式表现了资本主义生产关系。……然而，在所有这些形式中，最完善的物神是生息资本。在这里，我们看到资本的最初起点——货币，以及 G—W—G' 这个公式被归结为它的两极 G—G' 即创造更多货币的货币。"③ G—G'，好像钱能生钱。非也。"经验"背后的"本质"是 G—（G—W—G'）—G'。

李嘉图之所以在确立劳动价值论的基础上仍然将工资（或利润）视作影响商品价值变动的因素，究其根源，正如之前所提到的，在于李嘉图因果式的、非辩证的线性思维。他把现象与本质置于同一层面，运用形式逻辑（A = A 和 A ≠ ¬A），直接地证明现象与本质不矛盾。在《经济学手稿（1861—1863 年）》中，马克思多次批判李嘉图的方法："李嘉图所以有片

① 《马克思恩格斯文集》第七卷，人民出版社，2009，第 197 页。
② 《马克思恩格斯文集》第七卷，人民出版社，2009，第 187 页。
③ 《马克思恩格斯全集》第三十五卷，人民出版社，2013，第 302 ~ 303 页。

面性，是因为他总想证明不同的经济范畴或关系同价值理论并不矛盾，而不是相反地从这个基础出发，去阐明这些范畴以及它们的表面上的矛盾，换句话说，去揭示这个基础本身的发展。"① "这种方法跳过必要的中间环节，企图直接证明各种经济范畴相互一致。"② "另一方面，他又想不经过中间环节直接把利润规律当作剩余价值规律来表述。"③ 在1868年7月11日致库格曼的信中，马克思讽刺李嘉图"在科学之前把科学提供出来"："科学的任务正是在于阐明价值规律是如何实现的。所以，如果想一开头就'说明'一切表面上与规律矛盾的现象，那就必须在科学之前把科学提供出来。李嘉图的错误恰好是，他在论价值的第一章里就把尚待阐明的一切可能的范畴都假定为已知的，以便证明它们和价值规律是等同的。"④ 李嘉图的科学抽象一方面是不足的，即在揭示纯粹形式上抽象得还不足（"把尚待阐明的一切可能的范畴都假定为已知的"）；另一方面是过分的，即在解释复杂现象上抽象得太过分了（"跳过必要的中间环节"）。李嘉图的好友马尔萨斯在《政治经济学原理》绪论中对他的如下批评不无道理：想用一个抽象规律来说明由多种原因所导致的复杂的经济现实。卢森贝述评道："不幸的不是李嘉图应用了抽象法，而是他的抽象法是死板不变的和形而上学的。"⑤

下面我们具体看一下李嘉图是如何"跳过必要的中间环节"来探讨利润率决定的。李嘉图例证如下。其一，有两个人各雇佣100人工作一年，制造两架机器，又有第三人雇佣100人工作一年，栽种谷物，年终时每架机器的价值和谷物的价值是相等的，因为耗费了等量劳动。其二，一架机器的所有者在下一年雇佣100人用这架机器织造毛呢，另一架机器的所有者在下一年雇佣100人用这架机器织造棉织品，第三人继续雇佣100人栽种谷物。显然，三个人所雇佣的劳动量相同，但前两个人使用了固定资本。一般会认为，如果谷物价值是500镑的话，那么，毛呢和机器的价值应为1000镑，棉织品和机器的价值也为1000镑。这种算法在李嘉图看来

① 《马克思恩格斯全集》第三十四卷，人民出版社，2008，第165页。
② 《马克思恩格斯全集》第三十四卷，人民出版社，2008，第182页。
③ 《马克思恩格斯全集》第三十四卷，人民出版社，2008，第420页。
④ 《马克思恩格斯文集》第十卷，人民出版社，2009，第290页。
⑤ 〔苏〕卢森贝：《政治经济学史》第一卷，李侠公译，张贤务校，生活·读书·新知三联书店，1959，第399页。

是不对的。因为毛呢和棉织品的耐久性比谷物高，它们送上市场以前要比谷物经过更长的时间，所以，应将毛呢和棉织品在第一年应得的利润计入第二年的预付资本，并以此计算第二年的利润。如此算来，毛呢和机器的价值、棉织品和机器的价值都要高于 1000 镑。李嘉图在此实际上是要保证使用机器的前两个人（毛呢织造业者、棉织品织造业者）和第三个人（农场主）具有相同的利润率。其三，假定每年要为每个劳动者付出 50 镑，亦即资本是 5000 镑（50 镑×100 人），再假定利润率是 10%，那么，在第一年末，每架机器的价值和谷物的价值都是 5500 镑。第二年，这三个人仍然用 5000 镑雇佣劳动者，利润率仍是 10%，所以商品售价是 5500 镑。但这样一来，前两个人（毛呢织造业者、棉织品织造业者）的利润率就会低于第三个人（农场主）。李嘉图认为，应对前两个人（毛呢织造业者、棉织品织造业者）予以补偿，以保证相同的利润率。补偿办法一如上述：既为他们在劳动上使用的 5000 镑资本取得 500 镑利润，也为他们在机器上投入的 5500 镑资本取得 550 镑利润；所以他们的商品必须卖得 6050 镑（5500 镑 + 550 镑）。其四，如果工资上涨，那么，利润率就会从刚才所假定的 10% 降到（比如）9%。前两个人（毛呢织造业者、棉织品织造业者）为他们的固定资本的利润而加到商品价格（5500 镑）中去的就不是 550 镑，而是 495 镑。最终价格也不是 6050 镑了，而会变为 5995 镑（5500 镑 + 495 镑）。谷物价格仍售 5500 镑。可见，耗费的劳动量不变而只是工资上涨，会导致运用固定资本的商品的交换价值跌落。

所以，李嘉图最终总结道：如果等量资本投资于固定资本与流动资本比例不同的行业的话，比如一个是使用流动资本多而固定资本少的行业，另一个是使用流动资本少而固定资本多的行业，那么，"劳动工资的提高，对于在这种不同条件下生产出来的各种商品一定会发生不相等的影响"[①]。"商品的相对价值由于工资涨落而发生变动的程度，取决于固定资本对所用全部资本的比例。一切使用极昂贵的机器或厂房生产，或必须经历长时间才能运上市场的商品的相对价值会跌落，而一切主要以劳动生产或能迅速运上市场的商品的相对价值则会上涨。"[②] "因此可以看出，资本在不同行业中划分为不同比例的固定资本与流动资本，在相当大的程度上改变了

---

① 《政治经济学及赋税原理》，见《大卫·李嘉图全集》第 1 卷，第 23 页。
② 《政治经济学及赋税原理》，见《大卫·李嘉图全集》第 1 卷，第 26 页。

在几乎完全只用劳动来生产的情形下能普遍适用的一条法则，即除非生产中所用的劳动量有增减，否则商品的价值绝不会改变。本节已经证明，当劳动量没有任何变动而仅仅是劳动价值上涨时，生产时运用了固定资本的商品的交换价值也会跌落；而且固定资本量愈大，跌落的程度也愈大。"①"如果固定资本与流动资本的比例不同，或固定资本的耐久性不同，那么所生产的商品的相对价值就会由于工资上涨而发生变动。"② 终于，李嘉图不得不承认，劳动价值论并不是一条普遍适用的法则。

不过，李嘉图仍然强调：生产商品所耗费的劳动对价值的影响是主要的，甚至是决定性的；至于工资上涨（也即利润下降）对商品价值变动的影响，虽然存在，却是"比较小的"。李嘉图说："但读者应当注意的是，商品价值变动的这一原因的影响是比较小的。工资上涨到使利润跌落百分之一时，在前述假定情况下生产出来的商品的相对价值只会发生百分之一的变动；利润发生如此巨大的变动，它们的相对价值却仅由六千零五十镑跌落到五千九百九十五镑。工资上涨对商品相对价格的最大影响不能超过百分之六或百分之七，因为利润在任何情况下都不能有超过这个限度的普遍和持久的跌落。"③ 既然李嘉图认为"工资上涨对商品相对价格的最大影响不能超过百分之六或百分之七"，那么，他的劳动价值论就只是93%或94%的劳动价值论。

诉诸"影响比较小"甚至干脆承认"这是例外"，不符合李嘉图一贯的科学精神。其实，毛呢织造业者、棉织品织造业者为他们在机器上投入的5500镑资本取得550镑利润，以及因工资上涨而导致的利润率从10%降到9%，5500镑固定资本只能取得495镑，都是生产价格的变化，而非李嘉图所认为的价值的变化。马克思将李嘉图的这个例子称作是"极其笨拙的"："李嘉图举出这个极其笨拙的例子来说明极其简单的事情，就是不想简单地说：因为等量的资本，不管其有机部分的比例如何，或者不管其流通时间如何，都提供等量的利润，——如果商品按其价值出卖，就不可能如此，——所以，有一种不同于这些价值的商品费用价格存在。而且这

① 《政治经济学及赋税原理》，见《大卫·李嘉图全集》第1卷，第28页。引文这段话最早出现于该书第二版。
② 《政治经济学及赋税原理》，见《大卫·李嘉图全集》第1卷，第43页。
③ 《政治经济学及赋税原理》，见《大卫·李嘉图全集》第1卷，第26页。

一点已经包含在一般利润率的概念中了。"① "怎样从单纯的商品'价值'规定得出商品的剩余价值、利润、甚至一般利润率，——这一点对李嘉图来说仍然是不清楚的。"② 李嘉图比较熟练地运用经验归纳和理性演绎，却独断地假定了 10%（以及它降低为 9%）这个一般利润率。这不就是将本质（劳动创造价值）和现象（资本计算利润）等量齐观了吗？所以就必然会有矛盾，必然会遭遇解释不了的困难。马克思批评李嘉图："其实，李嘉图不应该先假定这种一般利润率，相反，他倒是应该研究一般利润率的存在究竟同价值决定于劳动时间这一规定符合到什么程度，这样，他就会发现，一般利润率同这一规定乍看起来倒是矛盾的，而不是符合的，所以一般利润率的存在还须要通过许多中间环节来阐明，而这样做与简单地把它归到价值规律下是大不相同的。这样，李嘉图就会得到一个关于利润本质的完全不同的认识，而不会把利润直接同剩余价值等同起来。"③

　　李嘉图的好友兼论敌马尔萨斯揶揄道："诚然，李嘉图先生自己也承认他的法则有相当多的例外。这些例外的品类，就是所用固定资本量不等、耐用程度不同、而所用流动资本的回收时期又彼此各别的商品。如果我们研究一下这些品类，就会发现其为数之多，使得该法则可以看成是例外，而例外倒成为法则了。"④ 马尔萨斯在《政治经济学原理》绪论中明确反对李嘉图经济学那种简单化和一般化的倾向："政治经济学中有许多重要命题，绝对需要限制和例外。"⑤ 李嘉图在 1820 年 6 月 13 日给他的门徒麦克库洛赫（1789～1864）的信中回应过马尔萨斯的揶揄，也坦率指出了劳动价值论所面临的尴尬："看来有两种极端：一种是，商品仅有劳动毫不迟延地生产出来，没有资本的介入；另一种是，它是大量固定资本的成果，含有的劳动很少，并且要经过相当的迟延才生产出来。介乎这两者之间的中间状态，也许最适合于大多数商品；在这中间状态的一边的商品的相对价值会随着劳动价格的上升和利润率的下降而上升；而在另一边的商品可能由于同样的原因而下降。马尔萨斯先生利用了我的价值尺度的这一缺点，并像他可以做的那样，尽量利用这一缺点，而他自己的价值尺度

　① 《马克思恩格斯全集》第三十四卷，人民出版社，2008，第 200～201 页。
　② 《马克思恩格斯全集》第三十四卷，人民出版社，2008，第 210 页。
　③ 《马克思恩格斯全集》第三十四卷，人民出版社，2008，第 192～193 页。
　④ 〔英〕马尔萨斯：《政治经济学定义》，何新译，商务印书馆，1960，第 13 页。
　⑤ 《马尔萨斯〈政治经济学原理〉评注》，见《大卫·李嘉图全集》第 2 卷，第 15 页。

并不是没有缺点的。……必须承认，价值这一问题已陷入重重困难。……
我有时想，我若重写我书中关于价值的那一章，我应当承认，商品的相对
价值不是由一个原因而是由两个原因来调节，即生产商品所必需的相对劳
动量，以及商品送往市场前资本处于静止时期的利润率。也许我将发现，
我对这个问题的这一看法与我曾经有过的看法有着几乎一样大的困难。"①
不过，在 1820 年 10 月 9 日致马尔萨斯的信中，李嘉图说："我的第一章
将不作重大修改，我认为原理根本不需要修改。"② 我们看到，在 1821 年
出版的《政治经济学及赋税原理》第三版中，李嘉图确实没有修改"原
理"。虽然如此，工资或利润影响商品价值变动，因而与劳动价值论存在
矛盾的问题，仍然没有解决。1822 年在致麦克库洛赫的信中，李嘉图指
出"不能完全闭上眼睛不去看它"："在以生产商品所需要的劳动量来计
算商品的价值方面，您比我走得更远一些：您似乎不允许有任何例外或修
正，而我总是愿意承认商品相对价值的某些变动可以是由于生产商品所必
需的劳动量以外的原因。……我不像马尔萨斯先生等人那样看重这第二个
原因（指工资上涨或下跌导致商品相对价值变动——引者注），但我不能
完全闭上眼睛不去看它。"③ 根据李嘉图的观点，价值尺度是用不变的劳
动量生产出来的，而且在分配变化时它自身保持不变，然而工资或利润却
能影响价值尺度变动。这种矛盾堪称李嘉图的"苦恼的疑问"。1823 年李
嘉图在致麦克库洛赫的信中谈及这一点："关于在地窖里贮藏了三四年的
酒，或最初在劳动方面花费了也许还不到 2 先令后来却值 100 镑的橡树，
我不能克服这一困难。以我们这样的价值尺度来计算所有这些并无困难，
但困难在于表明，为什么我们固定在那一尺度上，而且在于证明，它本身
是不变的，一个价值尺度必须本身是不变的。"④ 在另一封信中，李嘉图
举例说，假定酒和衣料都是以同量资本在一年内制成的，一桶新酿造的酒
和一定量的衣料各值 50 镑。如果利润率每年为 50% 的话，一年后，酒值
75 镑，衣料值 50 镑。如果利润率下降 5%，新酿造的酒和衣料都各值 50

---

① 《李嘉图致麦克库洛赫》（1820 年 6 月 13 日），见《大卫·李嘉图全集》第 8 卷，第 187 ~
188 页。
② 《李嘉图致马尔萨斯》（1820 年 10 月 9 日），见《大卫·李嘉图全集》第 8 卷，第 265 页。
③ 《李嘉图致麦克库洛赫》（1822 年 3 月 19 日），见《大卫·李嘉图全集》第 9 卷，第
172 页。
④ 《李嘉图致麦克库洛赫》（1823 年 8 月 8 日），见《大卫·李嘉图全集》第 9 卷，第 314 ~
315 页。

镑，而贮藏一年的酒将值 52 镑 10 先令，贮藏两年的酒将值 55 镑 2 先令 3 便士。"当我们看到商品由于利润改变而这样变动时，硬说，除了生产它们所必需的劳动量较多或较少以外，变动没有别的原因，这样对吗？实际上，商品由于利润改变而变动得极少，因为一般来说，利润变动得微不足道。但我们并不因此而就可以不承认，如果利润变动，商品也要变动。"①

　　麦克库洛赫"似乎不允许有任何例外或修正"，然而，他对这个问题的解答却在实质上违背了李嘉图的原则（毋宁说是向马尔萨斯投降了）。李嘉图的原则是要阐明劳动价值论不顾买者和卖者的动机而在劳动量或劳动时间的交换中为自己开辟道路。而麦克库洛赫恰恰以资本家的动机（"没有一个资本家愿意……"）来作解释："事实上，它总是交换到多一点，这个多余的部分，便构成利润。没有一个资本家愿意把已经制成的一定量劳动的产品，来交换尚待制造的同量劳动产品。这等于不收取利息的贷款。"② 马克思批判道："麦克库洛赫却不是这样，他说：包含同样多的劳动时间的商品，可以支配同样多的不包含在它们之中的劳动余额。他想用这个方法把李嘉图的论点和马尔萨斯的论点调和起来，硬把商品价值决定于劳动时间和商品价值决定于所支配的劳动等同起来。但是，包含同样多劳动时间的商品，可以支配同样多超过它们包含的劳动的劳动余额，这意味着什么呢？这仅仅意味着，包含一定的劳动时间的商品，可以支配一定量的超过它包含的劳动的剩余劳动。这不仅适用于包含 x 劳动时间的商品 A，而且也适用于同样包含 x 劳动时间的商品 B，——这一点已经包含在马尔萨斯的公式的表述中了。"③ 麦克库洛赫承认利润在于不等价交换（劳动量或劳动时间的不等价），但他认为这和劳动价值论不矛盾，因为价值本就有两种，即交换或相对价值和实际价值④。劳动价值论说的是实际价值，"利润在于不等价交换（劳动量或劳动时间的不等价）"说的

① 《李嘉图致麦克库洛赫》（1823 年 8 月 21 日），见《大卫·李嘉图全集》第 9 卷，第 344 页。
② 〔英〕麦克库洛赫：《政治经济学原理》，郭家麟译，商务印书馆，1975，第 140 页注释 1。麦克库洛赫说："就商品在购买或生产后一直保存到适合于使用之前，有时所增加的交换价值而言，则不能认为是劳动的结果，如果实际上是使用了资本的话，应作为是对商品使用资本而产生的一种利润的等价。"（第 199 页）
③ 《马克思恩格斯全集》第三十五卷，人民出版社，2013，第 192 页。
④ 参见〔英〕麦克库洛赫《政治经济学原理》，第三章（财富的分配）第一节，郭家麟译，商务印书馆，1975。麦克库洛赫说："所以，很明显，没有一种商品的交换价值能够固定不变，除非它在所有的时候都能交换到或购买到同量的一切商品或劳动。"（第 135 页）

是交换或相对价值。这不是解决问题，而是回避问题（"硬把商品价值决定于劳动时间和商品价值决定于所支配的劳动等同起来"）。

第八，新李嘉图主义用李嘉图所放弃的非劳动价值论的利润理论来解释李嘉图所解释不了的"不变的价值尺度"。这种理论努力是不成功的。

李嘉图晚年致力于寻找"不变的价值尺度"，无论是在《政治经济学及赋税原理》第三版第一章"论价值"中增加的"论不变的价值尺度"一节，还是在 1823 年所写的《绝对价值与交换价值》一文中，俱是如此。他实际上是在寻找不变的生产价格。然而，社会生产力不断提高，社会必要劳动时间不断减少，生产价格不可能不变。所以李嘉图错了，因果式、非辩证的线性逻辑决定了李嘉图终究会被价值的"现象"所迷惑。

新李嘉图主义是 20 世纪复兴古典经济学方法论的重要流派，其代表人物是英籍意大利经济学家彼罗·斯拉法（1898～1983），他也是《大卫·李嘉图全集》的主编（其助手 M. H. 多布是助编）。斯拉法于 1960 年出版的《用商品生产商品》是其代表作，英文原书仅有 98 页，不过，学术价值颇高。斯拉法对"不变的价值尺度"的探讨，实质上是重提了李嘉图所放弃的非劳动价值论的利润理论。

我们首先来看一下李嘉图的理论。在 1815 年 2 月 24 日出版的《论低价谷物对资本利润的影响》（该文一般被简称为《论利润》）中，李嘉图提出了非劳动价值论的利润理论。要点有二。一是，农业中净产出与投入的比例决定农业生产的利润率。李嘉图说："据此，假使某个人在这样的土地上使用的资本，其价值相等于小麦 200 夸特，其中一半属于固定资本，如房屋、工具等等，另一半属于流动资本。假使于重置固定资本和流动资本之后，余下的产品价值是小麦 100 夸特，或 100 夸特的等值，则所有主资本的净利是 50%，即资本 200 获利润 100。"① 在农业中，谷物既是资本（投入），又是产品（产出）。净产出与投入的比例是 50%，这个比例决定农业生产的利润率。二是，农业生产的利润率决定其他行业的利润率。之所以如此，是因为农业生产在自由竞争中的特殊地位。农业生产不需要利用其他行业的商品作为资本，而其他行业的生产却离不开农业生产提供的商品。也因此，农业资本的利润决定其他行业的利润。李嘉图认为："在社会的整个发展过程中，支配利润的是取得粮食时的难易程度。

---

① 《论低价谷物对资本利润的影响》（1815 年），见《大卫·李嘉图全集》第 4 卷，第 12 页。

这是一个极其重要的原则，而在政治经济学家的写作中往往被忽视。他们似乎认为，资本利润可以跟粮食供应无关。只是出于商业上的原因而提高。"① 基于上述引文"所有主资本的净利是 50%"的假定，李嘉图说："依照假定，在这一社会形态下，农业资本的利润是 50%，一切其他资本，不论是用于社会的这一阶段所习见的粗陋商品的制造，还是用于取得用农产品交换这里可能有需要的那些商品时的手段的对外贸易，其利润也是 50%。如果在贸易中使用资本的利润超过了 50%，资本将从土地上撤出，使用于贸易。反之，如果其利润降低，资本将从贸易转向农业。"② 马尔萨斯对此强烈反对："农场主的利润调节其他行业的利润，并不多于其他行业的利润调节农场主的利润。"③ 马尔萨斯的批评是有道理的。

斯拉法在"丁 参考文献"中对李嘉图的观点述评道：挑出谷物作为对它自己生产和对所有其他商品生产都需要的一种产品，结果是，谷物生产者的利润率不取决于价值，而是取决于生产资料一方的实物数量对产品一方的实物数量的比较。这一述评是准确的。但问题是：工业生产中净产出与投入的比例怎么会和农业生产中净产出与投入的比例相一致？无论是耗费的劳动，还是固定资本和流动资本的比例，抑或是资本的耐久性，都会影响净产出与投入的比例。李嘉图这里不仅错误地假定农业中不产生技术进步，而且还混淆了交换价值和实物数量。毫不奇怪，李嘉图很快放弃了这种非劳动价值论的利润理论。他在 1815 年 3 月 9 日致马尔萨斯的信中就已开始反思和试图修正上述观点："我的确宁愿修改我说过的这些话：一方面由于财富的关系，另一方面由于从外国进口或农业有所改进，谷物价格会有变动，在所有这些变动的情况下，各种商品的价格都停滞不变。我没有考虑到一切工业品的原料的价值都改变了。……我的说明谬误很多，使我羞愧烦闷。"④ 李嘉图在认可和完善劳动价值论之后认为，利润率是产出的谷物数量与投入的谷物数量中各自所包含的劳动量的比例。

然而，李嘉图所放弃的非劳动价值论的利润理论在斯拉法那里反而成

---

① 《论低价谷物对资本利润的影响》（1815 年），见《大卫·李嘉图全集》第 4 卷，第 15 页注释 1。
② 《论低价谷物对资本利润的影响》（1815 年），见《大卫·李嘉图全集》第 4 卷，第 14 页。
③ 《李嘉图致特罗尔》（1814 年 3 月 8 日），见《大卫·李嘉图全集》第 6 卷，第 142 页。引文是李嘉图转述的马尔萨斯的观点。
④ 《李嘉图致马尔萨斯》（1815 年 3 月 9 日），见《大卫·李嘉图全集》第 6 卷，第 213 页。

为创新点。首先，提出"标准商品"。斯拉法借鉴了李嘉图关于农业中净产出与投入的比例决定农业生产的利润率，进而决定其他行业的利润率的观点，提出生产商品的劳动和生产资料的比例、这种生产资料被生产时的劳动和生产资料的比例以及逐层上溯后最后的生产资料被生产时的劳动和生产资料的比例都相同的"标准商品"。这里的劳动和生产资料的比例，其实就是李嘉图所认为的影响利润的流动资本和固定资本的比例。实际上这个比例不会影响价值，只有不变资本和可变资本的比例才会影响价值。斯拉法认为，"标准商品"是不存在的，但我们可以通过改变商品的组成，在上述条件下合成出"标准商品"。其次，提出"合成商品"。斯拉法的"合成商品"受到李嘉图"适当中数"的启发："我们能不能认为生产黄金这种商品时所用的两种资本的比例最接近于大多数商品生产所用的平均量呢？这类比例与两个极端（一个极端是不用固定资本，另一极端是不用劳动）是不是可以接近相等，以致形成两者之间的一个适当中数呢？"①斯拉法认为，"合成商品"就是这样的"适当中数"，它自身生产时劳动和生产资料的比例与其各层生产资料生产时劳动和生产资料的比例都是相同的；而它相对于其他商品来说在价格上的变化，不是它自身造成的，而是其他商品在生产中的特殊性（其他商品的劳动和生产资料的比例不标准）所致。如是，"合成商品"可以作为其他商品在工资变动时价格变化的基准，根据"合成商品"调整工资，在一种工资水平上抹平价格的上涨，在另一种工资水平上填补价格的下落，就可以确定利润和利润率。"相同的利润率，在标准体系中是作为商品的数量之间的比率得出的。"②实际生产过程成为商品既表现为生产资料又表现为劳动成品的一种自循环过程，此之谓"用商品生产商品"。可以看到，新李嘉图主义是比李嘉图经济学更加彻底的经济决定论。斯拉法认为，对于"合成商品"来说，价值等于生产价格。这就是李嘉图苦苦寻找而不得的"不变的价值尺度"。

---

① 《政治经济学及赋税原理》，见《大卫·李嘉图全集》第1卷，第34~35页。马克思在《经济学手稿（1861—1863年）》中曾引用过这段话，指出："李嘉图的这些话，不如说适用于这样一些商品，这些商品的构成中各个不同有机组成部分的比例是平均比例，而且这些商品的流通时间和再生产时间也是平均时间。对这些商品来说，费用价格和价值是一致的，因为这些商品的平均利润和它们的实际剩余价值是一致的，但是只有这些商品才是这种情况。"（《马克思恩格斯全集》第三十四卷，人民出版社，2008，第220页。）

② 〔英〕斯拉法：《用商品生产商品——经济理论批判绪论》，巫宝三译，商务印书馆，1979，第29页。

斯拉法这里的主要问题在于：延续了李嘉图在《论低价谷物对资本利润的影响》中的错误，认为价值尺度仅仅就是量的比例。斯拉法在物理时间（而非社会必要劳动时间）的基础上把握量的比例，确实会把交换价值和实物数量相等同；他自己不会认为他将两者混同了。在斯拉法之后，英国经济学家伊恩·斯蒂德曼也坚持这一看法："凝结于某一商品的劳动量，或者说为生产这一商品所直接或间接需要的劳动量，可由我们取作数据的实物数量来精确决定。"① 然而，这种量的探讨却掩盖了生产资料控制和推动活劳动的本质。马克思毫不怀疑，在诸多假定条件下是可以进行量的探讨的（探讨的基础应该是社会必要劳动时间）。在《经济学手稿(1861—1863年)》中，马克思说："工资的价值不是按照工人得到的生活资料的量来计算的，而是按照这些生活资料所耗费的劳动量（实际上就是工人自己占有的那部分工作日），按照工人从总产品中，或者更确切地说，从这个产品的总价值中得到的比例部分来计算的。可能有这种情况，工人的工资用使用价值（一定量的商品或货币）来衡量，是提高了（在生产率提高的情况下），可是按价值却降低了，也可能有相反的情况。"② 资本主义生产是在等价交换（形式交换）的外观下以一定量的对象化劳动获得实际上不等量的活劳动（实质交换）。李嘉图后来认可并完善劳动价值论之后探讨工资和利润的反比关系，所揭示的正是固定资本（生产资料）所控制和推动的流动资本（活劳动）的不同的"量"，这是对资本主义生产关系之对抗性的呈现。而斯拉法探讨了"合成商品"对其他商品的基准意义，也探讨了工资和利润的反比关系，这些探讨的可不是生产资料所控制和推动的活劳动的不同的"量"，相反，其中蕴含着一种理论危险，即将工资和利润在"量"上的此消彼长视作资本主义流通过程的现象。美国经济学家、"分析的马克思主义"代表人物埃里克·赖特（1947～2019）就曾指出："按斯拉法的框架，将劳动力转换为劳动的问题与将购买的钢材和电力的数量转换成实际使用的钢材和电力的问题之间不存在形式上的差别。"③ 就此而言，斯拉法模糊了劳动力商品的特殊历史性规定。他通过重提李嘉图所放弃的非劳动价值论的利润理论，为资本主义经济的"是"（必然性）和"好"（应然性）提供了比资产阶级经济学家所能提供的更

① 〔英〕斯蒂德曼等：《价值问题的论战》，陈东威译，商务印书馆，2020，第8页。
② 《马克思恩格斯全集》第三十四卷，人民出版社，2008，第473～474页。
③ 〔英〕斯蒂德曼等：《价值问题的论战》，陈东威译，商务印书馆，2020，第164页。

具理论水平的论证。

斯拉法的框架在斯蒂德曼那里得到发挥和延续。斯蒂德曼说："如果我们要确切地解释利润和价格，就必须放弃价值图式而回到对经济的实物量描述。"[1] 这是对李嘉图《论利润》中的观点的回归。斯蒂德曼主张一种非劳动价值论的剥削理论。这种理论"的确清楚地表明了这样一个事实：即（狭义定义的）剥削的存在与利润的存在无非是同一块硬币的两个方面：一个是用'劳动'，另一个是用'货币'来表示事物剩余。马克思主义者常常认为通过把利润和（狭义的）剥削联系起来，他们就解释了利润的存在。实际上他们并没有做到这一点；他们只是简单地意识到了剩余产品的两种表达方式而已！"[2] 其一，斯蒂德曼不理解马克思的"总平均利润 = 总剩余价值"和"总生产价格 = 总价值"是看待资本主义生产的不同视角，前后两者必然相等。他把事情搞颠倒了：通过数量关系来计算两者是否相等（他的结论是不相等）。其二，就数量关系计算而言，斯蒂德曼忘记了不同生产方程具有不同的劳动生产率。较高的劳动生产率之普及是需要时间的（具有较高劳动生产率的行业或企业能够赚得超额利润），将具有不同劳动生产率的不同生产方程放在一起求解是没有理论意义的。那么，具有相同劳动生产率的不同生产方程可否放在一起求解呢？当然可以。但在这里，斯蒂德曼又犯了一个错误：他认为投入品价值和产出品价值是被同时决定的。这个错误和第四章中要谈到的效用价值论颠倒了生产要素价值与产品价值的关系，颇为相似。比如斯蒂德曼在分析利润率和生产价格时指出："从形式上来说，马克思的错误在于试图首先确定利润率，然后再得出商品的通常价格（或者马克思所谓的'生产价格'）；然而理论来讲利润率和生产价格必须被同时加以确定。假设遵照剩余占用理论，直接目的是检验利润与价格（因而自然不包括任何更基本的含义），并且给定了每一行业及构成实际工资的商品组合的投入产出的实物数据，包括劳动的时间。"[3] 其实，利润率在逻辑上和时间上都先于生产价格而被确

① 〔英〕斯蒂德曼：《按照斯拉法思想研究马克思》，吴剑敏、史晋川译，商务印书馆，1991，第31页。斯蒂德曼指出："马克思主义经济学家应该停止把时间浪费在对一个简单的逻辑问题的无谓的争论上。当他们从'转形问题'的梦魇中摆脱出来时，他们或许能将自己的精力用于有价值的马克思主义理论的研究。"（第23页）
② 〔英〕斯蒂德曼等：《价值问题的论战》，陈东威译，商务印书馆，2020，第10页。
③ 〔英〕斯蒂德曼等：《价值问题的论战》，陈东威译，商务印书馆，2020，第7页。

定。即使根据斯蒂德曼所列的四个方程式①，利润率（平均利润率）也只能是由外在于这四个方程式的其他因素（"价值图式"）来确定的。其三，斯蒂德曼认为，联合生产中负剩余价值和正利润的存在是对劳动价值论的否定。但事实是，斯蒂德曼对负剩余价值的计算是有问题的。赖特揭示出：必要生活资料和社会剩余产品中所包含的劳动量以及剩余价值率始终是正值。赖特说："因此，严格地说，在联合产品之间分配劳动的比率可能会影响到整个内含的劳动数量。不应该把这种影响解释为劳动价值论的根本困难之所在。按我的观点，这种影响意味着按照反映在 a 的变化中的再生产的社会条件的变化而对蕴含的劳动时间的社会估计产生了变化，正像在生产的技术条件变化了的情况下要求对过去的蕴含的劳动时间做出重新估计那样。"② 其四，根据斯蒂德曼所列的四个方程式，利润率（r）、单位劳动时间的货币工资率（w）、每单位铁的货币价格（$p_i$）、每单位谷物的货币价格（$p_c$）存在两组解，第一组解的 r 是正值，第二组解的 r 是负值。斯蒂德曼闭口不谈作为负值的利润率（r）。这恰恰说明价值转形在本质上不是一种数量计算。赖特批评斯蒂德曼将阶级斗争和利润确定割裂开来的做法："马克思主义模型在交换和生产的高度为我们提供了一种把阶级斗争与利润确定结合起来的系统方法。在这样做的时候，它始终坚持的是依据社会生产关系对阶级做出的定义。依据对阶级的这种理解，我们也可以用斯拉法模型去分析利润确定问题；但是仅就斯拉法理论本身来说，阶级起不到有机的作用。"③ "分析价格和利润的斯拉法派的理论框架作为一种纯粹的技术性工具，可被很好地用于经济参数的形式计算，并且在没有任何内在的迫切要求的情况下，的确也能被用来理解生产体系中的阶级问题。但是对于在马克思主义中发展起来的劳动价值论来说，不进行以生产为基础的阶级分析就很难理解其本身的含义。"④ 总之，斯蒂德曼在非劳动价值论的基础上对剥削的揭示是未及资本主义生产关系之本质的，其数量关系计算也是不能成立的。

　　第九，李嘉图体系面临两个困难，这是导致李嘉图学派解体的基本原因。

---

① 参见〔英〕斯蒂德曼《按照斯拉法思想研究马克思》，吴剑敏、史晋川译，商务印书馆，1991，第 31 页。

② 〔英〕斯蒂德曼等：《价值问题的论战》，陈东威译，商务印书馆，2020，第 185 页。

③ 〔英〕斯蒂德曼等：《价值问题的论战》，陈东威译，商务印书馆，2020，第 71 页。

④ 〔英〕斯蒂德曼等：《价值问题的论战》，陈东威译，商务印书馆，2020，第 174 页。

马克思说："李嘉图体系的第一个困难是，资本和劳动的交换如何同'价值规律'相符合。第二个困难是，等量资本，无论它们的有机构成如何，都提供相等的利润，或者说，提供一般利润率。实际上这是一个没有被意识到的问题：价值如何转化为费用价格。"① 这个概括是精辟而严谨的。

下面通过置于窖里的陈葡萄酒未经直接劳动过程，却比新葡萄酒的价值更大且越陈越值钱的例子，来看一下李嘉图学派②在运用劳动价值论上的错误。这里主要以麦克库洛赫为例作一申说。麦克库洛赫的解释有两方面。首先，无原则地扩大劳动的外延。早在1823年8月致李嘉图的信中，麦克库洛赫就说："我的见解与托伦斯的很不相同。托伦斯不以同样的观点来看待一个人的劳动，一架机器的劳动，或者在火中燃烧的煤的劳动。现在，不论是对是错，我把它们看作完全相同。正因为我这样看待它们，我认为把直接劳动和资本的劳动加以区别，像他做的那样，是不恰当的。"③ 根据麦克库洛赫的观点，任何引起合乎愿望的结果的操作或作用都是劳动，无论它是由低等动物、机器抑或是人完成的。就是在这封信中，麦克库洛赫将利润视作资本推动的生产要素所完成的工作的价值。李嘉图在致穆勒的信中明确反对麦克库洛赫的观点："我对约翰（指麦克库洛赫——引者注）的主要反对意见是，他打算证明，商品的价值与它们所耗费的劳动量成正比，并证明资本是劳动的另一个名称，利润是那种劳动的工资的名称，所以商品的价值与生产它们所支付的各种工资成正比。这不是说，商品的价值取决于工资和利润的价值吗？"④ 马克思将麦克库洛赫的劳动概括为三种："可见，劳动应理解为人的劳动，其次应理解为人的积累劳动，最后还应理解为使用价值的有益利用，即使用价值在消费（生产消费）中展现出来的物理等等的属性。……但是，使用价值的'操作'、'作用'或'劳动'的种类以及它们的自然尺度，都像这些使用价

---

① 《马克思恩格斯全集》第三十五卷，人民出版社，2013，第192～193页。也见《马克思恩格斯文集》第六卷，人民出版社，2009，第23～24页。

② 李嘉图学派的代表人物是詹姆斯·穆勒和约翰·麦克库洛赫。在李嘉图1823年9月11日逝世后，穆勒致信麦克库洛赫："我只有地方说，由于您和我是他的两名、仅有的两名真正的弟子，对他的怀念必然成为我们之间的联系纽带。我失去了他的友谊，我在您的友谊中寻求补偿。"［《穆勒致麦克库洛赫》（1823年9月19日），见《大卫·李嘉图全集》第9卷，第372页。］

③ 《麦克库洛赫致李嘉图》（1823年8月24日），见《大卫·李嘉图全集》第9卷，第351页。

④ 《李嘉图致穆勒》（1823年9月5日），见《大卫·李嘉图全集》第9卷，第367页。

值本身一样是各不相同的。那么，什么是我们能够用来把它们加以比较的统一体即尺度呢？［在麦克库洛赫那里］这个统一体是通过一个共同的词'劳动'来建立的，在把劳动本身归结为'操作'或'作用'这些词之后，就用劳动这个词暗中替换了使用价值的这些完全不同的实际表现。可见，对李嘉图观点的这种庸俗化以把使用价值和交换价值等同起来而告结束。"① 根据辩证法，什么都是劳动，意味着，什么都不是劳动。"劳动"这个概念的外延包含了其内涵的反面，这个概念还有理论意义吗？不过也因此，才有了所有要素都参与价值生产，因而所有要素都有权参与价值分配、索取报酬的怪诞说法："土地"比"铁、砖等"得到更优厚的工资，原因很简单——土地"劳动"得更勤快。

其次，将陈葡萄酒价值的提高归诸自然的劳动，即"自然本身的作用力在酒桶内产生"②。麦克库洛赫以机器类比之。"当一个商品全部或一部分借助于机器而生产时，每一个人都承认，由机器的作用而转入到这个商品中的价值完全是由劳动得来的，但是，借助于机器的作用，与发酵的作用，以及在桶内完成的其他过程，除了一个能看见，另一个看不见之外，在本质上根本没有一点不同的影子。"③ 因为，"实际上，人的劳动和机器的劳动，并无本质上的不同。人本身就是资本；人是过去劳动的产物，正如人用来做工的工具和机器一样"④。穆勒在《政治经济学原理》中对新、陈葡萄酒问题的解释和麦克库洛赫是一致的：资本是积累劳动，积累劳动也是劳动；新葡萄酒是机器，陈葡萄酒是机器的产品。马克思讽刺道，这是保持了李嘉图体系的"形式上的逻辑一贯性"⑤。

李嘉图学派的错误有二。一是，不懂得劳动时间和生产时间并不一致。对此，马克思指出："有时，流动资本在通过真正的劳动过程以后，仍然处在生产时间内（葡萄酒、谷种）。"⑥ 生产时间除了劳动时间之外，还包括生产要素储备时间、生产设备维护时间、自然力作用时间。其实，对于劳动时间和生产时间的不一致，李嘉图是有意识的："我比以往任何

①《马克思恩格斯全集》第三十五卷，人民出版社，2013，第 202 页。
②〔英〕麦克库洛赫：《政治经济学原理》，郭家麟译，商务印书馆，1975，第 201 页。
③〔英〕麦克库洛赫：《政治经济学原理》，郭家麟译，商务印书馆，1975，第 201 页。
④〔英〕麦克库洛赫：《政治经济学原理》，郭家麟译，商务印书馆，1975，第 203 页。
⑤《马克思恩格斯全集》第三十五卷，人民出版社，2013，第 89 页。
⑥《马克思恩格斯文集》第六卷，人民出版社，2009，第 274 页。

时候都更深信，价值的重要调节器乃是生产被衡量价值的商品所需要的劳动量。从商品送往市场所需的时间不等这一情况来看，这一学说必须作许多修改，但这不会使学说本身归于无效。我对调节价值的原理所作的说明，我并不满意。"① 李嘉图认为可以做出不使劳动价值论失效的修改（他不满意自己所做的修改）。然而，作为李嘉图门徒的麦克库洛赫，通过混同生产时间和劳动时间，真的使劳动价值论归诸无效了。二是，不予区分使用价值和交换价值。李嘉图对使用价值和交换价值的严格区分，在他的门徒麦克库洛赫那里却被抹杀掉了。"可见，对李嘉图观点的这种庸俗化以把使用价值和交换价值等同起来而告结束。因此，我们必须把这种庸俗化看成是这个学派作为一个学派解体的最后的最丑恶的表现。"②

马克思正确地解答了置于窖里的陈葡萄酒未经直接劳动过程，却比新葡萄酒的价值更大且越陈越值钱的问题。马克思说："以商品的形式作为材料或工具进入生产过程的那部分资本加在产品上的价值，决不会大于它在生产之前所具有的价值。……因此，这一部分资本作为价值，原封不动地进入生产过程，又原封不动地从生产过程中出来。如果说它毕竟实际进入生产过程并且发生了变动，那么，这是它的使用价值所经受的变动，是它本身作为使用价值所经受的变动。……交换价值在这个变动中保持不变。"③ 马克思的意思是，"以商品的形式作为材料或工具进入生产过程的那部分资本"的交换价值，是由生产它所耗费的社会劳动决定的，这部分价值将转移到产品上。产品的使用价值所经受的变动对这个交换价值没有影响。置于窖里的陈葡萄酒，其使用价值是变化的（比如酒的品质更好，使消费者体验更好），而其价值是不变的。假设新、陈葡萄酒耗费了同量的劳动，那么，两者的价值是相等的。之所以"越陈越值钱"，那是陈葡萄酒的生产价格高于新葡萄酒的生产价格所致。因为，一来，资本的逐利本性要求其投向利润率高的行业，而这样一来就会导

---

① 《李嘉图致麦克库洛赫（1819 年 12 月 18 日）》，见《大卫·李嘉图全集》第 8 卷，第 141 页。

② 《马克思恩格斯全集》第三十五卷，人民出版社，2013，第 202 页。马克思说："麦克库洛赫是李嘉图经济理论的庸俗化者，同时也体现了这个经济理论解体的最为悲惨的景象。"（第 183 页）

③ 《马克思恩格斯全集》第三十五卷，人民出版社，2013，第 194 页。

致该行业供过于求，利润率下降，反之亦然。由是，通过竞争，形成一般利润率和平均利润，这实质上是剩余价值在不同行业的重新分配，其在经济现象上的表现就是商品价值与市场价格的不一致。二来，新、陈葡萄酒的资本周转速度不同，新葡萄酒的资本周转速度快、利润率高，陈葡萄酒的资本周转速度慢、利润率低。一般利润率的形成要求新葡萄酒部门的剩余价值转移到陈葡萄酒部门，双方都获得平均利润，所以，新葡萄酒会按低于自身价值的价格出售，陈葡萄酒会按高于自身价值的价格出售。

第十，西方当代主流经济学家对价值转形的否定是不成立的。

英国当代经济学家琼·罗宾逊（1903～1983）认为："就价值而言，一小时就是一小时。年复一年，定量劳动时间生产出同量的价值。但谁会在意这一点呢？我们想知道的，只是它生产了多少物品。"①"要'转化为价格'的价值，最初是由价格转化为价值求得的。"②"马克思有时根据劳动价值理论用数学来举例，本来用生产价格来说明是要更适当些。在所谓'价值转化为价格'的问题上发生不少混乱情形，但是一旦它摆脱了同形而上学的联系，原来不过是一个分析上的难题，像一切难题一样，一旦得到解决，它就不再使人发生兴趣了。"③罗宾逊的学术对手、美国当代经济学家保罗·萨缪尔森（1915～2009）也持同样的看法。在1970年的一篇论文中，萨缪尔森指出，由价值到价格的转形可以被逻辑地描述为下述程序：（1）写下价值关系；（2）用橡皮将它们擦掉；（3）最后写下价格关系——因而就完成了所谓的转形过程。④在1971年的另一篇论文中，萨缪尔森调侃性地调换了《资本论》第三卷第二章"利润率"倒数第三段中"剩余价值"和"利润"两词，以讽刺剩余价值是多余的形而

① 〔英〕罗宾逊：《经济哲学》，安佳译，商务印书馆，2019，第52页。
② 转引自〔英〕米克《劳动价值学说的研究》，陈彪如译，商务印书馆，1963，第267页。
③ 〔英〕琼·罗宾逊、约翰·伊特韦尔：《现代经济学导论》，陈彪如译，商务印书馆，2020，第50页。
④ Paul Sameulson, "The 'Transformation' from Marxian 'Value' to Competitive 'Prices': A Process of Rejection and Replacement", in *Proceedings of the National Academy of Sciences of the United States of America*, Vol. 67, No. 1, September 1970, p. 425. 原文如下：In summary, "transforming" from values to prices can be described logically as the following procedure: "(1) Write down the value relations; (2) take an eraser and rub them out; (3) finally write down the price relations—thus completing the so - called transformation process."

上概念。①

　　罗宾逊和萨缪尔森对价值转形的批评都是不能成立的。如之前所提到的，价值表现为生产价格不是数学计算。生产价格是资本主义竞争在不断波动中以平均情况体现出来的一种近似的趋势。正如历史唯物主义不否认观念、思想、学说是个人行动或社会进步的动力，而是主张动力背后还有动力，观念、思想、学说不是最终动力一样，马克思主义政治经济学也不否认价格、竞争、供求是资本主义经济生活的原因，而是主张原因背后还有原因，价格、竞争、供求不是最终原因。在《经济学手稿（1861—1863年）》中，马克思说："竞争使资本的内在规律得到贯彻，使这些规律对于个别资本成为强制规律，但是它并没有发明这些规律。竞争实现这些规律。因此，单纯用竞争来解释这些规律，那就是承认不懂得这些规律。"②"资本的竞争不外是资本的各内在规律即资本主义生产的各内在规律的实现，这时，每一个资本对于另一个资本都表现为这些规律的司法执行官；资本是通过它们相互之间的外部强制，即资本由于它们的内在性质而彼此施加的外部强制来表现自己的内在性质的。但在竞争中，资本的各内在规律，资本主义生产的各内在规律，表现为资本相互间发生机械作用的结果，因而，事情颠倒了，头足倒置了。这样一来，结果表现为原因，转化的形式表现为原始的形式等等。因此，庸俗政治经济学把它不理解的一切都用竞争来解释，换句话说，在庸俗政治经济学看来，以最浅薄的形式说明现象，就是对这种现象的规律的认识。"③ 价值转形非但不是迂回（更

---

① Paul Sameulson, "Understanding the Marxian Notion of Exploitation: A Summary of the So - Called Transformation Problem Between Marxian Values and Competitive Prices", in *Journal of Economic Literature*, Vol. 9, No. 2, June 1971, p. 417. 原文是：Surplus value ［！］is therefore that disguise of profit ［！］which must be removed before the real nature of profit ［！］can be discovered. In profit ［！］, the relation between capital and labour is laid bare ［Ⅲ, Chapter Ⅱ, p. 62］.《资本论》第三卷第二章 "利润率" 倒数第三段相关部分的原文是："实际上，利润是剩余价值的表现形式，而剩余价值只有通过分析才得以从利润中剥离出来。在剩余价值中，资本和劳动的关系赤裸裸地暴露出来了。"（《马克思恩格斯文集》第七卷，人民出版社，2009，第 56 页。英文是：In point of fact, profit is the form of appearance of surplus value, and the latter can be sifted out from the former only by analysis. In surplus - value, the relationship between capital and labour is laid bare. 参见 Karl Marx, *Capital*: *Volume Ⅲ*, trans. by David Fernbach, an introduction by Ernest Mandel, London, New York: Penguin Classics, 1981, p. 139。）

② 《马克思恩格斯全集》第三十一卷，人民出版社，1998，第 152 页。

③ 《马克思恩格斯全集》第三十二卷，人民出版社，1998，第 447 ~ 448 页。

遑论不必要的迂回），相反，它证明了：其一，全体资本家剥削全体工人，以及资本家在整体利益一致的基础上存在内部对立（特殊利益对立）的客观事实；其二，资本家剥削工人、大资本剥削小资本是如何以隐蔽化的方式进行的（从剩余价值率到利润率再到一般利润率的转形掩盖了资本主义的剥削关系）。

　　西方当代资产阶级经济学对价值转形的否定，旨在实现一种符合资产阶级利益的逻辑自洽。这一点，罗宾逊倒是看得非常清楚："在这期间，经济学已经成为一种学术性职业，需要内容比较缓和一些的学说。"[①] 和罗宾逊同属垄断竞争经济学派的美国经济学家 E. H. 张伯仑（1899～1967）在其名作《垄断竞争理论》中说："如有差别则垄断发生，差别的程度越大，垄断的因素也越大。盖产品如有任何程度的差别，即可说售卖者对他自己的产品拥有绝对的垄断，但却要或多或少遭受到不完全代替品的竞争。这样则每人都是垄断者，而同时也是竞争者，我们可以称他们为'竞争的垄断者'，而称这种力量为'垄断竞争'特别相宜。"[②] 垄断的前提在于生产和资本的集中。以"产品有任何程度的差别"来界定垄断，无疑是把垄断资本家和偏僻乡村小店主等量齐观了。这两者所寓于其中的生产关系、商品所耗费的劳动以及商品的卖价，能一样吗？垄断资本家所设定的高于生产价格的垄断价格及其赚取的垄断利润，在"垄断竞争经济学"中，被错误地还原为一般意义上的供求价格和市场出清。

　　熊彼特经济学的"内容"更加"缓和"。他认为，经济进步不断地趋于自动化，资本家的投资机会减少、创新能力减弱，"利润以及与利润亦步亦趋的利率都会趋向于零。靠利润和利息为生的资产者阶层将趋于消失。工商业的管理将成为日常行政管理的事情，而管理人员将不可避免地具有官僚主义的特性。一种非常清醒型的社会主义将几乎自动地出现"[③]。

① 〔英〕琼·罗宾逊、约翰·伊特韦尔：《现代经济学导论》，陈彪如译，商务印书馆，2020，第51页。

② 〔美〕张伯仑：《垄断竞争理论》，郭家麟译，生活·读书·新知三联书店，1958，第7页。该书是张伯仑的（哈佛大学）博士学位论文。

③ 〔美〕熊彼特：《资本主义、社会主义与民主》，吴良健译，商务印书馆，1999，第209～210页。熊彼特是在一般生产和技术关系的意义上理解资本主义的，他说："开动和保持资本主义发动机运动的根本推动力，来自资本主义企业创造的新消费品、新生产方法或运输方法、新市场、新产业组织的形式。""不断地从内部使这个经济结构革命化，不断地破坏旧结构，不断地创造新结构。这个创造性破坏的过程，就是资本主义的本质性的事实。"（第146～147页）

所以，根据熊彼特的观点，垄断资本家（范德比尔特、卡内基和洛克菲勒）将成为"社会主义的真正开路人"。他说："完全官僚化了的巨型工业单位不但驱逐中小型企业，'剥夺'其业主，而且到最后它还会撵走企业家，剥夺作为一个阶级的资产阶级。在这个过程中，资产阶级不但失去收入，而且丧失远为重要的它的职能。社会主义的真正开路人不是宣扬社会主义的知识分子和煽动家，而是范德比尔特、卡内基和洛克菲勒这类人。这个结论可能不论从哪方面都不合马克思主义社会主义者的口味，更加不会适合通俗的（马克思会说庸俗的）那类社会主义者的口味。但就预测本身来说，它和他们的预测并无不同。"① "完全官僚化了的巨型工业单位"表明剩余价值生产仍然存在；"它还会撵走企业家，剥夺作为一个阶级的资产阶级"，表明资产阶级不再存在（私有财产被普遍化）。熊彼特的"非常清醒型的社会主义"实质上是没有资产阶级的资本主义社会。

## 第四节　经济自由主义及其资产阶级意识形态性质

马克思在《哲学的贫困》中指出："古典派如亚当·斯密和李嘉图，他们代表着一个还在同封建社会的残余进行斗争、力图清洗经济关系上的封建污垢、提高生产力、使工商业获得新的发展的资产阶级。而参加这一斗争并专心致力于这一狂热活动的无产阶级只经受着暂时的、偶然的苦难，并且它自己也认为这些苦难是暂时的、偶然的。亚当·斯密和李嘉图这样的经济学家是这一时代的历史学家，他们的使命只是表明在资产阶级生产关系下如何获得财富，只是将这些关系表述为范畴、规律并证明这些规律、范畴比封建社会的规律和范畴更有利于财富的生产。"② 《国民财富的性质和原因的研究》和《政治经济学及赋税原理》的历史任务都是论证资本主义经济的"是"（必然性）和"好"（应然性）。前者立足于工场手工业的巨大发展，反对妨碍资本主义发展的封建制度和行会制度（斯图亚特王朝、汉诺威王朝的传统封建势力）；后者立足于产业革命的巨大发展，反封建、反土地贵族（议会中土地贵族具有相当大的实力）。基于此，两部著作具有共同的理论底色，即经济自由主义。

---

① 〔美〕熊彼特：《资本主义、社会主义与民主》，吴良健译，商务印书馆，1999，第214页。
② 《马克思恩格斯文集》第一卷，人民出版社，2009，第615页。

　　经济自由主义在《国民财富的性质和原因的研究》中的鲜明体现，莫过于"看不见的手"这个著名提法了。在第四篇第二章"论限制从外国输入国内能生产的货物"中，斯密提出："确实，他（指市场参与者个人——引者注）通常既不打算促进公共的利益，也不知道他自己是在什么程度上促进那种利益。由于宁愿投资支持国内产业而不支持国外产业，他只是盘算他自己的安全；由于他管理产业的方式目的在于使其生产物的价值能达到最大程度，他所盘算的也只是他自己的利益。在这场合，像在其他许多场合一样，他受着一只看不见的手的指导，去尽力达到一个并非他本意想要达到的目的。也并不因为事非出于本意，就对社会有害。他追求自己的利益，往往使他能比在真正出于本意的情况下更有效地促进社会利益。我从来没有听说过，那些假装为公众幸福而经营贸易的人做了多少好事。"①人人为自己，市场为大家。每个人都追求自己的利益，结果是（每个人都没有自觉追求的）社会利益的自发达成。

　　"看不见的手"（the invisible hand）与斯密在书中常提到的"造物主"（the creator of nature，the author of nature）是互文的概念，指的都是客观经济规律。作为深受古典经济学陶冶的德国哲学家，黑格尔的绝对精神就是对"看不见的手"的思辨提炼。斯密说："一切特惠或限制的制度，一经完全废除，最明白最单纯的自然自由制度就会树立起来。每一个人，在他不违反正义的法律时，都应听其完全自由，让他采用自己的方法，追求

---

① 〔英〕斯密：《国民财富的性质和原因的研究》下卷，郭大力、王亚南译，商务印书馆，1974，第27页。斯密早期就是经济自由主义的赞扬者："因此，总的说来，最好的政策，还是听任事物自然发展，既不给予津贴，也不对货物课税。"不仅一国国内是这样，国际贸易也应如此。穷国与富国做生意，相互之间都能获利，而且穷国可能获利更多。"如果可能使用其他方法支付政府的费用，应该停征一切的税，关税、消费税等。应该准许和一切国家通商与进行交易的自由，应该准许和一切国家买卖任何东西。"（〔英〕坎南《亚当·斯密关于法律、警察、岁人及军备的演讲》，陈福生、陈振骅译，商务印书馆，1962，第196、220页。）斯密在《道德情操论》中早已有了"看不见的手"的思想。在第四卷"论效用对赞同情感的作用"中，斯密说："富人只是从这大量的产品中选用了最贵重和最中意的东西。他们的消费量比穷人少；尽管他们的天性是自私的和贪婪的，虽然他们只图自己方便，虽然他们雇用千百人来为自己劳动的唯一目的是满足自己无聊而又贪得无厌的欲望，但是他们还是同穷人一样分享他们所作一切改良的成果。一只看不见的手引导他们对生活必需品作出几乎同土地在平均分配给全体居民的情况下所能作出的一样的分配，从而不知不觉地增进了社会利益，并为不断增多的人口提供生活资料。"（〔英〕斯密：《道德情操论》，蒋自强等译，胡企林校，商务印书馆，1997，第229～230页。）

自己的利益，以其劳动及资本和任何其他人或其他阶级相竞争。"① 斯密的好友休谟，就是本书第一章第一节提到的那位不可知论者，也和斯密有着经济自由主义的共识。休谟指出："我直言不讳地承认，不但作为人类的一员，我要为德国、西班牙、意大利甚至法国的商业繁荣而祈祷，而且作为一个英国国民，我也要为他们祈祷。"② 休谟为新兴资产者和手工业者的合理利益鼓与呼。根据休谟和斯密的看法，封建制度是反自然的、非人道的，而资本主义制度则是自然的、人道的。经济生活要求自由，唯此，个人利益与社会利益才能实现内在的统一。他们所吁求的个人利益与社会利益的内在统一，是指个人追求合法利益，换言之，即合理利己、利他为己。他们的看法与荷兰作家曼德维尔（1670～1733）的"私人的恶德，公众的利益"③ 的观点是不同的。在休谟和斯密看来，恶行就是恶

---

① 〔英〕斯密：《国民财富的性质和原因的研究》下卷，郭大力、王亚南译，商务印书馆，1974，第252页。

② 《休谟经济论文选》，陈玮译，商务印书馆，1984，第72页。休谟和斯密都是苏格兰的思想家。斯密首次提到他正在写作《国民财富的性质和原因的研究》就是在1764年7月5日致休谟的信中。（〔英〕莫斯纳、罗斯编《亚当·斯密通信集》，林国夫、吴良健、王翼龙、蔡受百译，吴良健校，商务印书馆，2012，第164页。）该书于1776年3月首版，休谟于该年8月25日去世。

③ 曼德维尔出生于荷兰，获医学博士；1699年到达英国，以行医为生，后成为英国公民；1714年出版《蜜蜂的寓言》（The Fable of the Bees），该书在曼德维尔生前出了五版。《蜜蜂的寓言》提供了如下对比：其一，"蜜蜂们"（商人、律师、医生、法官、神甫等）各自追求欺诈、奢侈和骄傲，整个社会繁荣昌盛。"每个部分虽都被恶充满，然而，整个蜂国却是一个乐园；……在政客们那些美妙影响之下，美德与恶德结为朋友，从此后，众多蜜蜂当中的那些最劣者，对公众的共同福祉贡献良多。"其二，后来"蜜蜂们"改变习性，远离欺诈、诚实待人，崇尚节俭，结果是经济萧条、糊口困难。"土地和房屋的价格急剧下降，贬值的还有奇丽的殿宇宫墙；……建筑业亦几乎全被弃诸一旁，没有任何人想雇用建筑工匠。……他们纷纷飞进一个空树洞里，以便去安享满足与诚实无欺。""要使我们的一切贸易及手工业兴盛发展，人的种种欲望与激情绝对是不可或缺的；而谁都不会否认：那些欲望和激情不是别的，正是我们的恶劣品质，或者至少可以说是这些恶德的产物。"（〔荷〕曼德维尔：《蜜蜂的寓言：私人的恶德，公众的利益》，肖聿译，中国社会科学出版社，2002，第17～18、25、27、215页。）斯密将曼德维尔的"私人的恶德，公众的利益"称作"放荡不羁的体系"（licentious system）。"把每种激情，不管其程度如何以及作用对象是什么，统统说成是邪恶的，这是孟德维尔那本书（指《蜜蜂的寓言》——引者注）的大谬所在。"（〔英〕斯密：《道德情操论》，蒋自强等译，胡企林校，商务印书馆，1997，第412页。原文是：It is the great fallacy of Dr. Mandeville's book to represent every passion as wholly vicious, which is so in any degree and in any direction.）在《道德情操论》中，斯密提出"合宜"（propriety）是合理利己与高尚利他的统一。马克思在《经济学手稿（1861—1863年）》中发挥了斯密对曼德维尔抹杀是与非、美德与罪恶的批评："曼德维尔在他的《蜜蜂的寓言》（1705年版）中，（转下页注）

行，不可与善行相混淆。

那么，政治生活呢？要言之，要求平等。在斯密看来，国家是必要的恶，它的作用仅在于国防、司法、公共事业方面。"第一，保护社会，使不受其他独立社会的侵犯。第二，尽可能保护社会上各个人，使不受社会上任何其他人的侵害或压迫，这就是说，要设立严正的司法机关。第三，建设并维持某些公共事业及某些公共设施（其建设与维持绝不是为着任何个人或任何少数人的利益），这种事业与设施，在由大社会经营时，其利润常能补偿所费而有余，但若由个人或少数人经营，就决不能补偿所费。"① 国家是消极的守夜人（而非经济生活的积极作为者）。在斯密生活的工场手工业时代，分工已然极大地提高了劳动生产率，殖民掠夺（"日不落帝国"）和对外贸易（"世界工厂"）也是形势喜人，所以，斯密认为，只要废除"一切特惠或限制的制度"（比如重商主义政策、商业垄断、贸易垄断、不公平竞争制度），独立的商品交换主体以及市场本身就能实现利益的一致，最大限度地释放生产积极性、提高生产力、扩大工商业规模、增加国民财富。"禁止人民大众制造他们所能制造的全部物品，不能按照自己的判断，把自己的资材与劳动，投在自己认为最有利的用途上，这显然是侵犯了最神圣的人权。"② 自由竞争必然实现自然工资率、自然利润率、自然地租率，使工资、利润、地租的市场价格符合各自的自然价格（价值）。

斯密在第十章中的一段论述中更清楚地表达了这一点："劳动所有权是一切其他所有权的主要基础，所以，这种所有权是最神圣不可侵犯的。一个穷人所有的世袭财产，就是他的体力与技巧。不让他以他认为正当的方式，在不侵害他邻人的条件下，使用他们的体力与技巧，那明显地是侵犯这最神圣的财产。显然，那不但侵害这劳动者的正当自由，而且还侵害劳动雇用者的正当自由。妨害一个人，使不能在自己认为适当的用途上劳动，也就妨害另一个人，使不能雇用自己认为适当的人。一个人适合不适

（接上页注③）已经证明任何一种职业都具有生产性等等，……当然，只有曼德维尔才比为资产阶级社会辩护的庸人勇敢得多、诚实得多。"（《马克思恩格斯全集》第三十二卷，人民出版社，1998，第353页。）

① 〔英〕斯密：《国民财富的性质和原因的研究》下卷，郭大力、王亚南译，商务印书馆，1974，第252~253页。

② 〔英〕斯密：《国民财富的性质和原因的研究》下卷，郭大力、王亚南译，商务印书馆，1974，第153页。

合雇用，无疑地可交由有那么大利害关系的雇主自行裁夺。立法当局假惺惺地担忧着雇主雇用不适当的劳动者，因而出于干涉，那明显地不只是压制，而且是僭越。"① 雇主和劳动者互为独立的商品交换主体，"立法当局"不能侵害双方雇佣和被雇佣的自由。

可以看到，斯密对其所要建立并极力赞扬的新社会（资本主义社会）的设想是经济生活与政治生活的二分结构，以马克思的术语来表达，即市民社会与国家的二分。② 其基本特点有二。一是，经济生活不再像以前（前资本主义社会）那样从属于政治生活，而是从中独立出来并具有自身的特殊运行规律；二是，经济生活决定政治生活，政治生活发挥着为经济生活提供稳定外部环境、服务于统治阶级的重要作用。显然，这种社会结构有其历史进步性。与前资本主义社会中人从属于更大的共同体，因而既无自由也无平等相比，资本主义社会使人从更大的共同体中独立出来、解放出来，成为原子个人，而这些原子个人之间是相互平等、彼此自由的。但是，进一步深究，可以发现，原子个人之间的自由、平等是非常初步、非常低端的，它实际上默认了经济生活中私有财产、出身、等级、文化程度、职业等的自发作用，而这种自发作用一旦反映在政治生活中，就必然导致政治生活的对抗性和调和性。马克思以 17 世纪新兴资产阶级反对旧式高利贷者为例，说明政治生活的这两大特点："资产阶级在这里也像在其他场合一样，毫不迟疑地去求助于国家，使现存的、旧时遗留下来的生

---

① 〔英〕斯密：《国民财富的性质和原因的研究》上卷，郭大力、王亚南译，商务印书馆，1972，第 115 页。

② 在马克思恩格斯那里，市民社会有广义和狭义之分。广义是指人类社会的经济活动领域，狭义是指资本主义社会的经济活动领域。其一，马克思在《黑格尔法哲学批判》中说："家庭和市民社会都是国家的前提，它们才是真正活动着的；而在思辨的思维中这一切却是颠倒的。"（《马克思恩格斯全集》第三卷，人民出版社，2002，第 10 页。）其二，马克思在《论犹太人问题》中指出："政治国家的建立和市民社会分解为独立的个体——这些个体的关系通过法制表现出来……是通过同一种行为实现的。……它（指政治国家——引者注）把市民社会，也就是把需要、劳动、私人利益和私人权利等领域看做自己持续存在的基础，看做无须进一步论证的前提，从而看做自己的自然基础。"市民社会决定国家，而在市民社会中活动着的是"原子式的相互敌对的个人"。（《马克思恩格斯文集》第一卷，人民出版社，2009，第 45～46、54 页。）其三，马克思恩格斯在《神圣家族，或对批判的批判所做的批判》中重申了市民社会决定国家的思想："现代国家的自然基础是市民社会以及市民社会中的人，即仅仅通过私人利益和无意识的自然必然性这一纽带同别人发生联系的独立的人，即为挣钱而干活的奴隶，自己的利己需要和别人的利己需要的奴隶。"（《马克思恩格斯文集》第一卷，人民出版社，2009，第 312～313 页。）

产关系适合于它自己的生产关系。"① 就此来说，自由主义国家观所吁求的自由、平等，必然带有伪善的资产阶级性质。马克思有言："在自由竞争中自由的并不是个人，而是资本。"② "平等地剥削劳动力，是资本的首要的人权。"③ 资本主义社会的自由是资本榨取剩余价值的自由，资本主义社会的平等是资本剥削劳动力的平等。这里需强调一句：马克思恩格斯绝非反对平等、自由本身，相反，他们反对的是平等和自由的资产阶级形式。

仍以斯密为例。他在《国民财富的性质和原因的研究》中指出，政治经济学的研究目标是"富国裕民"④。这里的"国""民"具体所指是什么呢？斯密在"论君主或国家的收入"中说："就保障财产的安全说，民政组织的建立，实际就是保护富者来抵抗贫者，或者说，保护有产者来抵抗无产者。"⑤ 斯密早期也有论述："造成财富不均的对牛羊的私有，乃是真正的政府产生的原因。在财产权还没建立以前，不可能有什么政府。政府的目的在于保障财产，保护富者不受贫者侵犯。……使贫富悬殊的这种财富不均，使富者对贫者具有很大的左右力量。那些没有牛羊群的人必须倚靠有牛羊群的人，因为他们现在不能再靠打猎维持生活，从前可供打猎的野物现在都变得驯服，成为富人的财产。……把财产的一部赠给穷人，他们就可对穷人拥有那么大的力量，使穷人在一定程度上成为他们的奴隶。"⑥ "保护富者来抵抗贫者"，"保护富者不受贫者侵犯"，"对穷人拥有那么大的力量，使穷人在一定程度上成为他们的奴隶"，不就是赤裸裸的剥削吗？回答是肯定的。当然也应补充一点：资本主义社会的剥削更加文明。总之，斯密所说的"国"是代表新兴资产阶级利益、维持资本剥削劳动力的经济秩序的国家，而"民"则是拥有财产并使之得到法律保护的富人。

---

① 《马克思恩格斯全集》第三十五卷，人民出版社，2013，第318页。
② 《马克思恩格斯全集》第三十一卷，人民出版社，1998，第42页。
③ 《马克思恩格斯文集》第五卷，人民出版社，2009，第338页。
④ 〔英〕斯密：《国民财富的性质和原因的研究》下卷，郭大力、王亚南译，商务印书馆，1974，第1页。
⑤ 〔英〕斯密：《国民财富的性质和原因的研究》下卷，郭大力、王亚南译，商务印书馆，1974，第277页。
⑥ 〔英〕坎南编《亚当·斯密关于法律、警察、岁入及军备的演讲》，陈福生、陈振骅译，商务印书馆，1962，第41~42页。

下面来看看李嘉图的观点。他对经济生活的自由和政治生活的平等的呼吁，比之斯密，有过之而无不及。

就经济生活来说，李嘉图指出："在商业完全自由的制度下，各国都必然把它的资本和劳动用在最有利本国的用途上。这种个体利益的追求很好地和整体的普遍幸福结合在一起。由于鼓励勤勉、奖励智巧、并最有效地利用自然所赋予的各种特殊力量，它使劳动得到最有效和最经济的分配；同时，由于增加生产总额，它使人们都得到好处，并以利害关系和互相交往的共同纽带把文明世界各民族结合成一个统一的社会。"① 李嘉图的意思是：通过为己利他，实现资源有效利用和人与人、国与国的共赢。这完全就是对"看不见的手"的继承和发挥。在拿破仑帝国覆亡后，李嘉图在致好友、同是证券交易人的哈奇斯·特罗尔的信中提到："我深盼欧洲继续保持和平，我想目前存在的骚乱将会平息，我们将看到普遍繁荣。当我们的钱袋果真被重新装满时，我们或许会变得像往常那样争吵，但我希望各国正在变得明智一些，而日益相信一国的繁荣不是由另一国的穷困来促进的，对商业的种种限制不利于发财致富，对贸易的自由不加束缚和制定开明的政策，才能最好地促进每个国家所特有的福利和所有国家的总福利。"② 这段论述堪称斯密"看不见的手"（个体利益与社会利益的内在统一）的国际版。

在政治生活中，当时英国议会中存在两大政党：执政的托利党和在野的辉格党。李嘉图接受詹姆斯·穆勒的提议，决定加入议会。他在1818年多次谈及政治生活的平等以及议会改革的重要性："如果没有多大麻烦就能进入新的议会，我愿意干。我虽不是辉格党也不是托利党，而只是急于想使一切能使我们政治清明的议案得以通过。这一点我认为议会不改革绝对做不到。"③ "我认为，必须毫无保留地承认，我们的政府里没有三权平衡这回事。……在我们的政府中，毫无疑问君主和贵族的联合对彼此都有利，一个掌握着颁赐各种荣誉地位和报酬的特权（也许超过任何以往的政府），另一个在立法方面有压倒一切的影响，可以方便地用来对付政府大臣。除非人民真正有了代表，使他们在下院拥有多数，否则没有任何改

---

① 《政治经济学及赋税原理》，见《大卫·李嘉图全集》第1卷，第111页。
② 《李嘉图致特罗尔》（1821年7月4日），见《大卫·李嘉图全集》第9卷，第9～10页。
③ 《李嘉图致特罗尔》（1818年3月22日），见《大卫·李嘉图全集》第7卷，第266页。

革能够有效地抵消这种强有力的联合。"① "经验证明，光靠出版自由是不足以纠正或防止这些弊害的，最能适应这个目的的无过于使人民掌握他们的约束力量时处于比较正常的状态，其方式是使下院成为人民真正的喉舌。在社会的一切阶级中，只有人民所关心的是要有一个良好的政府，在这一点上是不会有争执或发生错误的。……这就表明，对下院进行改革，就应将选举权加以扩大，同时使那些与大众利益相对立的人，或被认为是那样的人，在下院无容身余地，只有这样，才是能够在牢固和永久的基础上取得自由权和良好政府的唯一可行的办法。"② 李嘉图没有参加任何政党（他的总体倾向是托利党的反对派）。李嘉图于 1819 年 2 月 20 日当选下院议员（26 日被列入议席）。在随后的五年时间里，李嘉图以工业资本家利益代表的身份积极从事议会活动，主张人权，提倡贸易自由、出版自由、信仰自由。李嘉图说："我的努力终于获得了胜利，现在我是下议院的一名议员了。……我担心我不会成为一个很有用的议员。"③ "政治经济学的简明原理一旦被人理解，它对于指导政府在赋税方面采取正确的措施是有用的。"④ 李嘉图从不随波逐流，他始终坚持自己基于严格学术论证的政治经济学基本原理，并力求以此为政策服务、引领社会进步。这一点可以从他在任职后期转而认可托利党政府在贸易自由方面的诸多政策看出来。布鲁厄姆勋爵在 1838 年回忆李嘉图在议会中的表现时说："他的讲话娓娓动听，清晰、简明，用词正确，词汇丰富，知识赅博，但从不自炫。在辩论中，对于他所特别注意的、重视的、熟虑的那些问题，他总是抱着克制态度。因此，即使是关于政教法规改革的他的急进见解，也没有因此得罪任何人，因为他显得并不是要乘机发表一番高论，而好像是迫于责任感，不得不说出自己的心里话，却无意于、或不乐于随便敷衍。在议会中很少像他这样说话有分量的。跟他的主要观点相一致的，在同道中只有很少几个，可以说，他的讲话一般是跟他的听众的情绪有抵触的，而他却博得了比较耐心甚至同情的倾听；像这样的人在议会中肯定找不出第二个。这既不是由于他具有出类拔萃的雄辩才能，也不是出于对方的殷勤酬应；

① 《李嘉图致特罗尔》（1818 年 12 月 20 日），见《大卫·李嘉图全集》第 7 卷，第 371 页。
② 《对议会改革的意见》（李嘉图先生遗作），见《大卫·李嘉图全集》第 5 卷，第 479 ~ 480 页。
③ 《李嘉图致特罗尔》（1819 年 2 月 28 日），见《大卫·李嘉图全集》第 8 卷，第 24 页。
④ 《李嘉图致特罗尔》（1819 年 11 月 12 日），见《大卫·李嘉图全集》第 8 卷，第 132 页。

既然是这样，这就可以把它看作是理性、智慧和面对逆境和不相投合的对方时那种开诚布公态度的胜利。"① 就此来说，李嘉图和他的经济学前辈、重农学派后期代表杜阁颇多相似之处："大约三年前我读了杜阁的传记和著作，感到非常高兴。他是主张改革的，可是，尽管他希望革除的那些弊病都经他非常使人信服地证明了确实有害，他仍然不得不遭遇种种困难，而且人家让他有权发挥作用的时期又多么短暂！"② 李嘉图在世时已经作出了伟大贡献，若存世稍久，英国乃至世界都将受到他更大的启迪。

下面主要探讨三个问题，进一步呈现李嘉图的经济自由主义。

一是相对成本论，这是李嘉图对斯密绝对成本论的继承和发挥。绝对成本论的基本观点是：各个国家专门生产各自所耗费的劳动量较少的商品，通过国际交换，满足彼此需要，共同获利。③ 相对成本论对其的改动是：各个国家专门生产对各自最有利的商品，如此通过国际交换，也能相互获利。李嘉图在《政治经济学及赋税原理》第二十一章"积累对于利润和利息的影响"中说："我们之所以制造商品并用来在外国换购其他物品，是因为这样做比在国内制造能获得更多的数量。"④ 相对成本论的这一改动是有道理的，也更符合现实。因为在国际分工中经常出现的情况是：一些国家生产所有商品所耗费的劳动量比其他国家都多，而另一些国家生产所有商品所耗费的劳动量比其他国家都少，而国际贸易显然不可能发生一些国家只进口、另一些国家只出口的情况。无论是绝对成本论，还是相对成本论，都把整个世界看作是一个放大了的资本主义社会；两者都为富裕国家剥削贫穷国家提供了意识形态合法性的论证（"富裕国家"

---

① 《布鲁厄姆勋爵关于在议会中的李嘉图的一段特写》，见《大卫·李嘉图全集》第5卷，第27~28页。
② 《李嘉图致穆勒（1818年12月28日）》，见《大卫·李嘉图全集》第7卷，第384页。
③ 斯密指出："如果外国能以比我们自己制造还便宜的商品供应我们，我们最好就用我们有利地使用自己的产业生产出来的物品的一部分向他们购买。……要是把劳动用来生产那些购买比自己制造还便宜的商品，那一定不是用得最为有利。"（〔英〕斯密：《国民财富的性质和原因的研究》下卷，郭大力、王亚南译，商务印书馆，1974，第28页。）
④ 《政治经济学及赋税原理》，见《大卫·李嘉图全集》第1卷，第249页。在第七章"论对外贸易"中，李嘉图举例：英国生产毛呢需要100人一年的劳动，酿制葡萄酒需要120人一年的劳动；葡萄牙生产毛呢需要90人一年的劳动，酿制葡萄酒需要80人一年的劳动。英国在两种商品的生产上都处于劣势。但是，国际贸易仍然会发生：英国以100人的劳动（生产毛呢）来交换葡萄牙80人的劳动（酿制葡萄酒）。这样做，使英国以100人的劳动换得了它若自己酿制需要120人才能酿制出的葡萄酒，也使葡萄牙以80人的劳动换得了它若自行生产需要90人才能生产出的毛呢。（第111~112页）

"贫穷国家"二词出自李嘉图《政治经济学及赋税原理》第二十八章）；富裕国家提供工业品，贫穷国家提供农业品和工业原材料，由是，贫穷国家成为富裕国家的经济附庸。对此，马克思批判道："比较富有的国家剥削比较贫穷的国家，甚至当后者……从交换中得到好处的时候，情况也是这样。"① 当今主流自由主义经济学的西方中心论底牌，即在于此。

　　关于对外贸易和利润率的关系，李嘉图和斯密有着截然相反的见解。这里可以看出两人的方法论特点。斯密在劳动价值论推论不下去的情况下"偏爱"经验归纳，李嘉图则更相信理性演绎（劳动价值论）的力量。在第七章"论对外贸易"中，李嘉图先是转述了斯密的观点："地位很高的一位权威学者（指斯密——引者注）曾经说：用以种植谷物、制造毛呢、鞋、帽等等所必需的资本减少，而需求维持不变时，这些商品的价格将提高得使农场主、制帽业者、毛织业者、制鞋业者和外贸商人一样得到更多的利润。"② 意思是：从事对外贸易的商人若赚取了高额利润，会吸引其他行业（农业、制帽业、毛织业、制鞋业）的资本投入进来，其他行业减少了原来商品的供应，在"需求维持不变"的情况下，因供不应求，原来商品的价格上涨，所以，其他行业的资本家（农场主、制帽业者、毛织业者、制鞋业者）会和从事对外贸易的商人一样获得高额利润。李嘉图同意斯密关于不同行业的利润会趋同的判断，但他反对斯密所说的由于利润普遍上升所以趋同。李嘉图认为，"受特惠的行业的利润很快会下降到一般水平"③。换句话说，是由于利润下降回去了，所以趋同。相较而论，斯密基于经验归纳的看法是对的。斯密还颇具眼光地指出，英国与殖民地的贸易会提高英国商品的价格，从而导致英国与其他国家相比外贸竞争力下降，所以英国应在殖民地推行自由贸易。至于李嘉图为什么犯错误，主要原因是他过分执着于"利润取决于工资"④ 的法则，而忽视了生产力提高会导致不变资本和可变资本的价值降低，使一国在对外贸易中占据优势（一国生产单位商品所耗费的劳动时间少于他国生产该商品所耗费的劳动

　　① 《马克思恩格斯全集》第三十五卷，人民出版社，2013，第112页。
　　② 《政治经济学及赋税原理》，见《大卫·李嘉图全集》第1卷，第107页。这一观点参见《国民财富的性质和原因的研究》第一编第九章"论资本利润"。
　　③ 《政治经济学及赋税原理》，见《大卫·李嘉图全集》第1卷，第107页。
　　④ 《政治经济学及赋税原理》，见《大卫·李嘉图全集》第1卷，第119页。李嘉图还强调："所以，在所有的情形下，对外国商品和本国商品的需求总加起来就价值来说要受一国的收入和资本的限制。一个增加，另一方就不得不减少。"（第108页）

时间，按他国的这个劳动时间来出售，该国可以赚取超额利润）。所以毫不奇怪，李嘉图会认为对外贸易不会增加一国商品价值总量，而唯有对外贸易使该国生活必需品价格降低时才能提高利润率。李嘉图说："如果我们不自己种植谷物，不自己制造劳动者所用的衣服以及其他必需品，而发现了一个新市场可以用更低廉的价格取得这些商品的供应，工资也会低落，利润也会提高。但如果由于对外贸易的扩张或机器改良而以更低廉的价格取得的商品完全是富人所消费的商品，那么利润率便不会发生什么变动。"① 然而，根据马克思的观点，在对外贸易中，发达国家可以赚得超额利润，这个超额利润会参与本国利润率平均化的过程，因而会提高利润率。马克思说："对外贸易一方面使不变资本的要素变得便宜，一方面使可变资本转变成的必要生活资料变得便宜，就这一点说，它具有提高利润率的作用，因为它使剩余价值率提高，使不变资本价值降低。一般说来，它在这方面起作用，是因为它可以使生产规模扩大。因此，它一方面加速积累，但是另一方面也加速可变资本同不变资本相比的相对减少，从而加速利润率的下降。同样，对外贸易的扩大，虽然在资本主义生产方式的幼年时期是这种生产方式的基础，但在资本主义生产方式的发展中，由于这种生产方式的内在必然性，由于这种生产方式要求不断扩大市场，它成为这种生产方式本身的产物。在这里，我们再一次看见了同样的二重作用。"②

二是金价论战，这是李嘉图参与其中并发挥了积极推动作用的重大事件。拿破仑法兰西第一帝国的军队于18世纪末19世纪初横扫欧洲大陆。由于对拿破仑的战争，英国政府耗资巨大、国库空虚，不得不大量增发银行券（其实就是一种纸币）。拿破仑于1806年颁布了封锁欧洲大陆、禁止法国及其欧洲大陆盟国与英国商贸往来的法令。英国的黄金储备本就不足，由于这一法令，英国黄金外流更加严重。流通中的银行券远超实际需要量，所以，银行券贬值，物价全面上涨，黄金涨价尤甚，通货膨胀严重。1797年英国政府颁布《银行限制法》，停止以银行券兑换黄金，力求以行政手段使银行券保值。正是因为"经验到"这个现象，李嘉图才会认可货币数量论。物价全面上涨、通货膨胀严重的状况"推动"了工人的阶级斗争（比如罢工、破坏机器、抢粮等）。为了压制工人的阶级斗争，

① 《政治经济学及赋税原理》，见《大卫·李嘉图全集》第1卷，第110页。
② 《马克思恩格斯文集》第七卷，人民出版社，2009，第264页。

也是为了英国战后恢复和资本主义的发展，英国朝野就银行券兑现问题展开论战。1808～1811 年一般被称作英国金价论战时期。这场论战的对立双方是代表工业资本家利益的通货学派和代表土地所有者利益的银行学派。前者主张限制银行券发行，保证银行券随时兑换黄金；后者主张限制银行放款，不必保证银行券随时兑换黄金。马克思描述道："1797年以来英格兰银行停止了银行券兑现，随后许多商品价格上涨，金的造币局价格跌到市场价格以下，银行券特别是从 1809 年以后贬值，——这一切是议会中党派斗争和议会外理论论战的直接的实际的原因，两者都很激烈。"①

李嘉图是通货学派的代表人物。他在第二十七章"论通货与银行"中指出："当一种通货完全由纸币构成，而这种纸币的价值又与其所要代表的黄金的价值相等时，这种通货就处于最完善的状况。以纸代替黄金就是用最廉的媒介代替最昂贵的媒介。这样国家便可以不使任何私人受到损失而将原先用于这一目的的黄金全部用来交换原料、用具和食物，使用这些东西，国家财富和享受品都可以得到增加。"② 限制银行券发行、保证银行券随时兑换黄金，使银行券的名义价值符合实际价值，有效地防止银行券贬值，如此一来，币值稳定、物价稳定、经济稳定。

那么，调节得当的银行券由谁来发行呢？李嘉图详细分析了纸币由政府发行和由银行发行的利弊，指出："我已经指出，如果能完全保证纸币发行权不致被滥用，那么无论由谁发行，对于全国财富整个说来并没有什么关系。现在我又说明，发行者应该是政府而不应该是一些商人或银行家，这对于公众有直接的利害关系。然而纸币发行权操在政府手里比操在银行手里似乎有更容易被滥用的危险。有人说银行更易受法律管辖；虽然任意增发纸币对银行可能有利，但它要受到人们要求兑现的权利的限制和约制。他们说，如果政府具有发行货币的特权，这种约制便不会长此受到重视。政府往往会不顾未来的安全，而只顾眼前的方便，因之很容易以权宜办法为借口而取消控制纸币发行量的约制。在一个专断的政府下，这一反对理由是很有力量的；但在具有开明的立法机关的自由国家中，在纸币持有人可任意要求兑现这一必要的约制下，纸币发行权可以安全地交在一

---

① 《马克思恩格斯全集》第三十一卷，人民出版社，1998，第 564 页。
② 《政治经济学及赋税原理》，见《大卫·李嘉图全集》第 1 卷，第 306～307 页。

些特派委员们的手里，这些人可以完全不受政府大臣的支配。"① 李嘉图这里的意思包含两个层面：一来，纸币发行权一定不能被滥用，所以，必须严厉反对职业放债人任意增发银行券的做法；二来，政府不能为所欲为，必须听命于代表工业资本家利益的议会。李嘉图将这样的政府视作"具有开明的立法机关的自由国家"，这显然源于他的经济自由主义信念。1821 年英国实行金本位制，1844 年英国政府通过《皮尔法案》，这些都是以李嘉图货币观点（通货学派）为依据的。马克思评价李嘉图："他给予货币理论的形式，直到目前还支配着英国的银行立法。"②

　　李嘉图的货币观点虽然在一定范围内发挥了积极的作用，但在学理上却存在两点不容忽视的错误。一者，李嘉图混淆了金银和银行券，前者不仅是支付手段，而且也是贮藏手段，后者则只能充当支付手段，不能充当贮藏手段（也即不能退出流通）。所以，马克思批评道："李嘉图同他的前辈一样，把银行券流通或信用货币流通同单纯的价值符号流通混为一谈。他所依据的事实是纸币的贬值和与此同时发生的商品价格的上涨。美洲矿山对休谟的意义，与针线街纸币印刷厂对李嘉图的意义是相同的，李嘉图本人也曾在某处明确地把这两个因素同等看待。"③ 二者，李嘉图也混淆了金银流通规律和纸币流通规律。根据金银流通规律，如前所述，商品价格上升是金银流通量增加的原因。而纸币流通规律则是，纸币流通量增加是商品价格上升的原因。因为，纸币没有价值，它代表价值，纸币流通量增加表明它所代表的价值降低，它的购买力降低，相应地，商品价格上升。因此，李嘉图的货币数量论、他的政策建议（反对英格兰银行通过票据贴现和贷放货币来促进商业）以及以此为基础的银行立法，必然会遭遇失败。1847 年经济危机时，正是最需要信用的时候，英格兰银行却根据李嘉图货币数量论，认为流通中信用充斥太多，所以人为地限制银行券流通。结果是危机加剧。马克思评论说："这一信条在最大的、全国规模的实验之后，无论在理论上或实践上都遭到了可耻的破产……但是人们看到，李嘉图把货币在其流动形式上作为流通手段孤立起来的理论，导致的最后结局竟是：贵金属的增减对资产阶级经济起着连货币主义（指重商主

① 《政治经济学及赋税原理》，见《大卫·李嘉图全集》第 1 卷，第 307 ~ 308 页。
② 《马克思恩格斯全集》第三十一卷，人民出版社，1998，第 564 页。
③ 《马克思恩格斯全集》第三十一卷，人民出版社，1998，第 564 ~ 565 页。引文中的"针线街"是伦敦的一条街，英格兰银行所在地。

义——引者注）的迷信都从未梦想过的绝对影响。这样一来，称纸币为最完善的货币形式的李嘉图，就成了金条党人的先知。"①

　　三是《谷物法》辩论，这也是李嘉图参与其中并发挥了积极推动作用的重大事件。英国于1773年之后频遭自然灾害，谷物产量骤减、价格猛涨。土地所有者借助政府之力，大肆推进圈地运动，导致粮价上涨，工人失业，农民破产。农业资本家于农业生产之中广泛使用机器，进一步加剧了工人失业和农民破产（工人和农民构成了产业后备军），加上前文提到的拿破仑于1806年颁布了封锁欧洲大陆、禁止法国及其欧洲大陆盟国与英国商贸往来的法令。这些情况在客观上有利于英国土地所有者和农业资本家，不利于工业资本家和工人、农民。1812年拿破仑在俄国遭遇失败，这些法令也随即失效。1813年英国农业幸得丰收，而同年拿破仑战败，他颁布的法令被废除，使得英国可以进口欧洲大陆的低价谷物。对谁利好、对谁利空，显而易见。所以，土地所有者和农业资本家为了维护既得利益，怂恿托利党政府颁布《谷物法》。具体规定是：当国内谷物价格高于法定价格时才允许谷物进口，而法定价格定得非常高，换言之，国内谷物始终可以合法地高价出售，国外低价谷物进不来。《谷物法》于1815年颁布。由此引发了代表工业资本家利益的一派与代表土地所有者、农业资本家利益的一派的激辩。马克思在《资本论》第二版跋中指出："资本和劳动之间的阶级斗争被推到后面：在政治方面是由于纠合在神圣同盟周围的政府和封建主同资产阶级所领导的人民大众之间发生了纠纷；在经济方面是由于工业资本和贵族土地所有权之间发生了纷争。这种纷争在法国是隐藏在小块土地所有制和大土地所有制的对立后面，在英国则在谷物法颁布后公开爆发出来。"② 李嘉图代表工业资本家的利益，马尔萨斯代表后两者特别是土地所有者的利益。

　　李嘉图在《论低价谷物对资本利润的影响》（1815年）一文中的论证可分为以下三个递进的环节。（1）一国的繁荣与否取决于利润的高低。利润高，才会促进资本家发展生产、积累资本、创造财富。（2）利润与工资、地租都成反比。《谷物法》的实行导致谷物价格上涨，③ 这意味着劳

① 《马克思恩格斯全集》第三十一卷，人民出版社，1998，第579～580页。
② 《马克思恩格斯文集》第五卷，人民出版社，2009，第17页。
③ 工资是劳动者及其家庭基本生活所必需的价值。谷物价格是由劳动者在最困难的生产条件下耗费的劳动量决定的价值。地租是优等地生产所创造的价值扣除工资和利润之后的余额。

动者的生存成本上涨，所以工资上涨。而工资上涨，人口会增加，人们不得不耕种距离较远或肥力较差的土地，由于生产困难，需要雇佣更多劳动者、付出更多劳动量，而这又进一步导致了人们不得不耕种距离更远、肥力更差的土地。因为地租取决于优等地与劣等地的价值差额，所以地租上涨。工资上涨、地租上涨，导致利润降低。（3）必须废除《谷物法》，实行自由贸易。因为这样一来，低价谷物得以进口，工资降低，地租降低，利润升高，于国有利。李嘉图说："由于农业改进或谷物进口而造成的谷物价格下跌，只会降低谷物的交换价值，其他商品价格不会受到影响。因此，如果劳动价格下跌——这是谷物价格下降时必然要发生的——所有各种实际利润便必然要上升，而受益最大的是制造业和商业，社会中再没有比得上它们的。"① 所以不难理解，李嘉图赞成对地租征税，而反对对资本课税。一是，要征收地租税。"地租税只会影响地租，全部都会落在地主身上，不能转嫁到任何消费阶级上"，"但对于地主由于人们使用他在农场上投下的资本而得到的报酬所课的税，在进步的国家中就要落在农产品消费者身上"，所以政府应采取措施将这两者区分开来。二是，不要对农产品征税。"农产品税不会由地主支付，也不会由农场主支付，而只会由消费者在上涨的价格中支付"，而这是不利于资本积累的。三是，"不要征收那种必然要落在资本上面的赋税"，"因为征收这种赋税，就会损害维持劳动的基金，因而也就会减少国家将来的生产"。② 另外，由上述分析也可看出上文提到的李嘉图相对成本论的正确性。李嘉图说："因此，如果由于对外贸易的扩张，或由于机器的改良，劳动者的食物和必需品能按降低的价格送上市场，利润就会提高。如果我们不自己种植谷物，不自己制造劳动者所用的衣服以及其他必需品，而发现了一个新市场可以用更低廉的价格取得这些商品的供应，工资也会低落，利润也会提高。但如果由于对外贸易的扩张或机器改良而以更低廉的价格取得的商品完全是富人所消费的商品，那么利润率便不会发生什么变动。"③

马尔萨斯的主张立足于有效需求（拥有收入的人的消费欲望）。他在致李嘉图的信中说："我认为，取得谷物的巨大困难所造成的结果，是资本减

---

① 《论低价谷物对资本利润的影响》，见《大卫·李嘉图全集》第4卷，第35页。
② 《政治经济学及赋税原理》，见《大卫·李嘉图全集》第1卷，第127~128、131、144~146页。
③ 《政治经济学及赋税原理》，见《大卫·李嘉图全集》第1卷，第109~110页。

少、产品减少和劳动的实际工资或劳动以谷物计算的价格减少，而不是利润减少……总之，我认为一切都取决于资本的状况，这一状况是与对资本的需求相对而言的。……对资本的需求不是取决于当前产量的丰富，而是取决于对资本未来产品的需求，或取决于资本生产某种东西的能力，对资本的需求将大于对实际使用的产品的需求。在这个问题上，有效需求——拥有收入的人的消费欲望——这一重要因素必定经常起着重大影响。我认为您过于忽略了它。"① 马尔萨斯的论证是：其一，实行《谷物法》使地租上升，这意味着土地所有者的收入增加。其二，土地所有者的收入增加，可以雇佣更多人，所以，对商品的需求上升。马尔萨斯说："我还认为，按照事物的因果顺序来看，谷价上升正是雇佣更多人的原因，而不是结果。价格上涨首先是由于需求增加，这种上涨使得与生产工具相对来说产品的价值增加，从而决定什么样的贫瘠土地可加以耕种。在价格上涨以前，不能以同样的工资雇佣更多的人。"② 马尔萨斯始终主张市场存在全面性生产过剩的可能性，所以片面强调资本积累而导致对产品需求的短缺是极其危险的。其三，商品供不应求，所以商品价格升高。商品价格升高意思是商品价格（其实是市场价格）大于其价值的差额升高，这其实就是利润上涨。"实际上没有一个国家曾经处于农产品价格提高而土地上的利润长期不增加的情况。"③ "谷物的高额相对价格有许多原因——制造业中的分工、机器的使用、国外对谷物的需求、对进口的种种限制、繁荣的对外贸易，等等。这些原因没有一种使利润减少。"④ 利润上涨有助于资本积累、国家繁荣。

针对马尔萨斯所说的，片面强调资本积累而导致对产品需求的短缺是极其危险的这一观点，李嘉图批评道："如果我没有读过它，我简直不能相信马尔萨斯先生那样一位有识之士，竟会建议把征税作为解除我们目前困苦的补救办法。他没有意识到，一个国家的产品总是被消费掉的，储蓄

---

① 《马尔萨斯致李嘉图》（1814 年 7 月 6 日），见《大卫·李嘉图全集》第 6 卷，第 148 页。马尔萨斯后来还解释过"对资本的需求的增加"，即"相对于生产费用而言，这种商品价格将产生更高的利润"。[《马尔萨斯致李嘉图》（1816 年 10 月 9 日），见《大卫·李嘉图全集》第 7 卷，第 84 页。]

② 《马尔萨斯致李嘉图》（1815 年 3 月 24 日），见《大卫·李嘉图全集》第 6 卷，第 236 页。

③ 《马尔萨斯致李嘉图》（1814 年 10 月 9 日），见《大卫·李嘉图全集》第 6 卷，第 176 页。

④ 《马尔萨斯致李嘉图》（1815 年 7 月 16 日），见《大卫·李嘉图全集》第 6 卷，第 270 ~ 271 页。

不过意味着大部分将被那些再生产出来的价值大于他们消费的人们消费掉。由于劳动者人数不足，他们能够支配的产品数量竟使剩下作为利润的极少，因此阻碍资本家在再生产中投入追加的资本。但是，如果社会不是资源耗竭，低额利润的出现，只是因为劳动者人数不足以承担所需要的工作。除了我前面说过的资源耗竭的情况以外，资本和劳动同时过剩绝不可能发生。但马尔萨斯先生说低额利润是由于缺乏需求，并认为在人口过剩的情况下，你可以有比你能够使用的更多的资本，这是完全可能的。"①
这里所说的"储蓄不过意味着大部分将被那些再生产出来的价值大于他们消费的人们消费掉"表明，李嘉图承认"斯密教条"。基于此，他不可能真正驳倒马尔萨斯。实际上，李嘉图也不得不承认马尔萨斯所说的情况（见引文最后一句话）的确存在。马尔萨斯坚信非生产性消费是必要的。"因此，必须有另一个为数相当的别的消费者阶级，否则商人阶级就无法扩充业务，赚取利润。在这个阶级中，地主无疑是居于前列的。"② "在一切通常情况下，如果生产的能力增加了，而非生产性开支没有随着增加，就不可避免地要降低利润，并使劳动者失业。"③ "如果说，我建议要有一定比例的非生产性消费，显然唯一目的是为最大限度的继续生产提供必要的动机。我仍然认为，随着土壤肥沃程度等等而变化的这一定比例的非生产性消费，对于利用一国的资源来说，是绝对必需和不可缺少的。"④ 在马尔萨斯那里，倘若没有非生产性消费，那么，商品就会滞销，价格下降，而价格下降意味着利润下降，生产缺乏动机，经济停滞，所以非生产性消费不可或缺。不过我们需要特别注意，在马尔萨斯那里，非生产性消费的积极作用得分哪个阶级："劳动阶级本身的、超过他们的能力和人数增长所必需的非生产性消费，与他们雇主的非生产性消费是如此不同，以致对利润产生正好相反的影响。"⑤ 可以看到，非生产性消费在马尔萨斯那里的辩护性（为雇主特别是土地所有者辩护）非常明显。不过尽管如此，也应承认，马尔萨斯确实提示出了资本主义社会真实存在的一对矛

---

① 《李嘉图致麦克库洛赫》（1820年5月2日），见《大卫·李嘉图全集》第8卷，第176页。

② 《马尔萨斯〈政治经济学原理〉评注》，见《大卫·李嘉图全集》第2卷，第406页。

③ 《马尔萨斯致李嘉图》（1821年7月7日），见《大卫·李嘉图全集》第9卷，第16页。

④ 《马尔萨斯致李嘉图》（1821年7月16日），见《大卫·李嘉图全集》第9卷，第23～24页。

⑤ 《马尔萨斯致李嘉图》（1821年7月16日），见《大卫·李嘉图全集》第9卷，第26页。

盾：生产过剩与消费不足的矛盾。李嘉图特别反对马尔萨斯的非生产性消费："马尔萨斯先生对需求下的定义是，对消费的愿望和力量。非生产性消费者有什么力量？从一个呢绒商那里取去一百匹毛料，供陆军和海军穿着，难道这就增加了这个呢绒商的利润了吗？这就会鼓励他去进行生产了吗？的确，这跟一场火灾并没有什么两样。"① "你为非生产性消费者的需求的有用性提出的理由，我看不出有什么正确性。我承认，我不能发现，在任何可能的情况下，不进行再生产，他们的消费怎么能对一个国家有利。"② "停滞是对制度的扰乱，而不是资本积累过多所引起的生产普遍过多。"③ 由于对"斯密教条"的信奉，李嘉图提不出科学的再生产理论，他只能否认存在全面性的生产过剩。对于自己和马尔萨斯的学术关系，李嘉图说："马尔萨斯先生和我经常互相看望，我们不断地谈论我们有分歧的观点，但谁也说服不了谁。"④ 马尔萨斯则说："当我遇到一个困难时，我就把它提交给你，满足于听到你对问题的意见，而不再反驳。如果你使我感到满意，事情就解决了。如果你没有，我便坚持我自己的意见，并以这种想法来安慰自己：我已把自己的思想提交给我所知道的最机敏的人，他并未表示我是错的，我就有权想象我是对的。我也许完全忘了，我没有被说服，可能仅仅是由于我的偏见或愚蠢。"⑤

地主利益与国家利益是怎样的关系呢？李嘉图坚持地主利益与其他各阶级利益进而与整个国家利益是对立的，所以，应该取消地租。至于工资，应予限制，从而最大限度地保证资本积累。对此，马克思述评道："李嘉图所考察的时期首先是他差不多完全亲身经历过的1770～1815年，这是小麦价格不断上涨的时期；……李嘉图知道，谷物法（1815年）的实行是为了制止价格下降，并且必然会在一定程度上制止价格下降。因此，李嘉图曾着重指出，自由发生作用的地租规律必定会——在一定疆域之内——使比较不肥沃的土地投入耕种，从而使农产品价格上涨，使地租靠损害工业和广大居民的利益而上涨。李嘉图在这里无论从实际方面或历

① 《马尔萨斯〈政治经济学原理〉评注》，见《大卫·李嘉图全集》第2卷，第408页。
② 《李嘉图致马尔萨斯》（1820年11月24日），见《大卫·李嘉图全集》第8卷，第286页。
③ 《李嘉图致马尔萨斯》（1821年7月21日），见《大卫·李嘉图全集》第9卷，第30页。
④ 《李嘉图致萨伊》（1821年5月28日），见《大卫·李嘉图全集》第8卷，第359页。
⑤ 《马尔萨斯致李嘉图》（1821年11月25日），见《大卫·李嘉图全集》第9卷，第110页

史方面来说都是对的。"① 而马尔萨斯则认为：地主利益与国家利益是一致的。在 1816 年致李嘉图的信中，马尔萨斯认为："产量丰裕时也是如此，我想全部产量中较少的一部分将分给地主，较多的一部分将留给其他两种人：资本家和劳动者——但这增多的数量中较大一部分将分给资本家，而较少的一部分给劳动者。"② 在《政治经济学原理》第三章中，马尔萨斯将"地主利益"界定为："他换得劳动以及生活必需品和享用品的力量，不管这项地租在总产值中所占的比例是多少，也不管产生这项地租时所花费的劳动量是多少。"③ 马尔萨斯认为，地租上升的原因是资本增加、人口增加、农业改进和由商业繁荣促成的对农产品需求的增长。可见，地租上升是有利于国家利益的："如果在任何一定的土地自然资源下，有助于地主利益的主要原因是资本增加、人口增加、农业改进和由商业繁荣促成的对农产品需求的增长，这就简直不可能把地主的利益看成跟国家和人民的利益是分得开的。"④ 马尔萨斯将土地产品的剩余称作"上帝的慷慨赐予"⑤。马尔萨斯还批评李嘉图将生产的困难与地租的增长关联在一起的简单化做法："这就很明显，生产的困难与地租的增长没有任何关系，只是像在多数国家所见到的实际情况那样，是资本和人口增长以及利润和工资下降的当然结果，换句话说，也就是财富增长的必然结果。"⑥ 李嘉图是不可能认可马尔萨斯的这些观点的，这里只引用李嘉图的一段评注吧："关系到地主的是农产品输入的限制，关系到制造业者的是制造品输入的限制；如果把两方的利益说成是有任何类似之处，错误就没有比这个更大的了。"⑦

显然，李嘉图关于废除《谷物法》的要求更能代表英国资本主义社会的前进方向（《谷物法》于 1846 年 6 月被废除）。之所以如此，原因有二。一是，李嘉图真诚的学术态度和扎实的学术研究。李嘉图只关心经济领域中生产力的发展，而不在乎任何个别阶级的命运："言归正传，最后我只想指出一点，若是为了照顾任何个别阶级，而听任国家财富和人口的

① 《马克思恩格斯全集》第三十四卷，人民出版社，2008，第 261～262 页。
② 《马尔萨斯致李嘉图》（1816 年 10 月 14 日），见《大卫·李嘉图全集》第 7 卷，第 88 页。
③ 《马尔萨斯〈政治经济学原理〉评注》，见《大卫·李嘉图全集》第 2 卷，第 193 页。
④ 《马尔萨斯〈政治经济学原理〉评注》，见《大卫·李嘉图全集》第 2 卷，第 184 页。
⑤ 《马尔萨斯〈政治经济学原理〉评注》，见《大卫·李嘉图全集》第 2 卷，第 205 页。
⑥ 《马尔萨斯〈政治经济学原理〉评注》，见《大卫·李嘉图全集》第 2 卷，第 186 页。
⑦ 《马尔萨斯〈政治经济学原理〉评注》，见《大卫·李嘉图全集》第 2 卷，第 196～197 页。

发展受到抑制，那是极其令人遗憾的。"① 好友特罗尔称赞李嘉图花费两个月弄清楚他本来赞成的观点是错误的："得悉您坚定地进行经济学的研究，为慰。发觉错误和发现真理同样重要；因此我不能认为那两个月对您无益，通过那两个月的辛劳您能弄清楚您本来想要证实的那种理论的谬误。思想肤浅的人糊里糊涂地一误再误，没有清醒的机会；而一个耐心地、勤劳地、一步一步地探究自己推理的结果的人，不管在前进中可能经历多少曲折，最后一定会平安地达到目的地。"② 马克思在《经济学手稿（1861—1863 年）》中称赞李嘉图："李嘉图把资本主义生产方式看做最有利于生产、最有利于创造财富的生产方式，对于他那个时代来说，李嘉图是完全正确的。他希望为生产而生产，这是正确的。……由此可见，李嘉图的冷酷无情不仅是科学上的诚实，而且从他的立场来说也是科学上的必要。"③ 一方面，"科学上的诚实" 意味着李嘉图毫不关心经济之外的线索，他将资本主义生产视作一个有机体的生理结构（"内在有机联系和生活过程"），冷酷无情地同时实事求是地剖析它的内在机制（"深层"）和外在表现（"外观"）。李嘉图的自我认知就是经济学家，这一点与斯密不同，斯密的自我认知是道德哲学家。马克思评价李嘉图："李嘉图虽然受着这种资产阶级视野的限制，但是他对资产阶级经济——它的深层是与表面的外观完全不同的——作了非常深刻的理论分析。"④ 马克思在另一处使用了"李嘉图科学上的公正"。显然，意思与"科学上的诚实"是完全一致的。马克思指出："因此，土地所有权为发展生产而被牺牲。……'我们的'财富的增加就是社会财富的增加，这个社会财富本身就是目的，而不管这个财富由谁分享！……在这里，'无产阶级'为财富而被牺牲。……这三个例子表明了李嘉图科学上的公正。"⑤ 另一方面，"科学上的必要"意味着，李嘉图，这位 11 岁被送到证券交易最发达的荷兰学习证券知识、

---

① 《论低价谷物对资本利润的影响》，见《大卫·李嘉图全集》第 4 卷，第 40 页。李嘉图在 1815 年 8 月 18 日致萨伊的信中说："穆勒先生希望我把它更详细地重写一遍。我恐怕不能胜任这项工作。"［《李嘉图致萨伊》（1815 年 8 月 18 日），见《大卫·李嘉图全集》第 6 卷，第 283 页。］李嘉图后来着手这项工作，他超额完成了任务，将《论低价谷物对资本利润的影响》一文扩编成《政治经济学及赋税原理》一书。
② 《特罗尔致李嘉图》（1816 年 11 月 19 日），见《大卫·李嘉图全集》第 7 卷，第 102 页。
③ 《马克思恩格斯全集》第三十四卷，人民出版社，2008，第 127 页。
④ 《马克思恩格斯全集》第三十一卷，人民出版社，1998，第 455 页。
⑤ 《马克思恩格斯全集》第三十四卷，人民出版社，2008，第 135～136 页。

14 岁进入父亲经营的证券交易所从事证券业务、21 岁以 800 英镑起家不久就成为金融富翁的银行巨子，事实上是站在资产阶级立场上的。他热情地欢迎资本主义经济，并要在学术上作出论证，既论证资本主义经济的"是"（必然性），也论证资本主义经济的"好"（应然性）。无论是金融实践，还是学术论证，都需要冷酷无情（实事求是）。二是，当时英国社会的主要矛盾在于资产阶级和地主阶级之间的对立。恩格斯说："新的起点是新兴的中等阶级和以前的封建地主之间的妥协。……在英国，资产阶级从未独掌全权。甚至 1832 年的胜利，也还是让土地贵族几乎独占了政府的所有要职。"① 资产阶级与无产阶级具有颇多共同利益（无产阶级接受资产阶级领导，与封建反动势力做斗争），两者的矛盾尚未政治化，这使得局限于资产阶级视野的经济学研究还能如实地反映经济生活，还能是具有一定批判性的科学，而非纯粹实证性的现象描述。马克思高度评价李嘉图对资本主义经济生活的结构性分析："但是，如果其他经济学家，特别是李嘉图，从资本家和雇佣工人两者分配出发，到后来才把地租所得者作为一种特殊赘疣引进来，那么，这是完全符合资本主义生产的立场的。对象化劳动和活劳动，这是两个因素，资本主义生产正是建立在这两个因素的对立之上。资本家和雇佣工人是生产的惟一职能执行者和因素，他们之间的相互关系和对立是从资本主义生产方式的本质产生的。资本家不得不把他所侵占的一部分剩余劳动或剩余价值再同不劳动的第三者分配的情况，只是后来才出现。"② 土地所有者绝非资本主义生产中必要的当事人，相反，他们只是传统社会遗留下来的，因占有土地而拥有分享剩余劳动的社会权力的"赘疣""寄生物""不劳动的第三者"。马克思在《经济学手稿（1861—1863 年）》中将李嘉图对土地所有者的批判作了无比精彩的发挥："相反，地主凭借土地所有权（就绝对地租来说）和土地等级的自然差别（级差地租）却拥有一种索取权，使他能把这种剩余劳动或剩余价值的一部分装进自己的腰包，尽管他在指挥和创造这种剩余劳动或这种剩余价值方面毫无贡献。因此，在发生冲突时，资本家把地主看做纯粹是一个

---

① 《马克思恩格斯文集》第三卷，人民出版社，2009，第 512、518 页。"新的起点"是指英国 1688 年光荣革命。1832 年英国通过了扩大下议院选民基础的法案，加入了中产阶级的势力，但由于依旧保留了 1710 年关于下议院议员的不动产条件，所以议员仍以土地贵族为主。

② 《马克思恩格斯全集》第三十四卷，人民出版社，2008，第 167 页。

多余而有害的赘疣，一个享乐者，看做资本主义生产的寄生物，看做长在资本家身上的虱子。"① 马克思在《资本论》第三卷中进一步指出："在这里，社会上一部分人向另一部分人要求一种贡赋，作为后者在地球上居住的权利的代价，因为土地所有权本来就包含土地所有者剥削地球的躯体、内脏、空气，从而剥削生命的维持和发展的权利。"② 在对掠夺性阶级的反对上，李嘉图做的不是不对，而是不够。诚如罗素所说："向来倡导劳动价值说，通常是出于对某个被看成掠夺性的阶级的敌意。经院学者只要主张它，便是由于反对高利贷者，那种人大多是犹太人。李嘉图主张它以反对地主，马克思反对的是资本家。"③

　　恩格斯说："科学越是毫无顾忌和大公无私，它就越符合工人的利益和愿望。"④ 随着无产阶级作为独立的政治力量登上历史舞台，提出自身正当的政治诉求和经济诉求，马克思主义政治经济学（包括劳动价值论和剩余价值论）应运而生，敲响了"科学的资产阶级经济学"的"丧钟"，⑤实现了经济学上的根本革命。我们今日仍受惠于它。

---

① 《马克思恩格斯全集》第三十四卷，人民出版社，2008，第368页。
② 《马克思恩格斯文集》第七卷，人民出版社，2009，第875页。
③ 〔英〕罗素：《西方哲学史》下卷，马元德译，商务印书馆，1976，第184页。
④ 《马克思恩格斯文集》第四卷，人民出版社，2009，第313页。
⑤ 《马克思恩格斯文集》第五卷，人民出版社，2009，第17页。

# 第三章　李嘉图的论敌们

在以斯密和李嘉图为代表的古典经济学家那里，"社会唯物主义"的"社会"是指资本主义社会，"物"是指物质生产，"主义"是指经济决定论。"社会"包括本质和运行两个层面：本质层面是劳动价值论，它揭示了资本主义生产的对抗性本质；运行层面是指从劳动价值论出发科学地解释资本主义诸经济现象。上一章主要处理本质层面。本章通过分析李嘉图与他的论敌们的主要分歧，进一步探讨运行层面。马尔萨斯、欧文、西斯蒙第、李斯特从不同的阶级立场出发，提出了与李嘉图不同的关于"社会"之本质和运行的理解，并在诸多经济问题（比如人口、地租、分配、危机、经济学元理论）上与之多有争论。总体说来，这四位论敌在对经济本质的把握上不及李嘉图准确，在科学地同时批判地理解经济现象上也不及李嘉图深刻。

## 第一节　马尔萨斯：土地贵族的辩护士

前文提到，托马斯·罗伯特·马尔萨斯（1776~1834）是李嘉图的好友兼论敌。与李嘉图代表工业资本家的利益不同，马尔萨斯代表土地贵族的利益。与李嘉图在"科学上的诚实"不同，马尔萨斯尽显"科学上的卑鄙"。

马克思对马尔萨斯毫不掩饰鄙夷之情。面对土地贵族利益同资产阶级利益的对立时，面对进步的资产阶级的利益与保守和停滞的资产阶级的利益的对立时，"在所有这些场合，马尔萨斯'牧师'都不是为了生产而牺牲特殊利益，而是竭尽全力企图为了现有统治阶级或统治阶级集团的特殊利益而牺牲生产的要求。为了这个目的，他在科学上伪造自己的结论。这就是他在科学上的卑鄙，就是他对科学的犯罪，更不用说他那无耻的熟练的剽窃手艺了。马尔萨斯在科学上的结论，是看着统治阶级特别是统治阶级的反动分子的'眼色'捏造出来的；这就是说，马尔萨斯为了这些阶级的利益而伪造科学。相反，对于被压迫阶级，他的结论却是冷酷无情的。他不单单是冷酷无情，而且宣扬他的冷酷无情，昔尼克式地以此感到快乐，并且在用他的结论反对'穷人'时，把他的结论夸大到极端，甚至超过了从他的观点看来还可以在科学上说得过去的程度"①。"昔尼克式地以此感到快乐"是指玩世不恭的轻浮态度，对世俗中最坏的部分予以不知羞耻的照单全收，安于命运（自己在社会中的地位）、服从命运。下面通过对人口论和地租论的分析，可以看到，"科学上的卑鄙"所言非虚。

首先是人口论。马尔萨斯的《人口论》（也译《人口原理》）是非常出名的。该书在马尔萨斯生前出版 6 次（1798 年、1803 年、1806 年、1807 年、1817 年、1826 年）。其基本逻辑可被概括如下。②

两个法则："第一，食物为人类生存所必需。第二，两性间的情欲是必然的，且几乎保持现状。这两个法则，自从我们有任何人类知识以来，似乎就是我们本性的固定法则。"

两个级数："随便假定世界有多少人口，比方假定有十亿吧，人类将以一、二、四、八、十六、三二、六四、一二八、二五六、五一二那样的增加率增加；生活资料却将以一、二、三、四、五、六、七、八、九、十那样的增加率增加。"概言之，人口以几何级数增加，生活资料以算数级数增加。

三点结论："人口增加，必须要受到生活资料的限制"；"生活资料增加，人口也常随着增加"；"占优势的人口繁殖力为贫穷和罪恶所抑制，因而使现实的人口得与生活资料保持均衡"。

根据两个法则和两个级数可知，人口增加必然会超过生活资料增加。而一旦如此，大自然就会采取措施，使两者恢复平衡。措施无非两种：一是对已出生人口施加限制，比如三点结论中提到的"贫穷及罪恶"，罪恶包括战争、瘟疫等；二是对未出生人口施加限制，比如要求独身或少生、优生。可以看到，大自然广撒生命之种，但在食物的提供上却无比吝啬，

① 《马克思恩格斯全集》第三十四卷，人民出版社是，2008，第 129～130 页。马克思对"卑鄙"作了解释："但是，一个人如果力求使科学去适应不是从科学本身（不管这种科学如何错误）引出的观点，而是从外部、与科学无关的、外在利益引出的观点，我就说这种人'卑鄙'。"（第 129 页）关于马尔萨斯"那无耻的熟练的剽窃手艺"，马克思在《资本论》第一卷第二十三章中作过精彩的揭露。（《马克思恩格斯文集》第五卷，人民出版社，2009，第 711～713 页注释 75。）
② 下述引文参见〔英〕马尔萨斯《人口论》，第一章，郭大力译，商务印书馆，1959。

人口完完全全成为生物学意义上的自然现象了。单就主张人口增加和生活资料增加保持平衡而言，没有问题。但马尔萨斯却将之与资本主义私有制联系在一起，认为资本主义私有制是保持人口和生活资料平衡的最佳制度。这是极有问题的，甚至可以说是极端错误的。达尔文（1809～1882）将其关于生物界的生存斗争是按照几何级数高度繁殖的必然结果的观点，视作马尔萨斯学说在植物界和动物界中的应用。对此，马克思在 1862 年 6 月 18 日致恩格斯的信中批评道："我重新阅读了达尔文的著作，使我感到好笑的是，达尔文说他把'马尔萨斯的'理论也应用于植物和动物，其实在马尔萨斯先生那里，全部奥妙恰好在于这种理论不是应用于植物和动物，而是只应用于人类，说人类是按几何级数增加的，把人类与植物和动物对立起来。"① 在《经济学手稿（1861—1863 年）》中，马克思也说："达尔文在他的卓越的著作中没有看到，他在动物界和植物界发现了'几何'级数，就是把马尔萨斯的理论驳倒了。"②

1845 年爱尔兰大饥荒（也称马铃薯饥荒）绝不是人口增加和生活资料增加没有保持平衡的问题，而是资本主义私有制的问题（面对马铃薯晚疫病的天灾，英国政府救助不利，外加掠夺性的殖民政策和趁火打劫）。列宁批判道："大家知道，马尔萨斯企图用自然历史的原因来解释这个现象，根本否认它来源于历史上一定的社会经济制度的事实，完全闭眼不看这个事实所揭示出来的矛盾。"③

人口论的真正目的在于：不仅为剥削作辩护，而且鼓动人们安于贫困、安于宿命，更有甚者，还要取消穷人的基本生存权。吊诡的是，在马尔萨斯那里，富人却可以释放情欲、创造人口。以工资为例，马尔萨斯说：工资取决于工人数量。工人数量增加超过了生活资料增加时，工人生活恶化，工资就会下降。工资下降，导致工人难以养家、难以繁殖后代，所以人口减少。反之亦然。自然的法则（供给和需求）会使人口和生活资料保持平衡。所以，应当废除济贫法④。麦克库洛赫在致李嘉图的信中颇

---

① 《马克思恩格斯文集》第十卷，人民出版社，2009，第 184 页。
② 《马克思恩格斯全集》第三十四卷，人民出版社，2008，第 131 页。
③ 《列宁全集》第二卷，人民出版社，2013，第 147 页。
④ 当时的济贫法亦称"吉尔伯特法"，提出了最低生活保障的原则（准许教区救济壮健的贫民而不强迫其进入济贫院，若贫民工资不够维生，则应从济贫税里抽取补贴）。马尔萨斯认为，实施济贫法的后果是不增加食物而只增加人口，一味救济，会导致更多的贫困，所以应予废除。李嘉图不主张废除济贫法，他认为应当修改济贫法。（转下页注）

为愤慨地指出:"在我看来,马尔萨斯的《人口论》每次的新版本都确实比以前的差得多;我认为这主要是由于他显然一心要增加书的篇幅,以便卖得较多的钱(因为不可能有其他的原因)。"① 马尔萨斯的朋友(也是李嘉图的朋友)、英国空想社会主义者欧文(1771~1858)也说:"政治经济学家根据虚妄的原理进行推断,他们不知人性为何物,更不懂得一旦社会经过正确的指导它将具有多么大的力量,因此他们冷酷无情地违反人类的自然感情,决心要在他们的辉格党追随者的帮助下,把全国的贫民统统饿死。"② 马克思将马尔萨斯的这种看法与李嘉图作了对比:"例如李嘉图(见前),当他的理论使他得出结论说,把工资提高到工资最低限度以上并不会增加商品的价值时,他就直接说出这一点。而马尔萨斯坚持工资保持低水平,目的是要资产者借此来发财。"③ 一位基于科学的逻辑作出无情的结论,一位寻求拙劣借口、谄媚权贵,高下立见。恩格斯在致朗格的信中批评道:"马尔萨斯牧师的这个理论,同他所有的其他思想一样,都是直接从他的前人那里剽窃来的,只有两种级数的纯粹武断的运用,才属于他自己。"④ 所以,《人口论》是"诋毁人类的诽谤书"。⑤

李嘉图反对马尔萨斯把人口还原为自然现象的做法。1817年8月在致特罗尔的信中,李嘉图揶揄马尔萨斯的人口论:"确实我是一个比您资格老得多的父亲,而且,我既然已经是祖父和外祖父一辈的人了,竟会不知道应该怎样计算我的子孙增加的速率,即使有马尔萨斯先生和托伦斯少校

---

(接上页注④)"我欣然赞成修改济贫法,使其恢复当初制定这种法令时似乎原有的打算,就是,仅仅救济年老、病残以及在某些情况下的儿童。任何改动,只要不会增加它想要纠正的那种弊病,就是一种改进。现在的办法造成困苦的人,而且这些人必然会以几何级数继续增多。"[《李嘉图致特罗尔》(1818年1月26日),见《大卫·李嘉图全集》第7卷,第253页。]李嘉图认为应当教导劳动阶级,使他们懂得自己必须有所准备,以便应付某种产品需求发生变化使他们遭受的死亡。李嘉图认为这不是"立法"应该解决的问题。这里可以明显地看出李嘉图观点的资产阶级性质。1834年英国颁布新济贫法,使济贫标准趋于严苛。这是1832年议会改革后英国政府逐渐资产阶级化(逐渐成为代表资产阶级利益的政府)的表现。

① 《麦克库洛赫致李嘉图》(1818年12月27日),见《大卫·李嘉图全集》第7卷,第385~386页。
② 《欧文选集》第三卷,马清槐、吴忆萱、黄惟新译,商务印书馆,1984,第217页。
③ 《马克思恩格斯全集》第三十四卷,人民出版社,2008,第131页。
④ 《马克思恩格斯文集》第十卷,人民出版社,2009,第225页。
⑤ 《马克思恩格斯文集》第三卷,人民出版社,2009,第17页。

帮助也不行。我相信既不是算术级数也不是几何级数。"① 在《政治经济学及赋税原理》第三版"论机器"中，李嘉图说："使劳动腾贵的原因并不会提高机器的价值。所以资本每有增加，其中大部分将用在机器方面。资本增加时，劳动的需求虽将继续增加，但却不会成比例地增加，其增加率一定是递减的。"② 这里，李嘉图发现：随着资本和人口的增加，食物价格因生产更加困难而普遍上涨，导致工资提高；工资提高导致被积蓄起来的资本比以前更多地投向机器而非劳动力，用在机器方面的资本增多了，而用在劳动力方面的资本减少了；机器所代替的劳动比它所耗费的劳动要多。所以，"人口过剩"。③ 机器的引入和普及，增加了一国的净产品，却使劳动者的工资更趋下降。"维持人口与雇用劳动的能力既然始终决定于一国的总产品，而不取决于纯产品，所以对劳动的需求就必然会减少，人口也将过剩，劳动阶级的生活状况就会陷于贫困。"④ 这并非自然问题，而是资本主义生产的必然逻辑使然，因为资本有机构成提高导致资

---

① 《李嘉图致特罗尔》（1817 年 8 月 23 日），见《大卫·李嘉图全集》第 7 卷，第 185 页。

② 《政治经济学及赋税原理》，见《大卫·李嘉图全集》第 1 卷，第 336 页。李嘉图的这个观点受到约翰·巴顿（1789~1852）1817 年出版的小册子《论影响社会上劳动阶级状况的环境》的影响。巴顿发现：对劳动的需求的增加与机器的发展不成比例。他指出："在此我们可以探问，为什么财富的某种程度的增加不一定常会创造相等的对劳动的需求。……这样，企业主将尽可能少地雇佣劳动，以期用机器而不用人工来完成每一项工作。"（〔英〕巴顿：《论影响社会上劳动阶级状况的环境》，薛蕃康译，商务印书馆，1990，第 27~28 页。）也是据此，巴顿反对《谷物法》，并严厉批驳了那种认为失业人口可以在其他行业中找到就业机会的看法。李嘉图在 1817 年 5 月致巴顿的信中不认可巴顿对自己的批评。[参见《李嘉图致巴顿》（1817 年 5 月 20 日），见《大卫·李嘉图全集》第 7 卷，第 165~167 页。] 及至 1820 年 3 月致麦克库洛赫的信中，李嘉图还说："我认为，使用机器绝不会减少对劳动的需求，它绝不是劳动价格下降的原因，而是劳动价格上涨的结果。"[《李嘉图致麦克库洛赫》（1820 年 3 月 29 日），见《大卫·李嘉图全集》第 8 卷，第 167 页。] 观点的转变直到《政治经济学及赋税原理》第三版（1821 年）才发生。在那一版中，李嘉图承认自己以前观点是错误的："由于我认为劳动的需求不会有变化，而工资又不会降低，所以我便认为工人阶级将由于使用机器后商品普遍跌价而和其他阶级同样受益。……我的错误之所以会产生是由于假定每当社会的纯收入增加时，其总收入也会增加。"（《政治经济学及赋税原理》，见《大卫·李嘉图全集》第 1 卷，第 330~331 页）对于那些认为受机器排挤的工人能在机器制造业中找到工作的人，马克思批评说："其实，这些人的看法不过属于那样的时代，那时制造机器的工场还完全建立在分工的基础上，并且还没有使用机器来生产机器。"对于巴顿促使李嘉图观点的积极转变，马克思称赞道："毫无疑问，巴顿有很大的功劳。"（《马克思恩格斯全集》第三十四卷，人民出版社，2008，第 623、651 页。）

③ 《政治经济学及赋税原理》，见《大卫·李嘉图全集》第 1 卷，第 331 页。

④ 《政治经济学及赋税原理》，见《大卫·李嘉图全集》第 1 卷，第 332 页。

本对劳动力的需求减少，因而相对于资本增殖来说出现了人口的"多余"。马克思引用了上述李嘉图的引文并评论道："虽然李嘉图的理由十分片面，但是他表述了正确的资本增加规律。"① 根据马克思的观点，过剩人口包括但不限于：跟随工业周期性波动而被排斥的人口、因资本主义侵入农业而从农业中被排斥的人口、缺乏生存技能因而就业不稳定的人口（如流氓无产阶级、闲散人员）。在《资本论》第一卷中，马克思说："因此，工人人口本身在生产出资本积累的同时，也以日益扩大的规模生产出使他们自身成为相对过剩人口的手段。这就是资本主义生产方式所特有的人口规律，事实上，每一种特殊的、历史的生产方式都有其特殊的、历史地发生作用的人口规律。抽象的人口规律只存在于历史上还没有受过人干涉的动植物界。"② 西方当代主流经济学普遍忽视资本积累所必然伴随的贫困积累，它们所确立的不证自明的经济范畴已将贫困积累屏蔽掉了，这些范畴在经济生活中"捕捉"实证性的经验内容，并反过来作为自己客观反映甚至是精确反映经济生活的证据。这是颠倒之颠倒，而且犯了双重错误。所以才会有欧文·费雪在 1929 年 10 月资本主义经济大萧条前夕关于股市看来是达到了"永久的高原"的糟糕预言，也才有了英国女王伊丽莎白二世 2008 年 11 月访问伦敦经济学院、2012 年 12 月访问英格兰银行，问及西方经济学为何没能预测 2008 年全球金融危机时主流经济学家们颇为尴尬的集体失语。

其次是地租论。马尔萨斯不仅认为人口是自然现象，而且认为地租也是自然现象。他说："农产品价格中超过生产费用的通常多余部分，其起因有三：第一，也是主要的，是土地的性质，基于这种性质，土地能够生产出比维持耕种者的需要还多的生产必需品。第二是生活必需品所特有的性质，基于这种性质，生活必需品在适当分配以后，就能够产生出它自身的需求，或者能够按其生产量的多寡而养成若干的需求者。第三是肥沃土地的相对稀少性，或是天然的，或是人为的。"③ 不可否认，土地自身是有肥力的，这是土地原有的不可摧毁的生产力。如马尔萨斯所说，"土地能够生产出比维持耕种者的需要还多的生产必需品"。马尔萨斯将由之而来的地租称作"自然对人类的赠与",还特别强调:"它与垄断完全无关。"① 在致李嘉图的信中,马尔萨斯还强调:"地租无疑是业已创造的财富的一部分,但是并不因此而就不创造财富。一个人租用我的一件工具20年,由于使用这件工具,再借助于他的资本,他获得了相当可观的利润。但是20年后我的工具的价值比以前加了一倍。同样的资本如果投入商业或制造业,就不会有这种情形。难道这不是创造价值吗?"②

这里的一个根本问题是:如果地租真的与垄断完全无关,那么,它为什么要归土地所有者所有? 无疑,离开垄断,或者说,离开土地所有权,是不可能正确地说明这个根本问题的。

马尔萨斯对这个问题的解释颇为独特。马尔萨斯从供给和需求两方面来解释。其一,从供给上看,农产品不仅要被创造出来,而且应当保持高价。因为农产品价格上涨,土地所有者的收入会提高,土地所有者对市场上商品的需求随之增加,市场上商品的价格上涨,资本家能够挣得更多的利润。所以,地租的稳定增长是国家繁荣的表现。其二,从需求上说,上述引文中第二个原因表明,土地生产物能够创造自己的需求。马尔萨斯说:"生产能力无论怎样大,总不足以单独保证财富按比例地增长。为了使生产能力充分发挥作用,似乎还必须有其他的因素。这就是不受阻碍的对全部产品的有效需求。"③ 人口要对农产品形成有效需求,才能实现农产品的价值,然而不同阶级的消费能力和消费欲望是存在差别的。资本家有消费能力却无消费欲望,工人有消费欲望却无消费能力。这意味着什么? 马尔萨斯剽窃了西斯蒙第的思想,认为这意味着买和卖脱节的可能性和现实性。马尔萨斯这里实际上是正确地批评了萨伊定律,但他无心于此,他要论证的是:因为存在买和卖脱节的可能性和现实性,所以,农产品若要实现其价值,必须有赖于不事生产而专门消费的非生产性阶级,此即土地所有者。"一批非生产性消费者的特殊作用在于保持产品与消费的平衡,使全国人民辛勤劳动的成果获得最大的交换价值,从而促进财富的

---

① 〔英〕马尔萨斯:《政治经济学原理》,厦门大学经济系翻译组译,商务印书馆,1962,第120页。

② 《马尔萨斯致李嘉图》(1815年2月12日),见《大卫·李嘉图全集》第6卷,第209页。

③ 〔英〕马尔萨斯:《政治经济学原理》,厦门大学经济系翻译组译,商务印书馆,1962,第120页。"有效需求"大体上可被界定为总供给与总需求相等时处于均衡状态的需求。

增长。"① 对此，马克思批判道："马尔萨斯关心的不是要掩盖资产阶级生产的矛盾，相反，他关心的是要突出这些矛盾，以便一方面证明工人阶级的贫困是必要的（它对这种生产方式来说，确实是必要的），另一方面向资本家证明，为了给他们创造足够的需求，养得脑满肠肥的僧侣和官吏是必不可少的。"②

马尔萨斯将"地租是自然对人类的赠予"偷换成"地租是自然对土地所有者的赠予"。马尔萨斯为没有作出任何生产性贡献的土地所有者无偿占有社会劳动的产物（地租）作出了逻辑自洽的辩护。无疑，这是在刻意地讨好土地所有者。马克思将马尔萨斯称作"土地贵族的职业献媚者"③。马尔萨斯并不反对资本主义经济，相反，他只是希望这种经济不是革命的，并且让它为旧社会的实体性因素（地主所有制、年金领取者、收税人、教会的什一税、国债、交易所经纪人、教区小吏、牧师和家仆等）提供尽可能广阔和适宜的物质基础。而这些实体性因素，在李嘉图看来，恰恰是资产阶级生产的障碍和累赘。

在地租论上，马尔萨斯、斯密、李嘉图构成了逻辑递进的三个环节。马尔萨斯将地租视作自然现象；斯密不否认地租具有一定的自然性，但他主要将之归诸人与人之间经济关系的产物；李嘉图将地租与劳动价值论联系起来。如马克思所说，地租是与剩余价值纯粹形式（本质）"距离最远"的剩余价值派生形式。李嘉图对地租的认识是最接近剩余价值纯粹形式（本质）的。

我们先来看斯密的理论。在《国民财富的性质和原因的研究》第一编第十一章"论地租"中，斯密指出："这样看来，作为使用土地的代价的地租，当然是一种垄断价格。它完全不和地主改良土地所支出的费用或地主所能收取的数额成比例，而和租地人所能缴纳的数额成比例。"④ "垄断价格"表明人与人之间的经济关系。根据斯密的观点，地租其实是农产品价格高于其价值的差额。在第二编第五章"论资本的各种用途"中，斯密

① 〔英〕马尔萨斯：《政治经济学原理》，厦门大学经济系翻译组译，商务印书馆，1962，第338页。
② 《马克思恩格斯全集》第三十五卷，人民出版社，2013，第58页。
③ 《马克思恩格斯全集》第三十四卷，人民出版社，2008，第125页。
④ 〔英〕斯密：《国民财富的性质和原因的研究》上卷，郭大力、王亚南译，商务印书馆，1972，第138页。

认为："农业家资本所能推动的生产性劳动量最大。他的工人是生产性劳动者，他的牲畜也是生产性劳动者。在农业上，自然也和人一起劳动；自然的劳动，虽无须代价，它的生产物却和最昂贵的工人生产物一样，有它的价值。农业的最重要的任务，与其说是增加自然的产出力，无宁说是指引自然的产出力，使生产最有利于人类的植物，虽然它也增加自然的产出力。"① 对于"他的牲畜也是生产性劳动者"，马克思调侃为斯密的"幽默"②。不知斯密是否要给"牲畜"发工资。关于地租，可以看到，斯密在承认人的劳动的同时，还认为自然也和人一起劳动，自然也有产出力。这也许是斯密徘徊于经验唯物主义和社会唯物主义的不彻底性所致。李嘉图比斯密更加进步，他否认地租的自然性。刚才引用了马尔萨斯致李嘉图的信中的话："地租无疑是业已创造的财富的一部分，但是并不因此而就不创造财富。"李嘉图的复信中并未直接回应这句话，但分歧无疑是存在的。在1818年8月20日致马尔萨斯的信中，李嘉图说得明确："我承认，由于农业的改进，大量财富可以被创造出来，以及在社会的自然发展中，这种财富的很大一部分最终可能以地租的形式归于地主，可是这并不能改变地租总是财富的转移而绝不是财富的创造这一事实。因为，在作为地租交给地主以前它一定已经成为存货的利润，而其中一部分之所以移交给地主，只是因为比较贫瘠的土地已被耕种。"③ 李嘉图正确地看到了地租是优中等地的劳动所得到的（超过最劣等土地的）超额利润的转化形式，以马克思的术语来表达，即农产品价值超过生产价格的余额。对此，马克思述评道："李嘉图把地租理论同价值规定这样直接地、有意识地联系起来，这是他的理论贡献。……就从李嘉图在这里正确地看做真正意义上的地租的真正的农业地租来说，地租是为了获得许可在土地这个生产要素上投资，以资本主义方式进行生产而支付的东西。"④ 根据劳动价值论，土地产品由生产它所耗费的劳动量决定；而不同土地具有不同的土壤肥力，也

---

① 〔英〕斯密：《国民财富的性质和原因的研究》上卷，郭大力、王亚南译，商务印书馆，1972，第333页。原文是：No equal capital puts into motion a greater quantity of productive labour than that of the farmer. Not only his labouring servants, but his labouring cattle, are productive labourers。

② 《马克思恩格斯全集》第三十五卷，人民出版社，2013，第198页。

③ 《李嘉图致马尔萨斯》（1818年8月20日），见《大卫·李嘉图全集》第7卷，第288页。

④ 《马克思恩格斯全集》第三十四卷，人民出版社，2008，第270~271页。

使耗费在上面的劳动量不同，耗费在肥沃土地上的劳动量少，耗费在劣等土地上的劳动量多，"当质量较差的土地投入耕种时，农产品的交换价值就会上涨，因为生产所需的劳动量增加了"①。由于一般利润率的存在，劣等土地的预付资本要求获得平均利润（否则就不会投资），所以，农产品的价格由劣等土地的劳动量决定；最劣等土地没有地租，②除此之外的其他土地（略劣等土地、肥沃土地等）能够获得地租。这里我们又一次看到了李嘉图坚持劳动价值论、反对收入价值论的正确性："谷物价格高昂不是因为支付了地租，相反地，支付地租倒是因为谷物昂贵。人们曾经正确地指出，即使地主放弃全部地租，谷物价格也不会降低。"③"支付地租倒是因为谷物昂贵"，表明地租不可能是商品价值的三个来源之一。这里值得强调的有两点：一是，李嘉图没有区分前资本主义的地租和资本主义的地租，他实际上研究的是资本主义地租；二是，李嘉图拒绝将地租把握为自然现象，也拒绝认可地租具有一定自然性，表明他的经济学确实达到了社会唯物主义的哲学高度，而并非像马尔萨斯那样，将社会历史现象"拉低到"自然现象的层面再予以"经验"。

　　李嘉图认为最劣等土地没有地租，表明他否认绝对地租的存在。这是错误的。绝对地租是存在的，它源于土地所有权的存在。关于土地所有权，马克思说："土地所有权在这里表现为派生的东西，因为，现代土地所有权事实上是封建的，但是由于资本对它的作用而发生了形态变化，因而它作为现代土地所有权的形式是派生的，是资本主义生产的结果。"④"资本所能做的一切，就是使农业服从资本主义生产的条件。但是，资本

①　《政治经济学及赋税原理》，见《大卫·李嘉图全集》第 1 卷，第 58 页。

②　李嘉图说："事实上始终有一种耕地不能提供任何地租，这种土地所生产的谷物的价格只能偿还工资与利润。"（《政治经济学及赋税原理》，见《大卫·李嘉图全集》第 1 卷，第 349 页。也见第 57 页。）顺便一提，李嘉图认为工业品的价值也由劣等条件下的劳动量决定。这是不对的。工业品的价值是由中等条件下的劳动量决定的。之所以存在不同，原因是：农业的资本有机构成低于工业的资本有机构成，农业中土地资源是稀缺的和垄断的，工业中存在资本转移和市场竞争，促使生产者优胜劣汰，劣等条件下的劳动量不可能长久持存。

③　《政治经济学及赋税原理》，见《大卫·李嘉图全集》第 1 卷，第 59 页。这里的"人们曾经正确地指出"，李嘉图作了"参阅马尔萨斯《地租的性质与发展》"的注释。在"即使地主放弃全部地租，谷物价格也不会降低"上，李嘉图和马尔萨斯是有共识的。不过，李嘉图将地租的存在视作国富的征兆，而马尔萨斯将地租的存在视作国富的原因。（见第 61～62 页）

④　《马克思恩格斯全集》第三十四卷，人民出版社，2008，第 169 页。

主义生产不能剥夺土地所有权对一部分农产品的占有，而这部分农产品，资本靠它自己的活动是不可能占有的，而只有在没有土地所有权存在这个前提下才能占有。在土地所有权存在的条件下，资本就不得不把价值超过费用价格的余额让给土地所有者。"① 土地所有权在资本主义生产之前就存在，但它作为对土地这个基本资源的控制权，要求分享资本所创造的利润（"这部分农产品，资本靠它自己的活动是不可能占有的"），此即绝对地租。李嘉图所设想的废除土地所有权是符合资本要求的空想。"土地所有权是夺取产业资本生产的一部分剩余价值的手段。……李嘉图所说的废除土地所有权，即把土地所有权变为国家所有权，从而把地租交给国家而不是交给土地所有者，是一种理想，是从资本最内在的本质中产生的内心愿望。资本不可能废除土地所有权。但是，通过把土地所有权转化为〔交给国家的〕地租，资本作为阶级占有了地租，以抵补自己的国库开支，就是说，资本通过迂回的办法占有了它不能直接拿到手的东西。"② 基于此，马克思进一步指出："李嘉图认为，在不提供地租的土地上，产品的价格等于产品的价值，因为价值等于平均价格，即预付资本加平均利润。所以，李嘉图错误地认为，商品的价值等于商品的平均价格。如果这种错误的前提不能成立的话，那么绝对地租就是可能的，因为农产品的价值，如同其他所有商品中的一大类商品的价值一样，是高于它们的平均价格的，但是，由于土地所有权的存在，农产品的价值不会像其他这些商品那样平均化为平均价格。"③ 农业的资本有机构成高于工业的资本有机构成（李嘉图认为两者相等，所以才有一般利润率），所以同量劳动在农业中创造的价值要高于它在工业中创造的价值，由于土地私有权，高出来的这一部分价值就留在了农业中，并不参与利润转化为平均利润（利润率平均化）的过程。农产品价值比平均利润高的部分，就转化为绝对地租。不过，仅就李嘉图混淆价值和生产价格来说，他确实有理由否认绝对地租的存在。马克思在 1862 年 8 月 2 日致恩格斯的信中非常理解李嘉图的逻辑："李嘉图把价值同费用价格混为一谈。所以他认为，如果存在绝对地租（即与各类土地的不同肥力无关的地租），那么，农产品等等的出售价格就会由于高于费用价格（预付资本 + 平均利润）而经常高于价值。这就会推翻基本

---

① 《马克思恩格斯全集》第三十四卷，人民出版社，2008，第 269 页。
② 《马克思恩格斯全集》第三十五卷，人民出版社，2013，第 326 页。
③ 《马克思恩格斯全集》第三十四卷，人民出版社，2008，第 180～181 页。

规律。所以，他否认绝对地租，只承认级差地租。"①

我们承接李嘉图的思路来看。他否认了绝对地租，那么，他所说的地租就仅仅是级差地租。级差地租分为Ⅰ和Ⅱ。斯密早有论及，② 李嘉图继承了下来，马克思最为完善地表述了级差地租理论。概言之，级差地租Ⅰ是由于土壤肥力和位置差异而产生的超额利润转化而来的地租，级差地租Ⅱ是由于连续追加等量资本产生了不同的生产率而形成的地租。无论是哪种级差地租，农业资本家都能得到平均利润。下面来具体看一下李嘉图在分析中存在的问题。

其一，李嘉图认为土地耕种顺序是，最肥沃和位置最适宜的土地优先投入耕种，其次是较好的土地，然后逐渐向较坏的土地推移。这个看法是对英国17世纪末18世纪初资产阶级为了满足对内剥削、对外掠夺的需要，将资本大量投资于农业耕种的历史过程的客观反映。马克思述评道："从较好的土地向较坏的土地推移这个前提，……这个前提只有在像英国这样一个国家才能产生，在那里，资本在一个相对来说很小的疆域内如此残酷无情地实行统治，几百年来毫不怜惜地极力使一切传统的农业关系适合于自己。"③ 不过，总体说来，资本主义社会的土地耕种顺序并非必然如李嘉图所认为的那样。马克思批评道："但是，肥力的差别本身并不意味着必须去耕种越来越坏的土地。"④ 只要存在土地经营权的垄断，从较坏的土地向较好的土地的推移也是可能的，也会产生级差地租。李嘉图没有注意到土地经营权的垄断。此外，任何土地都有改良的绝对可能性。⑤这个观点出自李嘉图级差地租理论的前辈、英国经济学家詹姆斯·安德森（1739~1808）。李嘉图似乎忘记这一点了。

其二，李嘉图认为级差地租的产生根源在于土地肥力递减规律（也称农业生产率趋于下降的规律）。根据这一规律，对同一块土地连续追加等量投资所得的生产率是递减的。这个规律也是李嘉图和马尔萨斯的共识。"李嘉图用农业生产率的绝对降低来说明级差地租，而这种降低完全不是级差地租的前提。……另一方面，认为农业生产率绝对降低，并把这种降

① 《马克思恩格斯文集》第十卷，人民出版社，2009，第188页。
② 参见〔英〕斯密《国民财富的性质和原因的研究》上卷，郭大力、王亚南译，商务印书馆，1972，第140页。
③ 《马克思恩格斯全集》第三十四卷，人民出版社，2008，第264页。
④ 《马克思恩格斯全集》第三十四卷，人民出版社，2008，第29页。
⑤ 参见《马克思恩格斯全集》第三十四卷，人民出版社，2008，第96、159、357页。

低说成是农业的发展规律。"① 历史地看，农业生产率是提高的，而且之所以能对同一块土地连续追加等量投资，也多是由于农业生产率提高（技术进步）。在 1851 年 1 月 7 日致恩格斯的信中，马克思从历史事实和理论逻辑两个方面对李嘉图所认为的"人口不得不耕种越来越坏的土地"，"只有当谷物价格上涨时，地租才能提高"，"全国的地租总额如果增加，这只是由于很大数量的较坏的土地被耕种了"作了批评："（1）毫无疑问，随着文明的进步，人们不得不耕种越来越坏的土地。但是，同样毫无疑问，由于科学和工业的进步，这种较坏的土地和从前的好的土地比起来，是相对地好的。（2）自 1815 年以来，谷物的价格从 90 先令下降到 50 先令……而地租却不断地提高。……（3）我们在各个国家都发现，像配第曾经指出的：当谷物价格下跌时，国内地租的总额却增加了。"② 所以，李嘉图的级差地租不必以土地肥力的递减为前提。恩格斯在 1 月 29 日的回信中称赞马克思是"地租问题经济学家"。③ 在马克思看来，李嘉图之所以犯此错误，是因为他的地租理论建立在两个错误前提之上。马克思指出："第一个错误前提是：地租的存在和增加以农业生产率不断降低为条件；第二个错误前提是：利润率＝相对剩余价值率的提高或下降，只能同工资的下降或提高成反比。"④ 马克思对李嘉图的地租论作了历史的和科学的界定："李嘉图的地租学说无非是工业资产者为反对地主而进行的生死斗争在经济学上的表现。"⑤

　　列宁在《土地问题和"马克思的批评家"》中批评土地肥力递减规律是回避农业落后的社会历史原因的资本主义辩护术："事实上，'追加的（或连续投入的）劳动和资本'这个概念本身，就是以生产方式的改变和技术的革新为前提的。要大规模地增加投入土地的资本的数量，就必须发明新的机器、新的耕作制度、新的牲畜饲养方法和产品运输方法等等。当然，较小规模地'投入追加劳动和追加资本'，可以在原有的、没有改变的技术水平的基础上实现（而且正在实现）。在这种情况下，'土地肥力递减规律'在某种程度上倒是适用的，这就是说，如果技术情况没有改变，能够投入的追加劳动和追加资本就是非常有限的。可见，我们得出的

① 《马克思恩格斯全集》第三十四卷，人民出版社，2008，第 270 页。
② 《马克思恩格斯文集》第十卷，人民出版社，2009，第 64 页。
③ 《马克思恩格斯文集》第十卷，人民出版社，2009，第 67 页。
④ 《马克思恩格斯全集》第三十四卷，人民出版社，2008，第 497 页。
⑤ 《马克思恩格斯全集》第四十二卷，人民出版社，1979，第 247 页。

并不是普遍的规律，而是极其相对的'规律'，相对得说不上是一种'规律'，甚至说不上是农业的一个重要特征。"① 列宁还引用大量历史材料证明技术进步可以使相对减少的农村人口为日益增多的总人口生产越来越多的农产品。其实，李嘉图自己就曾以农业生产率提高（技术进步）来反驳马尔萨斯关于人口增加超过粮食（生活资料）增加的观点："农业的改良和优良的肥力都会使土地能够在将来产生更高的地租，因为那时在同样的食物价格下将有更大的产量。但在人口没有按同一比例增加以前，食物的增加量是没有人需要的，所以地租便不会提高而会降低。"② 总之，土地肥力递减规律（农业生产率趋于下降的规律）对于李嘉图级差地租理论来说是不必要的，马克思将之称作李嘉图在自己著作中"任意加上的、对他的论述来说没有必要的加筑部分"③。

## 第二节　欧文：社会主义空想家

刚才谈到英国工业资本家和土地贵族各自的理论代表，下面让我们把视角转向英国的劳动者阶层，看看他们的理论代表。

英国的劳动者阶层主要包括农民、小生产者和工人。16 世纪以来的圈地运动使农民被迫失去土地，成为流浪者，处境悲惨。英国早期空想社会主义者托马斯·莫尔（1478～1535）将之讥讽为"羊吃人"："你们的羊，……一向是那么驯服，那么容易喂饱，据说现在变得很贪婪、很凶蛮，以至于吃人，并把你们的田地，家园和城市蹂躏成废墟。……因此，佃农从地上被撵走，为的是一种确是为害本国的贪食无餍者，可以用一条栏栅把成千上万亩地圈上。有些佃农则是在欺诈和暴力手段之下被剥夺了自己的所有，或是受尽冤屈损害而不得不卖掉本人的一切。"④ 随着产业

---

① 《列宁全集》第五卷，人民出版社，2013，第 88 页。引文内容写于 1901 年。

② 《政治经济学及赋税原理》，见《大卫·李嘉图全集》第 1 卷，第 351 页。

③ 《马克思恩格斯全集》第三十四卷，人民出版社，2008，第 101 页。

④ 〔英〕莫尔：《乌托邦》，戴镏龄译，商务印书馆，1982，第 20 页。马克思在《资本论》第一卷"所谓原始积累"一章中有过引用和分析。（参见《马克思恩格斯文集》第五卷，人民出版社，2009，第 826～827、845 页。）"羊吃人"的结果有二：一是，有钱贵族谋取巨额利润，成为资产阶级化的新贵族；二是，农民自由得一无所有，不得不沦为以出卖劳动力为生的无产阶级。针对"羊吃人"的悲惨世界，马克思一针见血地指出："资本来到世间，从头到脚，每个毛孔都滴着血和肮脏的东西。"（《马克思恩格斯文集》第五卷，人民出版社，2009，第 871 页。）

革命的推进，圈地运动的合法化，农民自由得一无所有，不得不沦为无产者，以出卖劳动力为生。小生产者同样难与产业革命所创造的巨大生产力相抗衡，也不得不沦为无产者，以出卖劳动力为生。大机器生产在雇佣成年劳动力的同时，也使用了大量女工和童工。工人缺乏与资本家"叫板"的实力，罢工甚至被议会判定为非法的。1815 年英国取得了反法战争（反对拿破仑统治下的法兰西第一帝国）的胜利，但随之而来的是工农业的大萧条，劳动者更加弱势、更加悲惨。恩格斯描写道："工场手工业时代的迟缓的发展进程转变成了生产中的真正的狂飙时期。社会越来越迅速地分化为大资本家和一无所有的无产者，……无家可归的人挤在大城市的贫民窟里；一切传统的血缘关系、宗法从属关系、家庭关系都解体了；劳动时间，特别是女工和童工的劳动时间延长到可怕的程度；突然被抛到全新的环境中的劳动阶级大批地堕落了。"① 罗伯特·欧文（1771～1858），一位有着孩子一般单纯性格和天生领袖气质的工厂主、慈善家、改革家出现了。他为了拯救苦难深重的劳动者阶层，奔走一生。1800 年欧文担任新拉纳克棉纺厂的经理，他努力改善经营条件、缩短劳动时间、提高工资，建立住宅和学校，为工人安心工作提供基本生活保障；1815 年提出改善童工和成年工人状况的立法草案；1824 年在美国建立"新和谐"共产主义移民区；1832 年创立"劳动公平交换市场"；1833～1834 年建立"全国生产部门大联盟"；等等。欧文屡遭失败，但屡败屡战，知行合一，矢志不渝。恩格斯盛赞曰："当时英国的有利于工人的一切社会运动、一切实际进步，都是和欧文的名字联在一起的。"② 欧文的理论存在如下两个问题。

第一，盲目相信理性，认为人性决定决定人性的制度，制度决定决定制度的人性。

欧文认为，无知是罪恶的根源，理性（知识）是幸福的根源。欧文认为："人生下来就是无知的，从出生时开始就受到某个教派和某个阶级的谬见的包围，经常囿于某个党派的谬见，而且终生都摆脱不了某个国家的谬见。"③ 由于教派、阶级、党派和国家这四个层面上的谬见和偏见，人们无法认识周围事物的本来面目。欧文特别反对神学这种谬见和偏见：

---

① 《马克思恩格斯文集》第九卷，人民出版社，2009，第 277 页。
② 《马克思恩格斯文集》第九卷，人民出版社，2009，第 280 页。
③ 《欧文选集》第一卷，柯象峰、何光来、秦果显译，商务印书馆，1979，第 224 页。

"以往所教的一切神学，世界上目前所知的一切神学，不但无益，而且有害。"①

　　人类迄今为止所遭受的罪恶都是人们（统治阶级和被统治阶级）的无知导致的。"人的自然愿望在于取得幸福；但是，他周围众多的人和愚昧无知地设计出来的社会制度，却极力阻挠他达到这一目的，而且获得了成功。"② 当下社会最大的无知就是私有制。欧文在《上利物浦伯爵书》中说："但富人所持有的一切，都是从这个阶级身上得来的。富人们之所以能陶醉于有害自己的过分奢侈的生活，只是由于依靠穷人的劳动；这些穷人，甚至连足够的生活必需品都无法得到，至于周围所见到的无数生活享用品就更不用提了。"③ 在《新道德世界书》中，欧文也说："私有财产过去和现在都是人们所犯的无数罪行和所遭的无数灾祸的根源，所以人们应该欢迎新纪元的来临。……拥有私有财产，可使它的持有人变成无知的利己主义者，而且这种利己主义的严重程度通常与财产的数量成正比。私有者是这样利欲熏心，以致其中的很多人，虽然财富年年增加，大大超过他们的合理需要，可是在看到或听到每天有成千上万的同胞因为富人不给工作而死亡的消息时，却无动于衷。"④ 私有制在原则上是不合乎正义的，在实践上是不合乎理性的。与无知相对立的是理性（知识）。这是对人性的正确认识。欧文认为，建立在理性（知识）基础上的社会科学涉及最佳的生产规律、分配规律和最好的教育制度、管理制度，它能够帮助人们取得幸福。"这种科学的确可以称为防止愚昧、贫困、犯罪行为和苦难的科学。它诚然可以为人类开创一个新的世纪，那时真正的幸福就会出现并随着人类的子孙万代不断增长。"⑤ 人们一旦认识到理性（知识），就会使之成为自己今后行动的明确纲领，人们就再也不会离开正路了。无知和理性（知识）的对立在欧文那里是贯彻始终的，再如：人为价值和内在价值、个人主义和财产公有、违反自然法和遵守自然法、"工业城市"和"所筹划的新村"、为环境所控制的社会和主动控制环境的社会、非理性的旧制

①　《欧文选集》第一卷，柯象峰、何光来、秦果显译，商务印书馆，1979，第3页。
②　《欧文选集》第一卷，柯象峰、何光来、秦果显译，商务印书馆，1979，第225页。
③　《欧文选集》第一卷，柯象峰、何光来、秦果显译，商务印书馆，1979，第149页。
④　《欧文选集》第二卷，柯象峰、何光来、秦果显译，黄鸿森、沈桂高校，商务印书馆，1981，第11~12页。
⑤　《欧文选集》第一卷，柯象峰、何光来、秦果显译，商务印书馆，1979，第336页。

度和新道德世界等，也都是对立的。

在欧文那里，过去的无知状态是不可避免的，是创造现在所必要的；现在的无知状态也是不可避免的，也是创造未来所必要的。欧文非常自信他所主张的理性制度"合乎真理和有利于一切阶级"，而且他认为，消除了无知状态后，人们马上就会从经验中学到如何培养个人的性格，使个人与全体人类得到最大幸福。但是，欧文更加强调，人们自幼形成的偏见和养成的习惯不可能"一下子改变过来"①，所以，不应采取暴力革命和阶级斗争的方式，而应通过宣传和教育逐步地、安静地、改良式地完成从无理性到理性的过渡。欧文说："从愚昧的、可憎的、无组织的和悲惨的现在过渡到文明幸福的、令人向往的和组织良好的未来，如果依靠对某一部分人施加暴力或者发怒和仇视的办法，这种过渡是决不能实现的。不能这样。全部人类事业的这一伟大变革，只能通过发展伟大的基本真理，由那些能够得到人性和社会的实际知识的人以和平、善意、仁慈的精神向人们传播这些真理，耐心不懈地、坚定不移地向人们解释这些真理的办法，才能最后完成。"② 欧文还强调"逐步地、安静地、改良式地完成从无理性到理性的过渡"是世界性的事业："尽管我们必须进行广泛的（更确切地说是普遍的）社会改革才能使社会从它目前难以应付的困难中解脱出来，这种社会改革仍然要在各民族和各有关方面的善意与热情合作之下和平地、安静地实现。这种改革由于本身所能产生的利益，必然会几乎同时在所有的文明国家中经过一致的同意开始进行。一旦开始之后它就会日益加速地、不受阻挠地向前发展，把世界的现有制度打垮。"③

李嘉图和西斯蒙第这两位在经济学立场和观点上截然对立的经济学家，在对欧文的看法上却近乎完全相同。李嘉图认为："欧文本身是个仁慈的热心人，愿意为他喜爱的目的作出巨大的牺牲。他的伟大支持者肯特公爵也应该因为这种慈善的意图而受到赞扬，但在我看来，他对于应作为管理济贫院的一切原则全然无知。……一个通情达理的人能像欧文那样相信，在一个他设计的那样的社会里，如果人们是由对社会的关心，而不是

---

① 《欧文选集》第二卷，柯象峰、何光来、秦果显译，黄鸿森、沈桂高校，商务印书馆，1981，第70页。

② 《欧文选集》第二卷，柯象峰、何光来、秦果显译，黄鸿森、沈桂高校，商务印书馆，1981，第69页。

③ 《欧文选集》第一卷，柯象峰、何光来、秦果显译，商务印书馆，1979，第334页。

由对他们私人利益的关心，来刺激他们努力，靠同样的人数就能比过去繁荣和生产更多的东西吗？许多世代的经验岂不是同他所想的相反吗？"①西斯蒙第则说："那些对人的思想了解或体验得不多而对人类充满热情的人，以合作的名义提出了一个崭新的社会制度，企图利用为完成社会所需的一切工作而组成的团体的利益来代替个人利益。欧文先生是这派学说的最有名的作者，这派学说在英国、法国和美国有很多的拥护者。然而，这个学说的原则是不值一驳的；直到现在，还没有给人以深刻印象的关于这些原则的说明，而且，由于这些人在著作里表现对人类那么亲切，出发点那么纯正，人们总不忍揭发他们的一切错误和矛盾。"②

　　以上所述表明欧文对理性（无论是理性的人，还是理性的制度，抑或是理性的社会）的盲目信仰。这其实也是他对 18 世纪法国启蒙思想（抽象人性、永恒理性）的继承。这里我们可以看到欧文思想内在的二律背反。一方面，他认为，人性决定制度，只有把人从谬见和偏见中解放出来，使人认识到理性本性，才能够改变资本主义制度。另一方面，他又认为，制度决定人性，"过去和现在的世界上的一切制度都是那种千变万化的狂颠的证明，而人类的心灵正处于这样的狂颠的包围之中"③。"我知道环境对于人性具有决定性的影响，所以当然希望创造一种更完善的新环境，以推动不列颠政府抛弃已经过时的虚伪和邪恶的制度，而在理论上和实践上采取另一种以真理为基础的制度。"④ 要使人们从不可避免的无知状态中摆脱出来，就必须安排一个新环境。⑤ 由此，人性决定决定人性的制度，制度决定决定制度的人性。这种相互决定必然导致无穷递进。黑格尔在《小逻辑》中以斯巴达民族的风俗与斯巴达民族的制度两者谁是原因、谁是结果为例，说明这种相互决定（相互作用）的肤浅性："相互作用无疑地是由因果关系直接发展出来的真理，也可说是它正站在概念的门口。但也正因为如此，为了要获得概念式的认识，我们却不应满足于相互关系的应用。"⑥ 马克思在《关于费尔巴哈的提纲》中进一步发挥了这一

① 《李嘉图致特罗尔》（1819 年 7 月 8 日），见《大卫·李嘉图全集》第 8 卷，第 50 页。
② 〔瑞士〕西斯蒙第：《政治经济学新原理》，何钦译，商务印书馆，1964，第 476 页。
③ 《欧文选集》第一卷，柯象峰、何光来、秦果显译，商务印书馆，1979，第 223 页。
④ 《欧文选集》第二卷，柯象峰、何光来、秦果显译，黄鸿森、沈桂高校，商务印书馆，1981，第 73 页。
⑤ 参见《欧文选集》第一卷，柯象峰、何光来、秦果显译，商务印书馆，1979，第 347 页。
⑥ 〔德〕黑格尔：《小逻辑》，贺麟译，商务印书馆，1980，第 322 页。

点："关于环境和教育起改变作用的唯物主义学说忘记了：环境是由人来改变的，而教育者本人一定是受教育的。因此，这种学说必然会把社会分成两部分，其中一部分凌驾于社会之上。环境的改变和人的活动或自我改变的一致，只能被看做是并合理地理解为革命的实践。"① 黑格尔所要求的"概念式的认识"、马克思所要求的"革命的实践"，都是要找到这种相互决定（相互作用）背后的内在矛盾。唯有从内在矛盾出发，才能揭示资本主义社会诸多问题的真正症结，也才能找到扬弃这种症结的正确道路。1819 年 8 月 16 日英国曼彻斯特数万名工人在圣彼得广场集会，要求普选权和无记名投票权，表明无产阶级作为一个阶级初步自觉到自身的经济利益和政治地位。后来的英国宪章运动、德国西里西亚纺织工人起义、法国里昂工人起义，更是如此。阶级斗争的客观现实呈现出资本主义社会的内在矛盾，以及无产阶级作为扬弃资本主义社会的历史性主体的重要地位。马克思恩格斯说："阶级斗争越发展和越具有确定的形式，这种超乎阶级斗争的幻想，这种反对阶级斗争的幻想，就越失去任何实践意义和任何理论根据。"② 然而遗憾的是，欧文反对暴力革命和阶级斗争，谴责无产阶级旨在稍微改善他们状况的尝试（比如罢工、组织同盟）。恩格斯不无遗憾地说："1800～1840 年的英国无产者对罗伯特·欧文为了拯救他们而设想出来的计划感到陌生和不可理解。"③ 欧文在他为之奋斗一生的无产阶级解放事业面前退缩了（反对无产阶级的或自发或自觉的阶级斗争）。

第二，将原本作为资产阶级意识形态的李嘉图经济学反身性地应用于批判资本主义社会，论证无产阶级利益诉求。

欧文与李嘉图有着颇多的交往，两人互相敬服对方的人格，但又看不上对方的学说。诚如恩格斯 1885 年 5 月在为《资本论》第二卷所写序言中所说的，"在 20 年代（指 19 世纪 20 年代——引者注），在为无产阶级的利益而利用李嘉图的价值理论和剩余价值理论来反对资本主义生产，以及用资产阶级自己的武器来和资产阶级进行斗争的全部文献中，我们说到的这本小册子，不过是站在最前面的前哨。欧文的整个共产主义在进行经

---

① 《马克思恩格斯文集》第一卷，人民出版社，2009，第 500 页。恩格斯在 1888 年发表的该稿本中将欧文视作引文中所谈的那种唯物主义的代表人物。（第 504 页）
② 《马克思恩格斯文集》第二卷，人民出版社，2009，第 64 页。
③ 《马克思恩格斯文集》第四卷，人民出版社，2009，第 458 页。

济学论战时，是以李嘉图为依据的"①。

欧文的基本观点有二。其一，资本主义社会实现了生产力的迅速提高，却使劳动者缺乏有益的工作并因此遭受困苦，后者是非理性的，所以，应进行分配方式的改革，使劳动者分享到生产力迅速提高带来的利益。欧文说："然而，这些居民中为数二千五百名的工人每日为社会生产的财富，在不到半个世纪以前，要用六十万人才能生产出来。我曾经自问：这二千五百人和六十万人之间消费的财富相差多少？想到这里，我就比以前更加看清了那种使所有的人，特别是生产阶级，受到这么多灾难的现存制度的一切错误和极端无知，但是社会所拥有的可以创造普遍幸福的大量生产资料和潜力，却完全不受重视。如果不是利用机器（虽然利用得不够好）生产了这些新的财富，那末，反对拿破仑并维护贵族原则的欧洲战争就不可能打起来。然而这种新的力量是工人阶级创造出来的。"② 恩格斯在《反杜林论》中分两段引用了这段话，并主动地回答了欧文的上述问题："答案是明白的。这个差额是落到企业所有者的手里去了，他们除了领取5%的创业资本利息以外，还得到30万英镑（600万马克）以上的利润。……在欧文看来，到目前为止仅仅使个别人发财而使群众受奴役的新的强大的生产力，提供了改造社会的基础，它作为大家的共同财产只应当为大家的共同福利服务。"③ 在欧文看来，分配方式的改革，不仅能使需要工作的人重新获得生产性的工作，而且能使引起全国民怨沸腾的贫困转化为繁荣。

其二，分配方式的改革应落实在价值标准的改革上。在欧文看来，价值标准最早是劳动，人们的"以物易物"是以一定数量的劳动换来同等数量的劳动。后来，商业出现了，这是人们的需要和相互交往的必然结果。"商业的原则是以最低的劳动量生产或取得每一件商品，然后又在交换中用它来博取最高的劳动量。"④ 欧文认为，商业原则要求采用人为的价值

① 《马克思恩格斯文集》第六卷，人民出版社，2009，第18页。马克思也说："在政治经济学上的李嘉图时期，同时也出现了反对派——共产主义（欧文）和社会主义（傅立叶、圣西门）（社会主义还只是处在它的发展的最初阶段）。"（《马克思恩格斯全集》第三十五卷，人民出版社，2013，第209页。）
② 《欧文选集》第二卷，柯象峰、何光来、秦果显译，黄鸿森、沈桂高校，商务印书馆，1981，第94页。
③ 《马克思恩格斯文集》第九卷，人民出版社，2009，第279页。
④ 《欧文选集》第一卷，柯象峰、何光来、秦果显译，商务印书馆，1979，第323页。

标准，比如黄金、白银和纸币。正因为这些价值标准都是人为规定的，它们使得剥削成为可能（一定数量的劳动换来更多数量的劳动），也大大阻碍了社会的普遍改进。欧文不无遗憾地指出，人为的价值标准竟使社会的繁荣和幸福任凭商业公司随意处理。这里，欧文错误地将剥削归诸不等价交换，他不理解剥削是资本主义生产方式本身的必然产物。

在欧文看来，改革价值标准就是要恢复自然的价值标准，即用一定数量的劳动换来同等数量的劳动。欧文说："从原则上讲，人类劳动或人类所运用的体力与脑力的结合是自然的价值标准。把这一原则立即付诸实现是极为有益的，在目前的形势下已是绝对必要的。"① 根据自然的价值标准，商品的价值取决于生产它所耗费的平均劳动量，劳动者的工资（或劳动报酬）也是如此。"世界上的一切市场完全是劳动阶级的劳动报酬造成的。市场的范围和利润都随着劳动阶级的劳动报酬的多寡而增减。"② 由是，生产和消费能够达到自发的平衡。"那时，人类劳动的需求也将不再被随意摆布，人类的生计将不象现在这样成为永远变动的一宗商品，劳动阶级也不再成为人为工资制度的奴隶。"③ 对于李嘉图不仅把人变成了帽子，而且更是直接地把无产者看成机器、役畜或商品的观点，欧文表现出极度的失望，认为这毫无同情心。欧文进而批评李嘉图不讲究实际。④

欧文在劳动价值论基础上提出了要求公平地交换产品的方案，比如建立以财产公有为基础的集体劳动的工农合作社、由工会联盟掌握生产部门并通过交换市场来组织彼此交换的自给自足的劳动公社、通过教育和劳动消除无知和贫困的公平交易的交换银行等。欧文 1817 年向英国下议院济贫法委员会提交的报告中还提出了关于革新世界的计划（报告全文刊登在同年 4 月 9 日的《泰晤士报》上）。李嘉图的好友哈奇斯·特罗尔批评欧文："欧文先生的计划我觉得既有缺点又很荒谬——弊病在于缺乏对劳动者的需求，就是缺乏对工业品或者对这种或那种产品的需求。可是，如果需求仍然是一样，人们创办用童工的新工厂，即使成功，其必然后果是从

---

① 《欧文选集》第一卷，柯象峰、何光来、秦果显译，商务印书馆，1979，第 309～310 页。也见第 322 页。

② 《欧文选集》第一卷，柯象峰、何光来、秦果显译，商务印书馆，1979，第 312 页。

③ 《欧文选集》第一卷，柯象峰、何光来、秦果显译，商务印书馆，1979，第 310 页。

④ 参见《欧文选集》第三卷，马清槐、吴忆萱、黄惟新译，商务印书馆，1984，第 184～185 页。

以前从事这种制造的一些其他人的手里把这种制造工作夺过来；这样做又有什么益处呢？因此，作为对任何现有弊病的一种补救办法，它一定完全不起作用；作为一种教育下层阶级的制度，很不可取，因为它把那些根据各种理由（除了费用方面的）都应该使其分散的大批人聚集在一起，如果我可以这样说的话。"① 李嘉图深表认同，并回复说："我有一种想法，想和欧文先生商量，有什么最好的计划专为我和我的后裔建立一个他的那种新村，村里可以容纳一些非后裔人家，但只以足够防止必须过独身生活为度。既然这个可怜的人已被世界所遗弃，甚至被《泰晤士报》的那位曾经非常可笑地吹捧过他的主笔先生所遗弃，他一定可以有空暇的时间把他的全部才能和全部热情都用在这样有希望的一种计划上。"② 欧文将自然的价值标准视作铲除资本主义生产方式这个现存祸害的手段，这种做法是错误的，错就错在承认资本主义生产关系（因），却试图改变交换方式（果）。李嘉图高度评价欧文的人品和努力："这是慈善为怀与热心公益的一个榜样，值得加以高度赞扬"，欧文先生"这么热情地推行他的计划，花费了这么多的时间和精力"，"在改善下层社会的处境方面似乎抱着过大的奢望"。③ 但是，李嘉图认为，"欧文先生的理论是跟政治经济学原理有抵触的"，"这对社会将引起无穷祸殃"，"欧文先生的计划有很多部分是空想"。④ 麦克库洛赫也认为欧文的计划是"富于幻想的空想计划"⑤。马克思也说："因此，那些要商品而不要货币、要产业资本而不要生息资本、要利润而不要利息的人，真不愧为小资产阶级空想主义者。"⑥ 不理解批判对象的批判，是茶杯里的风暴，是跪着的造反。

① 《特罗尔致李嘉图》（1817 年 4 月 28 日），见《大卫·李嘉图全集》第 7 卷，第 158 ～ 159 页。

② 《李嘉图致特罗尔》（1817 年 8 月 23 日），见《大卫·李嘉图全集》第 7 卷，第 185 页。由于欧文 1817 年 8 月 21 日痛斥人类迄今所领悟的一切宗教，《泰晤士报》于第二天发表了言辞激烈的批评言论，并认为欧文先生的戏幕落下来了，不会很快再升起。双方关系就此破裂。所以李嘉图才说：欧文"被《泰晤士报》的那位曾经非常可笑地吹捧过他的主笔先生所遗弃"。

③ 《关于欧文先生计划的一次集会》（1819 年 6 月 26 日），见《大卫·李嘉图全集》第 5 卷，第 451 页。也见第 321 ～ 324 页。

④ 《W. 德·克雷斯皮尼爵士关于欧文先生计划的动议》（1819 年 12 月 16 日），见《大卫·李嘉图全集》第 5 卷，第 58、62 页。

⑤ 《麦克库洛赫致李嘉图》（1819 年 9 月 25 日），见《大卫·李嘉图全集》第 8 卷，第 84 页。

⑥ 《马克思恩格斯全集》第三十五卷，人民出版社，2013，第 326 页。

## 第三节　西斯蒙第：小生产优越论者

西蒙·德·西斯蒙第（1773～1842）出生于瑞士的法语居民区。因其以法语写作，一般被认作法国经济学家。下面我将完成自己在本书第一章第三节中许下的关于李嘉图和西斯蒙第的对比性分析的承诺。

与英国以妥协的方式完成资产阶级革命（1688 年光荣革命）不同，法国在 1789 年以暴力的方式进行资产阶级革命，随后又经历诸多波折、多次复辟，直至 1830 年七月革命，资产阶级革命才真正结束。这一时期的社会矛盾极端复杂。资产阶级革命的胜利迈进和产业革命的迅速展开使金融资产阶级、酿酒业主、奢侈品业主赚得盆满钵满，所以他们大力主张自由贸易，其经济学上的代表人物是巴师夏（1801～1850）。这是一位鼓吹经济和谐的庸俗经济学家，在他看来，资本主义就是一种商品交换，资本家、工人、地主相互提供服务，对等利益交换，所以，要素和谐、领域和谐、阶级和谐。"我们只能说，社会大趋势是和谐，因为任何错误都导致失望，任何邪恶都会受到惩罚，不和谐终将一一消失。"[1] 而小生产者，则日渐贫困化，不仅在经济上受到资产阶级和土地所有者的排挤，而且在政治上也鲜有权利。西斯蒙第在《政治经济学新原理》第一版（1819 年）序中对此有过描述："我对于最近几年欧洲遭受的商业危机感到触目惊心；我在意大利、瑞士和法国亲眼见到产业工人所受的极度痛苦，至少说在英国、德国和比利时，社会情况完全相似。我认为这些国家，这些民族都走错了路，他们虽然努力设法补救，但是灾难愈益严重。我以同样悲痛的心情看到所有者、立法家和著作家为了改变经营方法所做的共同努力，这些经营方法本来应该给乡村带来更大的幸福，结果，由于希望得到更多的纯产品，却破坏了农夫的富裕生活。"[2] 西斯蒙第站在小生产者（"农夫的富裕生活"）的立场上，抨击新建立的资本主义制度。他与代表工业资本家利益的李嘉图产生了尖锐的对立。马克思说："如果说在李嘉图那里，政治经济学无情地作出了自己的最后结论并以此结束，那么，西斯蒙第则表

---

① 〔法〕巴师夏：《和谐经济论》，王家宝等译，中国社会科学出版社，1995，第 72 页。
② 〔瑞士〕西斯蒙第：《政治经济学新原理》，何钦译，商务印书馆，1964，第 16 页。西斯蒙第在 19 世纪初从事经济学研究时是斯密经济学的追随者。后来面对法国和瑞士的剧变，他改变了对斯密经济学的信仰。

现了政治经济学对自身的怀疑，从而对这个结束作了补充。"①

第一，以"人"为抽象价值悬设的经济浪漫主义。

李嘉图以价值（或交换价值）为出发点，西斯蒙第以"人"为出发点。西斯蒙第认为："政治学的目的是、或者应当是为组成社会的人类谋求幸福。……从政府的事业来看，人们的物质福利是政治经济学的对象。……政府是为所属的全体人民的利益而建立的；因此，它必须经常考虑全体人民的利益。"② 西斯蒙第并不抽象地反对积累财富，他反对的是为了积累财富而积累财富的做法。所以西斯蒙第说，斯密和李嘉图都忘记了"人"。斯密略好一些，因为他以各民族的历史为基础，对事实进行过细致的观察，进而才从中归纳出原理。而作为斯密的英国新学生，李嘉图"陷入了抽象，这就使我们把人遗忘了，而财富正是属于人而且为人所享受的"，他的学说"过于空洞，甚至可以说脱离一切实际"。③ 西斯蒙第将过于重视生产而忽视消费的政治经济学家（李嘉图无疑是代表人物）称作"滥用博爱精神的人们"，"他们常常为了抽象的理论而牺牲了人和现实利益"。④ 在第七章"论机器的发明造成人口过剩"的一个注中，西斯蒙第引用李嘉图《政治经济学及赋税原理》第二十六章"论总收入与纯收入"中的一段话，⑤ 批评道："怎么？财富就是一切，而人是微不足道的吗？怎么？财富本身由于赋税的关系算点儿什么吗？那简直只让那个国王自己留在岛上，不断地转动手柄，用机器人来完成英国的一切生产了。"⑥ 对此，李嘉图在1819年9月6日致穆勒的信中回应道："我一直在读西斯蒙第的著作。我认为这是一本非常贫乏的作品。在他对我的攻讦中，他不是

① 《马克思恩格斯全集》第三十一卷，人民出版社，1998，第455页。
② 〔瑞士〕西斯蒙第：《政治经济学新原理》，何钦译，商务印书馆，1964，第19、22页。
③ 〔瑞士〕西斯蒙第：《政治经济学新原理》，何钦译，商务印书馆，1964，第47~48页。
④ 〔瑞士〕西斯蒙第：《政治经济学新原理》，何钦译，商务印书馆，1964，第527~528页。
⑤ 西斯蒙第所引用的李嘉图原文是："每一个国家的全部土地和劳动产品都要分成三部分，其中一部分归于工资，一部分归于利润，另一部分归于地租。赋税与储蓄只能出自后面两部分。第一部分如果适度的话，永远是必需的生产费用。对于一个具有两万镑资本、每年获得利润两千镑的人来说，只要他的利润不会降低到两千镑以下，那就无论被雇工人是一百还是一千，所产商品售价是一万镑还是两万镑都无关紧要。一个国家的实际利益难道不也是这样么？只要纯实际收入不变，地租和利润不变，那么居民究竟是一千万还是一千二百万是无关重要的。"（《政治经济学及赋税原理》，见《大卫·李嘉图全集》第1卷，第295~296页。）
⑥ 〔瑞士〕西斯蒙第：《政治经济学新原理》，何钦译，商务印书馆，1964，第457页注释1。在该注中，西斯蒙第把魁奈的纯产品学说视作"对人类非常有害的学说"。

胸怀坦荡的，而是在若干处歪曲我的意思。"① 不过尽管如此，李嘉图仍然主张错误意见对于人们正确把握真理的重要意义："甚至西斯蒙第的错误，对于传播正确意见来说，也将是有用的。"② 李嘉图在 1822 年下半年赴欧洲大陆旅行时曾会见西斯蒙第，两人在学术上仍有分歧，但相互佩服对方的人格。李嘉图回忆说："尽管我与西斯蒙第先生在政治经济学的学说上有分歧，我非常钦佩他的才能，他的风度也给我留下了很好的印象。我看过他的论战性著作，却没有料想到，他竟是如此坦率和易于相处。"③ 西斯蒙第则回忆说："李嘉图先生最近去世了，他的死不仅使他的家人和朋友感到深刻的悲痛，也使那些从他的知识得到启发、从他的崇高感情受到鼓舞的人感到沉重的痛苦。在他去世的那年，他在日内瓦逗留过几天。我们曾经在一起对于我们主张不同的这个基本问题争论了两三次。李嘉图先生表示以谦虚、诚实和热爱真理的态度对待自己的研究工作，他的确也以这些高尚品质闻名，他对于自己的主张阐释得很明确，这决不是他的学生们所能预料的，他的学生在李嘉图先生经常的、直接的严格教导下，已经习惯于抽象思考了。"④

在西斯蒙第那里，"人"是抽象的价值悬设，西斯蒙第以此来批评当时资本主义生产的不合理（弱肉强食）。这种经济学进路，无时无刻不显露出主观主义的色彩。西斯蒙第固然也能看到社会关系维度，却无法深及资本主义生产中，对之作出结构性的科学分析。其一，西斯蒙第不理解资本主义生产中实际发生着的现实抽象，比如私人劳动转化为社会劳动，再如有着丰富感性特质的人被归诸经济范畴的人格化（资本家是资本的人格化、工人是劳动力的人格化、地主是土地的人格化），人与人的复杂关系

---

① 《李嘉图致穆勒》（1819 年 9 月 6 日），见《大卫·李嘉图全集》第 8 卷，第 60～61 页。

② 《李嘉图致特罗尔》（1819 年 9 月 25 日），见《大卫·李嘉图全集》第 8 卷，第 82 页。

③ 《李嘉图致特罗尔》（1822 年 12 月 14 日），见《大卫·李嘉图全集》第 9 卷，第 231～232 页。

④ 〔瑞士〕西斯蒙第：《政治经济学新原理》，何钦译，商务印书馆，1964，第 502 页。引文出自西斯蒙第的《论消费与生产的平衡》一文（该文首次发表于《百科全书评论》）。在该文中，西斯蒙第认为：李嘉图和萨伊都主张经济学家只注意财富的生产就够了，生产在创造交换手段的同时，也创造出消费，无论生产多少财富，也无需害怕财富充斥市场，因为人类的需要永远能把财富变成自己的享受；而马尔萨斯和"我"则主张，消费不是生产的必然结果，人类的需要虽没有限度，但也必须在具备足够的交换手段的基础上通过消费来得到满足，如果不是先有劳动的需求，由劳动的需求来决定生产，那么市场就会停滞，新的生产会成为使人破产而非使人享受的原因。（第 501 页）

被化约为数量关系（劳动量、货币量）。马克思将这种现实抽象称作"财富的不同社会要素互相间的这种独立化和硬化"，"这种物的人格化和生产关系的物化"。① 西斯蒙第只是对资本主义制度所导致的生产的无政府状态、生产过剩的经济危机、财富分配的严重不均、旧风尚和旧家庭关系的解体感到恐惧，以及对小生产者的贫困和没落表达同情。西斯蒙第说："明眼人应该认识那些不应有的灾难全是人为的，而被害者还是人。"② 所以他反对经济自由主义，而主张国家干预，认为政府应从小生产者立场出发，规范生产的无政府状态，保证全体人民特别是穷人富足而安宁的生活。其二，西斯蒙第也不理解李嘉图的"抽象"是对资本主义生产中实际发生着的现实抽象的客观反映。其实，批判资本主义的空想社会主义者也不理解这一点。西斯蒙第说李嘉图忘记了"人"，但事实上李嘉图并没有忘记"人"，他正确地看到了"人"作为经济范畴人格化的生产关系规定性，并论证一部分人（工业资本家）的利益是与这个正在诞生的新社会（资本主义社会）的生产发展要求相一致的。而西斯蒙第自诩是为了"人"（人类的幸福、人们的物质福利），可他的"人"太抽象、太宏大了，以至于他竟没有意识到他和他所批评的李嘉图一样都只是为了一部分人，他的经济学是指向小生产者的利益的。西斯蒙第在《政治经济学新原理》的最后部分中说："必须消灭的不是贫苦阶级，而是短工阶级；应该使他们回到私有者阶级那里去。……一旦老板体会到他和他所雇用的工人有相互连带关系，他就会看成：降低工人工资对他没有任何利益，而且会自动同工人合作，与工人分享企业的利润。"③ 西斯蒙第把一部分人（小生产者）的利益说成"人"的利益，而且这部分人还是随着这个正在诞生的新社会（资本主义社会）的生产发展要求而必然要被抛弃的旧社会残余，这体现了西斯蒙第经济学所不自觉地隶属于的意识形态本身的落后性和反动性。马克思恩格斯在《共产党宣言》中将西斯蒙第所不自觉地隶属于的意识形态归诸"重新把现代的生产资料和交换手段硬塞到已被它们突破而且必然被突破的旧的所有制关系的框子里去"。"但是，这种社会主义按其实际内容来说，或者是企图恢复旧的生产资料和交换手段，从而恢复旧的所有制关

① 《马克思恩格斯文集》第七卷，人民出版社，2009，第 940 页。在马克思看来，揭穿这种现实抽象是"古典经济学的伟大功绩。"
② 〔瑞士〕西斯蒙第：《政治经济学新原理》，何钦译，商务印书馆，1964，第 13 页。
③ 〔瑞士〕西斯蒙第：《政治经济学新原理》，何钦译，商务印书馆，1964，第 445～446 页。

系和旧的社会，或者是企图重新把现代的生产资料和交换手段硬塞到已被它们突破而且必然被突破的旧的所有制关系的框子里去。它在这两种场合都是反动的，同时又是空想的。工场手工业中的行会制度，农业中的宗法经济。这就是它的结论。"① 这种见解是深刻的。列宁在 19 世纪末所写的《评经济浪漫主义》一文中发挥了马克思恩格斯的思想："西斯蒙第反对大资本，也就是反对商品经济的一种最发达的形式，陷入了空想，而把小生产者（特别是农民）捧上了天，也就是把商品经济的另一种仅仅是萌芽状态的形式捧上了天。"② 西斯蒙第不懂得从简单商品生产到资本主义商品生产的历史必然性，他对小生产者的同情是复古主义的、浪漫主义的。

李嘉图与之不同，他坚持"为生产而生产"，这在之前已有谈及。这里再举一例。在第六章"论利润"中，李嘉图正确地看到了资本主义生产中土地肥力递减、生产愈发困难而导致的利润率下降的现象："利润的自然趋势是下降的；因为在社会和财富的发展中，必要的食品增加量是通过牺牲越来越多的劳动获得的。幸而生产必需品的机器常有改良，农业科学也有发现，使我们能够少用一部分以前必要的劳动，因而降低了劳动者的基本必需品的价格，所以才屡屡遏制了利润的这种趋势——这倾向下降的趋势。但必需品价格和劳动工资的上涨毕竟是有限度的……事实上早在达到这个时期（指资本不能提供利润、劳动需求也不会增加的时期——引者注）以前，很低的利润率就已经使一切积累停止"，"劳动者没有工资就活不下去，农场主和制造业者没有利润也是一样。他们的积累动机会随着利润的每一减少而减少；当利润低落到不足以补偿其用于生产的资本所必然碰到的麻烦和风险时，积累动机就会全然终止。我必须再次指出：利润率的下降比我在计算中估计的还会迅速得多，因为产品的价值在上述假定情形下既然和我所说的一样，那么农场主的资本由于必然是由许多价值已经增加的商品构成的，它的价值就会大大增加"。③ 李嘉图惊诧地发现，一旦利润率为零，那么积累将会终止，资本主义生产将不复存在。"科学上的诚实"使李嘉图得出了他的研究对象（资本主义生产）不复存在的结论。这是李嘉图经济学的经济决定论的典型表现。马克思在《哲学的贫困》第二章第一节"第七个即最后一个说明"中将之称作"宿命论学派"

---

① 《马克思恩格斯文集》第二卷，人民出版社，2009，第 57 页。
② 《列宁全集》第二卷，人民出版社，2013，第 168～169 页。
③ 《政治经济学及赋税原理》，见《大卫·李嘉图全集》第 1 卷，第 99～100、101 页。

（李嘉图是宿命论学派中的古典派，西斯蒙第则是宿命论学派中的浪漫派）。实际上，"研究对象（资本主义生产）不复存在"恰恰表现了资本主义生产的自反性，即由前提而来的结论反对前提。这本应是李嘉图突破自己一直以来对待资本主义生产的超历史态度和因果式的、非辩证的线性思维的契机，然而可惜的是，他终究还是没能突破。利润率下降的推论让他"不安"。马克思在《经济学手稿（1861—1863年）》中说："社会劳动生产力的发展是资本的历史任务和历史权利。正因为如此，资本无意之中为一个更高的生产方式创造物质条件。这里李嘉图所不安的是，利润——资本主义生产的刺激力和积累的条件以及积累的动力——受到生产的发展规律本身的危害。"[①] 在《资本论》第三卷中，马克思有过近似的表述并作了进一步发挥："使李嘉图感到不安的是：利润率，资本主义生产的刺激，积累的条件和动力，会受到生产本身发展的威胁。而且在这里，数量关系就是一切。实际上，成为基础的还有某种更为深刻的东西，他只是模糊地意识到了这一点。在这里，资本主义生产的限制，它的相对性，以纯粹经济学的方式，就是说，从资产阶级立场出发，在资本主义理解力的界限以内，从资本主义生产本身的立场出发而表现出来，也就是说这里表明，资本主义生产不是绝对的生产方式，而只是一种历史的、和物质生产条件的某个有限的发展时期相适应的生产方式。"[②] 这里，李嘉图犯的错误除了刚才提到的两点（对待资本主义生产的超历史态度和因果式的、非辩证的线性思维），还有一个重要原因：他把利润率下降等同于生产力下降。实际上，利润率下降恰恰是生产力提高的结果。"利润率下降——虽然剩余价值率这时保持不变或提高——是因为随着劳动生产力的发展，可变资本同不变资本相比减少了。因此，利润率下降不是因为劳动生产率降低了，而是因为劳动生产率提高了。利润率下降不是因为对工人的剥削减轻了，而是因为对工人的剥削加重了。"[③] 利润率的公式是 $m/(c+v)$。若将 $m/(c+v)$ 的分子和分母同时除以 $v$，那么，分子则为剩余价值率（$m/v$），分母则为"1+资本有机构成"（$1+c/v$）。所谓资本有机构成，是指"由

---

① 《马克思恩格斯全集》第三十二卷，人民出版社，1998，第462页。也见《马克思恩格斯文集》第七卷，人民出版社，2009，第288页。

② 《马克思恩格斯文集》第七卷，人民出版社，2009，第288~289页。

③ 《马克思恩格斯全集》第三十四卷，人民出版社，2008，第497页。

资本技术构成决定并且反映技术构成变化的资本价值构成"。① 生产力提高，资本有机构成提高，社会总资本中不变资本的增长超过可变资本的增长（生产资料优先增长），所以利润率下降，但是社会总资本中可变资本毕竟是增长的，所以利润量上升。利润率下降、剩余价值率上升、利润量上升，这是资本主义生产关系的进一步抽象化，它表明资本主义这种占有和榨取剩余劳动的剥削方式相比以前的剥削方式来说更加隐蔽、更加深重。

第二，资本主义生产过剩经济危机的必然性。

之前提过，李嘉图认可"斯密教条"，否认不变资本（c）的存在，反对他的西斯蒙第同样如此。西斯蒙第把社会总产品分为两部分："年生产，或国家在一年中完成的全部工作的结果，同样由两部分组成：一部分（和我们方才所说的一样）是财富所生的利润；另一部分是劳动的能力，它等于它所交换的那部分财富或劳动阶级的生活资料。总之，国民收入和年生产是相等的，是等量。"② 可以看到，国民收入、年产品都是由工资、利润、地租构成的（v＋m）。李嘉图和西斯蒙第从他们共同认可的"斯密教条"中得出了不同的结论。这本身就说明了两者都不是真理，相反，它们各具片面性，并补充了对方的片面性。

李嘉图从"斯密教条"中得出结论：资本主义不会发生全面性的生产过剩经济危机。在李嘉图看来，生产是为了消费，消费会引发投资，进而引导生产，故而不可能存在商品卖不出去、买不进来的情况。这种看法显然来自萨伊定律。李嘉图认为："任何人从事生产都是为了消费或销售；销售则都是为了购买对于他直接有用或是有益于未来生产的某种其他商品。所以一个人从事生产时，他要不是成为自己商品的消费者，就必然会成为他人商品的购买者和消费者。我们不能认为他会总不了解为了达到自己所具有的目的——占有他种商品——生产什么商品对他最为有利。因此，他不可能总是生产没有需求的商品。……一个人只要有没有得到满足的欲望，他就需要更多的商品；只要他有任何新的价值可以提供出来交换这些商品，那就会是一种有效需求。"③ 至于资本，不断进入循环中，因而对萨伊定律没有影响。"每年有十万镑收入的人如果另外得到一万镑，

① 《马克思恩格斯文集》第五卷，人民出版社，2009，第707页。
② 〔瑞士〕西斯蒙第：《政治经济学新原理》，何钦译，商务印书馆，1964，第75页。
③ 《政治经济学及赋税原理》，见《大卫·李嘉图全集》第1卷，第245页。

他绝不会把它锁在箱子里；他不是增加开支一万磅，就是自己把它用在生产上，要不然就把它借给别人用到生产上。无论在哪种情形下，需求都会增加，只是目的不同而已。"① 所以，某一种商品确实存在过剩的可能，或是因为生产不当，或是因为某一时期生产和消费比例不当；但全面性的生产过剩经济危机是不可能的。李嘉图说："产品总是要用产品或劳务购买的，货币只是实现交换的媒介。某一种商品可能生产过多，在市场上过剩的程度可以使其不能偿还所用资本；但就全部商品来说，这种情形是不可能有的。"② 马克思引用了上述李嘉图引文（本段第一处和第三处），指出："这种幼稚的胡说，出自萨伊之流之口是相称的，出自李嘉图之口是不相称的。"③ 马克思对李嘉图的批评有四。一是将资本主义生产视作一般生产。在《伦敦笔记》中，马克思批判道："当然，资本家可以经常地同工人进行交换。但是，资本家只有当他交换工人的劳动产品能够带来利润时，他才肯同他进行交换。这种交换有它的界限，这界限就是他人购买国内甚至世界市场上某个市场所能生产的某种特定商品的资力和需求。"④ 实际上，没有任何一个资本家是为了消费自己的产品而进行生产的。"在人们为自己而生产的状态下，确实没有危机，但是也没有资本主义生产。"⑤ 二是忘记了生产消费，只关注个人消费。马克思说："但是，李嘉图会说，如果有一批人需要鞋子和棉布，他们为什么不去设法弄到购买这些东西的钱呢？他们为什么不生产一些可以用来购买鞋子和棉布的东西呢？干脆说，为什么他们不自己生产鞋子和棉布，这不是更简单吗？而在发生生产过剩的时候尤其令人奇怪的是，正是充斥市场的那些商品的真正生产者——工人——缺乏这些商品。这里不能说，他们要得到这些东西，就得去生产这些东西，因为这些东西他们已经生产出来了，但他们还是没有。也不能说，某一种商品之所以充斥市场，是因为对这种商品没有需要。因此，既然甚至不能用充斥市场的商品的数量超过了对这些商品的需

① 《政治经济学及赋税原理》，见《大卫·李嘉图全集》第1卷，第245~246页。
② 《政治经济学及赋税原理》，见《大卫·李嘉图全集》第1卷，第246页。
③ 《马克思恩格斯全集》第三十四卷，人民出版社，2008，第570页。
④ 《马克思恩格斯全集》第四十四卷，人民出版社，1982，第143页。在下一页，马克思提到："合乎比例的生产——自然是在资产阶级界限内的合乎比例的生产——在现代产业的条件下，为了通过生产以引起对应的生产从而引起实际的需求，的确需要整个地球。"可见，资本是世界历史性的。资本的扬弃也只能诉诸世界历史性的革命事业。
⑤ 《马克思恩格斯全集》第三十四卷，人民出版社，2008，第570页。

要这一点来说明局部的生产过剩，那么，无论如何也不能用市场上的许多商品还有需要，还有未能满足的需要，就否定普遍的生产过剩。"① "因此，李嘉图一贯否定市场随着生产的扩大和资本的增长而扩大的必要性。照李嘉图看来，一个国家现有的全部资本，也可以在这个国家里有利地加以使用。"② 然而，资本主义生产的本质就内在地蕴含着不顾市场限制而生产的必然性。三是忘记了社会分工。对萨伊定律的信奉，使李嘉图忽视买和卖脱节的可能性和货币的贮藏手段职能。马克思说："李嘉图求助于萨伊的荒谬的前提：似乎资本家进行生产不是为了利润，不是为了交换价值，而是直接为了消费，为了使用价值——为了他自己的消费。李嘉图没有看到，商品必须转化为货币。工人的需求是不够的，因为利润之所以存在，正是由于工人的需求小于他们的产品的价值，而相对说来，这种需求越小，利润就越大。资本家彼此间的需求同样是不够的。生产过剩不会引起利润的持续下降，但是它具有持久的周期性。随着生产过剩，就出现生产不足等等。生产过剩的起因恰好在于：人民群众所消费的东西，永远也不可能大于必需品的平均量，因此人民群众的消费不是随着劳动生产率的提高而相应地增长。"③ 李嘉图生前经历的数次经济危机（1788 年、1793 年、1797 年、1803 年、1810 年、1815 年、1819 年）都是局部性的。对此，他始终坚持通过发展生产力的方式，解决局部性的生产过剩问题。然而，在李嘉图逝世后不久（1825 年 7 月），英国就爆发了全面性的生产过剩经济危机。在《伦敦笔记》中，马克思批评李嘉图不懂得资本主义生产的历史性和矛盾性："生产力和商品生产的实际增长，是违背资产阶级生产的目的而进行的，价值增长在自己的运动中扬弃自己，转变为产品的增长，这种价值增长所产生的矛盾，是一切危机等等的基础。资产阶级的生产就是经常在这样的矛盾中打转的。"④ 四是缺乏科学的再生产理论。而这源于李嘉图抹杀不变资本的价值存在和物质存在。马克思批评道："商品生产是资本主义生产的一般形式这个事实，已经包含着在资本主义生产中货币不仅起流通手段的作用，而且也起货币资本的作用，同时又会产生这种生产方式所特有的、使交换从而也使再生产（或者是简单再生产，或者是扩大再生产）得以正常进行的某些条

① 《马克思恩格斯全集》第三十四卷，人民出版社，2008，第 575 页。
② 《马克思恩格斯全集》第三十四卷，人民出版社，2008，第 595 页。
③ 《马克思恩格斯全集》第三十四卷，人民出版社，2008，第 532 页。
④ 《马克思恩格斯全集》第四十四卷，人民出版社，1982，第 110 页。

件，而这些条件转变为同样多的造成过程失常的条件，转变为同样多的危机的可能性；因为在这种生产的自发形式中，平衡本身就是一种偶然现象。"①

西斯蒙第从斯密教条中得出结论：资本主义必然发生全面性的生产过剩经济危机。西斯蒙第说："最后，收入是从再生产中来的；但生产本身还不是收入，因为生产只有在实现之后，只有在每一件产品找到需要它或享受它的消费者，因而把它从流转中抽出来使它变成消费基金之后，才能获得这一名称，才能具有这种性质。于是，生产者就要为自己打算了；他一进入交换的过程，首先要收回自己的全部资本；然后还要得到他的其他应得利润；他既要满足自己的享受，并且还要再进行生产。如上所述，可见在生产、收入和消费之间的相互比例中，如果发生不协调现象同样会有害于国家，有时会使生产的收入比平时减少，有时会使一部分资本变成消费基金，或者相反，这种消费减少，也就不再要求新的生产。只要这种均衡受到破坏，国家就会遭难。"② 这里，西斯蒙第的逻辑是：商品价值全部分解为收入；去年的收入决定今年的生产，今年的收入决定明年的生产，以此类推；而资本主义是要不断地积累的，这意味着生产会不断地超过收入，今年的生产远超去年的收入，明年的生产远超今年的收入，导致收入不足；收入不足会导致人口贫困化，进而导致消费不足；产品愈益挤压，其价值无从实现，就必然爆发全面性的生产过剩经济危机；目前资本主义还能积累、资本主义生产还能发展，原因在于国外市场的存在，而随着对国外市场的需求的提高，世界市场逐渐缩小，这将会使产品价值实现遭遇无法克服的困难。这是从收入不足、消费不足的角度来解释经济危机的。因为积累是必然的，所以资本主义经济危机是内生的，这是西斯蒙第颇有见地的看法。对此，马克思评价道："因此，在西斯蒙第看来，危机并不像李嘉图所认为的那样是偶然的，而是内在矛盾的大规模的定期的根本爆发"，"西斯蒙第由于觉察到了这种矛盾而在政治经济学上开辟了一个时代"。③ 由此，西斯蒙第批评李嘉图误把消

---

① 《马克思恩格斯文集》第六卷，人民出版社，2009，第 557 页。

② 〔瑞士〕西斯蒙第《政治经济学新原理》，何钦译，商务印书馆，1964，第 84~85 页。（也见〔瑞士〕西斯蒙第《政治经济学研究》第一卷，胡尧步、李直、李玉民译，胡尧步校，商务印书馆，1989，第 54 页。）

③ 《马克思恩格斯全集》第三十五卷，人民出版社，2013，第 57、233 页。马克思的意思是：以李嘉图为代表的古典经济学家既把劳动说成是绝对的，也把资本说成是绝对的，他们在绝对的矛盾中运动，又对此毫无觉察；西斯蒙第觉察到"生产的无限发展和生产者被局限在必需品消费上"的矛盾。

费视作近乎无限的力量，而实际上，它受收入的限制。他也批评马尔萨斯忽略了苦难的产生不全在于人口无限制增加的危险性，而更在于劳动人民的人口增加和劳动人民的收入增加的不平衡。最终，西斯蒙第总结规律如下："使财富的增长跟人口的增长相互一致"，"收入必须和资本一同增长"，"人口不得超过他们赖以生活的收入，消费必须和人口一同增长，而再生产同进行再生产的资本之间以及同消费它的人口之间都必须成相等的比例"。① 所以，产品归小生产者所有的宗法式土地经营是最符合上述比例规律的生产方式，这是他的经济学理论的意识形态落脚点。需要说明的是：西斯蒙第所总结的规律其实是颇为表面的，比如收入必须和资本一同增长，西斯蒙第只是在消费均衡的意义上认可这一点，他根本不懂得资本家的利润在什么意义上构成消费性的收入，在什么意义上构成再生产的资本。本章第一节谈到的马尔萨斯就是剽窃了西斯蒙第的这种看法来反驳李嘉图的：商品价值由交换劳动决定（而非由耗费劳动决定），所以生产大于消费，存在买和卖脱节的可能性和现实性；生产出来的多余的价值需要获得实现，这就需要一个不事生产而专门消费的非生产性阶级（土地所有者）。

对"斯密教条"的信奉，导致李嘉图和西斯蒙第无法理解资本主义的再生产，更提不出科学的再生产理论。根据马克思的观点，社会总资本在价值形态上可分解为不变资本（c）、可变资本（v）、剩余价值（m），在物质形态上可区分为生产资料和生活资料。再生产绝非仅仅追加劳动力，而是还应同时追加生产资料。马克思说："认为资本积累＝收入转化为工资＝可变资本的积累，这种见解从一开始就是错误的，也就是片面的。这样，对整个积累问题就得出了错误的解释。"② 斯密教条在物质形态上承认物质资料的存在，它只是在价值形态上否认不变资本（c）的存在。例如斯密在《国民财富的性质和原因的研究》第二篇"论资财的性质及其蓄积和用途"中指出："很明显，补充固定资本的费用，决不能算在社会纯收入之内。有用的机器，必待修补而后能用；营业上的工具，必待修补而后能工作；有利可图的房屋，必待修缮而后有利可图。这种修葺所必要的材料，以及把这种种材料制为成品所需要的劳动产品，也都不能算作社会上的纯收入。"③ 李嘉图

① 〔瑞士〕西斯蒙第：《政治经济学新原理》，何钦译，商务印书馆，1964，第10页。
② 《马克思恩格斯全集》第三十四卷，人民出版社，2008，第535页。
③ 〔英〕斯密：《国民财富的性质和原因的研究》上卷，郭大力、王亚南译，商务印书馆，1972，第262页。

不仅认可"斯密教条",他比斯密"更过分"的一点是,在物质形态上否认物质资料的存在。李嘉图说:"必须了解,一国的产品全部都是要被消费的;但究竟由再生产另一种价值的人消费,还是由不再生产另一种价值的人消费,这里面的区别却是难以想象的。当我们说节约收入以增加资本时,意思就是说:所谓增加到资本中去的那一部分收入,是由生产性劳动者,而不是由非生产性劳动者消费的。如果认为资本能由于不消费而增加,便是大错特错了,如果劳动价格腾贵到一定程度,以致资本虽然增加,也不能有更多的劳动被雇用,那我就应当说,资本的这种增加,仍然作了非生产性的消费。"① 可以看到,"一国的产品全部都是要被消费的"(当然有生产性消费和非生产性消费之别),这在理论上就是否认了物质资料的存在。进言之,既然 v 和 m 都会被个人消费,那么,总产品或总资本经过不断的分解事实上就全部被用于支付工资了。如此一来,资本主义生产就成为简单商品生产②了。扩大再生产、生产资料优先增长等与资本主义生产本质相关的问题完全被忽略。英国学者罗尔对李嘉图的点评是非常精准的:"李嘉图著作中的矛盾是:奠定了一种价值学说,而又在其最重要的应用(指资本积累——引者注)上使其不发生效力。"③

　　马克思主义政治经济学对李嘉图经济学和西斯蒙第经济学的根本超越体现在:揭示出资本主义生产是一般劳动过程和价值增殖过程的统一。列宁对此概括道:"西斯蒙第根本不懂得资本主义的积累,所以在他同李嘉图就这个问题展开的激烈争论中,真理事实上是在李嘉图那边。李嘉图断言,生产本身为自己创造市场,而西斯蒙第否认这一点,并在这个基础上创立了自己的危机论。诚然,李嘉图也未能纠正斯密的上述基本错误,因而未能解决社会资本同收入的关系以及产品实现的问题(李嘉图也没有给自己提出这些问题),但是他本能地说明了资产阶级生产方式的本质,指出了积累是生产超过收入这一完全不容争辩的事实。这一点从最新的分析来看也是如此。生产本身确实为自己造成市场:要生产就必须有生产资料,而生产资料构成社会生产的一个特殊部门,这个部门占有一定数量的工人,提供特殊的产品,这些产品一部分在本部门内部实现,一部分通过

---

① 《政治经济学及赋税原理》,见《大卫·李嘉图全集》第1卷,第126页注释＊。
② "简单商品生产"大体来说可以被界定为:是资本家将全部剩余价值用于个人消费,再生产在原有规模上进行的资本再生产方式。
③ 〔英〕罗尔:《经济思想史》,陆元诚译,商务印书馆,1981,第179页。

与另一个部门即生产消费品的部门相交换来实现。积累确实是生产超过收入（消费品）的表现。为了扩大生产（绝对意义上的'积累'），必须首先生产生产资料，而要做到这一点，就必须扩大制造生产资料的社会生产部门，就必须把工人吸收到那一部门中去，这些工人也就对消费品提出需求。可见，'消费'是跟着'积累'或者跟着'生产'而发展的，——不管这看起来多么奇怪，但在资本主义社会中也不能不是这样。因此，在资本主义生产的这两个部门的发展中，均衡不仅不是必要的，而且相反，不均衡倒是不可避免的。大家知道，资本发展的规律是不变资本比可变资本增长得快，也就是说，新形成的资本愈来愈多地转入制造生产资料的社会经济部门。因此，这一部门必然比制造消费品的那个部门增长得快，也就是说，正是发生了西斯蒙第认为是'不可能的'、'危险的'等等事情。因此，个人消费品在资本主义生产总额中所占的地位日益缩小。这也是完全符合资本主义的历史'使命'及其特殊的社会结构的：前者正是在于发展社会的生产力（为生产而生产）；后者则使居民群众不能利用生产力。"① 略作说明如下。其一，李嘉图抹杀了不变资本的存在，看不到生产资料的生产，这使他无法科学地阐明资产阶级生产方式的本质（一是生产本身为自己制造市场；二是生产超过收入导致积累，消费随着积累而发展）。但李嘉图丰富的逻辑本能，使他对问题的澄清尽可能地接近上述本质。其二，西斯蒙第也抹杀了不变资本的存在，看不到生产资料的生产，所以他同样无法科学地阐明资产阶级生产方式的本质。西斯蒙第以"人"为抽象价值预设而总结出的关于收入、资本、人口、消费之间的比例规律，只能批判地描述出资本主义生产方式的矛盾表象，而无法深及内在机理。诚如马克思所说的，"其次，这一点被例如西斯蒙第粗浅地但又在某种程度上正确地看成是为生产的生产同因此而排除了生产率的绝对发展的分配之间的矛盾"②。总之，李嘉图和西斯蒙第都不理解资本主义生产的特殊性，相较而言，李嘉图经济学达到了资产阶级学术范围内最大限度的科学性和批判性。其三，资本主义的历史使命之所以既是发展生产力，又不让无产阶级利用生产力，不妨以相对剩余价值的生产为例作一解释，即资本主义生产为了获得相对剩余价值，要求缩短必要劳动时间（延长剩余

---

① 《列宁全集》第二卷，人民出版社，2013，第 125～126 页。
② 《马克思恩格斯全集》第三十五卷，人民出版社，2013，第 88 页。

劳动时间），缩短必要劳动时间导致工人工资降低、购买力降低，但同时，资本主义生产又要求因剩余劳动时间的延长而多生产出来的商品由工人来购买。

李嘉图和西斯蒙第的对立见解是对资本主义生产中矛盾着的不同层面的理论投射。如果说李嘉图经济学是拜"物"教，那么，西斯蒙第经济学就是拜"人"教。他们都不理解资本主义生产方式的本质，更无从阐明这一本质何以展现为资本主义生产中矛盾着的不同层面。

## 第四节　李斯特：国家资本主义的发轫人

之前多次谈到时代、国情对经济学家思想建构的几乎决定性的影响。在本节，我们将进一步确证这种影响。作为德国经济学家的弗里德里希·李斯特（1789~1846），面对的是怎样的时代和国情呢？英国完成了产业革命，已成为"日不落帝国"和"世界工厂"。法国不断荡涤封建残余，努力发展资本主义工商业且卓有成效。它们在国际市场上推行具有经济殖民色彩的自由竞争，其廉价商品极有冲击力。而德国，一是地主土地所有制异常强大，关税壁垒严重，缺乏统一的市场和货币；二是容克地主掌握政权，封建割据、政治分立；三是宗教氛围浓郁，几无世俗文化。据此，李斯特认为，资本主义是必然趋势，但德国要走一条符合德国国情的资本主义发展道路。

李斯特从英法的世界主义经济学和德国的国家经济学的区分谈起。前者以英国的斯密和李嘉图、法国的萨伊为代表（李斯特也将之称作流行学派）；后者正是他所要创立的新的学说体系。世界主义经济学的基本观点是：经济生活存在着不以人的意志为转移的客观经济规律，关注点是财富或价值，政策建议是自由贸易（经济自由主义）。

而国家经济学则与之不同。其一，主张世界上各个国家不存在统一的客观经济规律，而是各有不同的经济发展道路。李斯特说："我们认为，如果让各国根据自己的国情采取自己的政策，国家实现经济成熟的速度会更快。历史的教训证明我们的这个与世界主义经济学的论断正好相反的观点的合理性。"[①]"由此可见，德国的获得发展，它所遵循的途径，是与一

---

① 〔德〕李斯特：《政治经济学的自然体系》，杨春学译，王进邦校，商务印书馆，1997，第40页。

切别的国家完全不同的。"① "政治经济或国家经济是由国家的概念和本质出发的，它所教导的是，某一国家，处于世界目前形势以及它自己的特有国际关系下，怎样来维持并改进它的经济状况；而世界主义经济产生时所依据的假定是，世界上一切国家所组成的只一个是社会，而且是生存在持久和平局势下的。"② 世界主义经济学的这个假定在当下是不存在的，据此推定出的客观经济规律以及自由贸易产生巨大利益的结论也是站不住脚的。李斯特提出经济发展的五阶段论："从经济方面看来，国家都必须经过如下各发展阶段：原始未开化时期，畜牧时期，农业时期，农工业时期，农工商业时期。"③ 他认为，处于农工业时期的国家应当实行贸易保护，因为"关税是建立与保护国内工业的主要手段"（该书第二十六章标题）。当时的德国就处于这个时期。而英法已达农工商业时期，所以它们主张实行自由贸易是正确的（英法在之前的经济发展阶段也主张贸易保护）。"敌"（英法）强"我"（德）弱，实行自由贸易只会导致德国沦为经济附庸。李斯特于1819年领导创立了德国工商业协会，认为只有所有国家都达到农工商业时期，并且有世界联盟作为持久和平的保证，才能普遍实行自由贸易。"我们把自由贸易和世界共和国都视为是所有国家在政治和社会制度方面和谐统一地发展的自然结果。"④

其二，认为关注点不应是财富或价值，而应是财富的原因。"财富的原因和财富本身完全不同。一个人可以据有财富，那就是交换价值；但是他如果没有那份生产力，可以产生大于他所消费的价值，他将越过越穷。一个人也许很穷；但是他如果据有那份生产力，可以产生大于他所消费的有价值产品，他就会富裕起来。由此可见，财富的生产力比之财富本身，

---

① 〔德〕李斯特：《政治经济学的国民体系》，陈万煦译，蔡受百校，商务印书馆，1961，第85页。也见第89~90页。
② 〔德〕李斯特：《政治经济学的国民体系》，陈万煦译，蔡受百校，商务印书馆，1961，第123页。李斯特认为："因此在国家利益上的这种冲突还没有停止以前，换个说法，就是一切国家还没有在同一个法律体系下合成一体以前，这个政策（指限制政策——引者注）是不能舍弃的。"（第116页）"流行学派把那些还没有出现的情况假定为已经实际存在的情况。它假定世界联盟和持久和平的形势是已经存在的，然后由此推定自由贸易的巨大利益。"（第126页）
③ 〔德〕李斯特：《政治经济学的国民体系》，陈万煦译，蔡受百校，商务印书馆，1961，第174页。
④ 〔德〕李斯特：《政治经济学的自然体系》，杨春学译，王进邦校，商务印书馆，1997，第192页。

不晓得要重要多少倍；它不但可以使已有的和已经增加的财富获得保障，而且可以使已经消失的财富获得补偿。"① "为了更大的生产力而放弃'交换价值'，效果较慢，但是，我们可以在下一代或下几代人所增加的产出中看到这种效果。"② 无疑，创造财富的能力（生产力）对于后发的落后国家来说，具有重要的战略意义。一个国家的发展程度，就取决于它的生产力的发展程度。生产力集中体现在工业（制成品生产）上。"工业是科学、文学、艺术、启蒙、自由、有益的制度，以及国力和独立之母。"③基于此，李斯特将流行学派的缺点概括为三：无边无际的世界主义、死板的唯物主义、支离破碎的狭隘的本位主义和个人主义。④

　　其三，政策建议是国家干预。李斯特指出："德国拥有成为工业国的能力和自然资源，但是，还有许多仍然有待于克服的阻碍工业化充分发展的困难。就工业的进步而言，德国仍然落后于法国和比利时，因为只是最近建立了关税同盟才使实施统一的关税成为可能。可以把德国算作第三流的工业国，它有能力成为第二流的工业国。"⑤ 关税的优点有：保护本国经济独立自主，使本国企业家获得与外国厂主不相上下的市场，使新工厂一心追上外国先进企业的效率，吸引外国资本家移居本国，鼓励年轻人上技校，唤起国民事业心等。马克思对此予以历史的肯定："因此，我们看到，在资产阶级开始以一个阶级自居的那些国家（例如在德国），资产阶级便竭力争取保护关税。保护关税成了它反对封建主义和专制政权的武器，是它聚集自己的力量和实现国内自由贸易的手段。"⑥ 恩格斯将李斯特界定为"工业家的保护关税派"的权威。⑦ 李斯特的国家干预不仅包括征收保护性关税，而且还包括制定专利政策、发展科学和教育事业、进行

① 〔德〕李斯特：《政治经济学的国民体系》，陈万煦译，蔡受百校，商务印书馆，1961，第132～133页。
② 〔德〕李斯特：《政治经济学的自然体系》，杨春学译，王进邦校，商务印书馆，1997，第32页。
③ 〔德〕李斯特：《政治经济学的自然体系》，杨春学译，王进邦校，商务印书馆，1997，第66页。
④ 参见〔德〕李斯特《政治经济学的国民体系》，陈万煦译，蔡受百校，商务印书馆，1961，第171页。
⑤ 〔德〕李斯特：《政治经济学的自然体系》，杨春学译，王进邦校，商务印书馆，1997，第43页。
⑥ 《马克思恩格斯文集》第一卷，人民出版社，2009，第758～759页。
⑦ 《马克思恩格斯文集》第二卷，人民出版社，2009，第596页。

经济立法等。因为在他看来，这些内容都是发展生产力的应有之义。据此，李斯特讥讽斯密道："亚当·斯密同魁奈一样，对于真正的政治经济，也就是各个国家为了改进它的经济状况所应当遵行的政策这方面，却极少过问。"① 美国经济学家亨利·凯里（1793～1879），与李斯特同时代，曾任美国第 16 任总统林肯的经济顾问。他和李斯特一样，反对古典经济学，主张贸易保护和国家干预。历史证明，作为后发国家的美国也和德国一样，走出了一条符合本国国情的资本主义发展道路。

李斯特的国家经济学，思路清晰但症结颇多。其一，在李斯特那里，经济发展阶段（原始未开化时期、畜牧时期、农业时期、农工业时期、农工商业时期）是以产业的不同来划分的。李斯特在《政治经济学的国民体系》一书第一编"历史"中以极大篇幅阐述经济发展的经验，总结经济发展的教训。且不说"产业的不同"的划分标准本身就是错误的，这种划分的主要问题是缺乏理论的高度，它仅仅是对复杂经济现象的纯粹实证性描述，无法说明后一时期是如何由前一时期必然地发展而来，至于贯穿其中的内在矛盾，更是无从揭示。"因此，李斯特先生应该看到，把物质财富变为交换价值是现存社会制度的结果，是发达的私有制社会的结果。"② 李斯特批评流行学派是死板的唯物主义，事实上，他的国家经济学才是。继承了李斯特学术衣钵的罗雪尔（1817～1894），也是以纯粹实证的方法来描述经济发展的各阶段："三要素对生产一般都是必要的。……但一般在低级的文化阶段，自然的要素占支配地位；到了中等阶段，人类劳动逐渐抬头，到了高级的文化阶段，则资本的要素居优势。"③ 这同样是单纯的记述，而无法解释前后时期发展的必然逻辑。对于李斯特来说，农工商业时期为什么是最后的和最高的经济发展阶段，对于罗雪尔来说，资本的要素居优势的高级文化阶段为什么是最后的和最高的经济发展阶段，他们都未予探讨。唯一合理的解释是，他们当时就处于这个时期，资产阶级的眼界使他们无法超越他们所处的这个时期。马克思批评资产阶级经济学家的一段名言对李斯特和罗雪尔无疑是适用的："于是，以前是有历史的，

---

① 〔德〕李斯特：《政治经济学的国民体系》，陈万煦译，蔡受百校，商务印书馆，1961，第 120 页。
② 《马克思恩格斯全集》第四十二卷，人民出版社，1979，第 254 页。
③ 〔德〕罗雪尔：《历史方法的国民经济学讲义大纲》，朱绍文译，商务印书馆，1981，第 17 页。

现在再也没有历史了。"①

　　总之，国家经济学的经济发展阶段论是一种庸俗的历史主义。"庸俗的'历史主义'则归结为：（一）按照事实在社会表面上所呈现的形态去搜集并叙述那些事实；（二）依照外面的标识来区别各个时代；（三）利用起源于遥远的过去的'世代的传统'来为现在的事情作辩护；（四）把异质的诸现象——经济的、政治的、伦理的等等——混淆在一起，只是根据这样的理由，即在现实中，这些现象是相互交错，相互影响的。"② 与之相对的是真正的历史主义。"真正的历史主义是意味着：（一）在从这一个经济形态到另一个经济形态的革命的转变中去观察社会；（二）在每一个经济形态（首先是资本主义形态）的发生、发展（通过矛盾而来的）以及革命的毁灭当中去观察每个经济形态。"③ 马克思恩格斯在不同文本中探讨过"五形态"④，在《经济学手稿（1857—1858年）》中直接

---

① 《马克思恩格斯文集》第一卷，人民出版社，2009，第612页。

② 〔苏〕卢森贝：《政治经济学史》第一卷，李侠公译，张贤务校，生活·读书·新知三联书店，1959，第403页。

③ 〔苏〕卢森贝：《政治经济学史》第一卷，李侠公译，张贤务校，生活·读书·新知三联书店，1959，第402~403页。

④ 马克思恩格斯在《德意志意识形态》中提出"部落所有制""古典古代的公社所有制和国家所有制""封建的或等级的所有制"，它们大体上分别相当于原始社会末期的公有制、奴隶社会（古希腊和罗马）的奴隶制、封建社会（西欧）的封建制。这是以所有制形式为标准作的划分。尽管马克思恩格斯对所有制形式的概括不够精确，但若再加上资本主义所有制和共产主义所有制，那么，马克思恩格斯这里实际上已经有了"五形态"的初步骨架。（《马克思恩格斯文集》第一卷，人民出版社，2009，第521~522页。）随后，马克思在《雇佣劳动与资本》中进一步确认了"古典古代社会、封建社会和资产阶级社会"是具有独特的特征的社会形态。（《马克思恩格斯文集》第一卷，人民出版社，2009，第724页。）在《经济学手稿（1857—1858年）》中，马克思的说法是："家长制的，古代的（以及封建的）状态……现代社会"。（《马克思恩格斯全集》第三十卷，人民出版社，1995，第107~108页。）在《〈政治经济学批判〉序言》中，马克思提到了"亚细亚的、古希腊罗马的、封建的和现代资产阶级的生产方式"。（《马克思恩格斯文集》第二卷，人民出版社，2009，第592页。）在《家庭、私有制和国家的起源》中，恩格斯提出"原始社会（母权制氏族、父权制氏族）"，并认为，"奴隶制是古希腊罗马时代世界所固有的第一个剥削形式；继之而来的是中世纪的农奴制和近代的雇佣劳动制"。（《马克思恩格斯文集》第四卷，人民出版社，2009，第28、195页。）这四种社会形态，再加上扬弃人类社会史前时期的共产主义，正是人类社会发展的"五形态"，即原始社会、奴隶社会、封建社会、资本主义社会、共产主义社会。恩格斯这里揭示了"五形态"的划分标准，不再是"五形态"初步萌芽时他和马克思所认为的所有制形式，而是生产关系的性质。生产力与生产关系的矛盾运动，是人类社会历史发展的内在动力。

提出"三形态"①。马克思恩格斯关于人类社会历史发展逻辑的论述，达到了真正的历史主义的高度。

其二，李斯特否认存在统一的客观经济规律，但他提出的经济发展五阶段论不就是统一的客观经济规律（尽管五阶段论是他以纯粹实证的方法描述出来的）吗？之前提到，李斯特认为只有所有国家都达到农工商业时期，并且有世界联盟作为持久和平的保证，才能普遍实行自由贸易，那就更是规律（经济发展的必然趋向）了。"普遍实行自由贸易"而且还能"持久和平"，那就意味着资本主义经济是必然的和普适的，整个世界将发展为一个庞大的资本主义社会。隐藏在国家经济学的纯粹实证性描述背后的，是资产阶级意识形态的话语暴力。李斯特还认为："关于殖民地产品贸易，德国应当效法英国和法国的先例，遵守这样一个原则，即，当我们购入所需的殖民地产品时，对于向我们购买工业品的那些热带地区，应当优先考虑；或者，说得简单些，就是我们应当在向我们购买的那些地区购买。我们对西印度群岛与南北美洲的贸易就属于这种情况。"② "在德国各口岸与荷兰尚未加入关税同盟以前，最好是普鲁士现在就开始行动，采用统一的德国商业旗帜，为将来建立德国舰队打下基础，关于在澳洲、新西兰或大洋洲其他岛屿是否可以以及如何建立德国殖民地，普鲁士在这方面

①　马克思指出："人的依赖关系（起初完全是自然发生的），是最初的社会形式，在这种形式下，人的生产能力只是在狭小的范围内和孤立的地点上发展着。以物的依赖性为基础的人的独立性，是第二大形式，在这种形式下，才形成普遍的社会物质变换、全面的关系、多方面的需要以及全面的能力的体系。建立在个人全面发展和他们共同的、社会的生产能力成为从属于他们的社会财富这一基础上的自由个性，是第三个阶段。第二个阶段为第三个阶段创造条件。"（《马克思恩格斯全集》第三十卷，人民出版社，1995，第107~108页。）"三形态"以人的发展程度为主线，揭示了人类社会历史所必然经历的"肯定—否定—否定之否定"的辩证过程。另需指出，国内有学者将"经济形态"与"社会形态"作了区分，认为"经济形态"特指"三大社会形态"中的第二大社会形态（物的依赖性），因为这种社会形态受经济必然性所制约和统摄。这种看法是不对的。因为，马克思在《给〈祖国纪事〉杂志编辑部的信》中就以"经济形态"来描述第三大社会形态（共产主义社会）："以便最后都到达在保证社会劳动生产力极高度发展的同时又保证每个生产者个人最全面的发展的这样一种经济形态。"（《马克思恩格斯文集》第三卷，人民出版社，2009，第466页。）据此应能明确："经济形态"绝非特指第二大社会形态。第二大社会形态和第三大社会形态都是经济形态，两者的区别只是在于：前者的经济必然性表现为自发性和盲目性，而后者的经济必然性丧失了自发性和盲目性，服务于每个人的真实需要。

②　〔德〕李斯特：《政治经济学的国民体系》，陈万煦译，蔡受百校，商务印书馆，1961，第398页。

应当着手试探。"① 这里的论述不仅是资产阶级意识形态,而且直接就是殖民主义言论,它将整个世界实质地区分为统治者和被统治者、剥削者和被剥削者、宗主国和殖民地两部分,并认为"我们应当在向我们购买的那些地区购买",以及建立舰队、殖民地等等。我们当然反对殖民主义,但是我们更应看到,这在实质上是资本主义内在逻辑使然,因为资本主义的经济政治发展必然是不平衡的。列宁最早同时也最全面地说明并论证了这一点:"经济和政治发展的不平衡是资本主义的绝对规律。"②

其三,国家经济学认可高额地租,并主张调和农业和工业发展的矛盾,这些都是李斯特所代表的德国资产阶级相比于英法资产阶级更具软弱性和妥协性的理论表现。马克思说,李斯特的国家经济学反映了"德国资产者空虚的、浅薄的、伤感的唯心主义","包藏着最卑鄙、最龌龊的市侩精神,隐含着最怯懦的灵魂"。③ 德国资产阶级之所以更具软弱性和妥协性,除了之前提到的比如地主土地所有制异常强大、容克地主掌握政权等原因之外,还有一个原因不容忽视,即英法无产阶级于19世纪30年代作为一支独立的政治力量登上历史舞台,而这进一步推动了德国无产阶级的发展(无产阶级的斗争是世界历史性的)。由是,德国资产阶级不得不在封建势力和劳动人民的夹缝中求生存。德国资产阶级的基本诉求是更多地团结封建势力,一致地反对劳动人民(特别是无产阶级)。马克思在1848年12月所写的《资产阶级和反革命》一文中对德国资产阶级作了科学的界定:"与1789年法国的资产阶级不同,普鲁士的资产阶级并不是一个代表整个现代社会反对旧社会的代表者——君主制和贵族的阶级。它降到了一种等级的水平,既明确地反对国王又明确地反对人民,对国王和人民双方都采取敌对态度,而在单独面对自己的每一个对手时态度都犹豫不决,因为它总是在自己前面或后面看见这两个敌人。"④ 资产阶级的软弱性和妥协性使李斯特不敢反对高额地租。根据李斯特的观点,保护性关税绝不是只有利于工业家:"但我们可以证明,甚至这个阶级(指地主和农业经营者——引者注),从建立工业中所获得的利益比工业家本身所获得的更

---

① 〔德〕李斯特:《政治经济学的国民体系》,陈万煦译,蔡受百校,商务印书馆,1961,第405页。
② 《列宁选集》第二卷,人民出版社,2012,第554页。
③ 《马克思恩格斯全集》第四十二卷,人民出版社,1979,第240页。
④ 《马克思恩格斯文集》第二卷,人民出版社,2009,第75页。

大；因为有了工业以后，对农产品的需求在品种上将增多，在数量上将扩大，农产品的交换价值也将提高，这时农业经营者就能够在更加有利的情况下利用他的土地和劳动力。地租、利润、工资这一切因此就都可以提高；地租和资本有了增长以后，跟着就会使地产售价和劳动工资提高。"①在高额关税下，农业是"一点也没有"受到损害的。②李斯特的"地租、利润、工资这一切因此就都可以提高"，完全抹杀了三大对立阶级在经济关系上的对立。

马克思转述李嘉图的地租学说，即谷物价格上升、名义工资上升、实物工资下降、工业家的生产费用提高，给积累和竞争带来困难，最终削弱了国家生产力，进而奚落道："因此，为了公共的利益必须通过某种方式牺牲以地租的形式落入土地所有者的口袋并对国家的生产力造成很大损害（没有任何好处）的恶的'交换价值'……当然，李斯特先生不敢把工业生产力的这个对土地所有权来说是可怕的结论告诉德国土地贵族。因此，他把揭示出这样令人不快的真理的李嘉图大骂一顿，而且借他的口说出相反的即重农主义者的观点——地租不过是土地的自然生产力的证明，这样就歪曲了李嘉图的观点。"③

其四，由于自身阶级立场的软弱性和妥协性以及调和农工业发展矛盾的现实需要，李斯特对国家、生产力两个概念作了不切实际的伦理美化。在《政治经济学的国民体系》中，李斯特说："但是在个人与整个人类之间还有一个中介者，这就是国家。……个人主要依靠国家并在国家范围内获得文化、生产力、安全和繁荣，同样地，人类的文明只有依靠各个国家的文明和发展才能设想。"④那么，国家是什么呢？在《政治经济学的自然体系》中，李斯特认为："国家通过爱国主义的纽带将其成员结为一体。……多亏国家，个人才有自己的文化、语言、工作机会和财产安全。最重要的是，在与其他国家人民的关系中他们依赖于国家。他们与国

---

① 〔德〕李斯特：《政治经济学的国民体系》，陈万煦译，蔡受百校，商务印书馆，1961，第226页。
② 〔德〕李斯特：《政治经济学的国民体系》，陈万煦译，蔡受百校，商务印书馆，1961，第363页。
③ 〔德〕李斯特：《政治经济学的国民体系》，陈万煦译，蔡受百校，商务印书馆，1961年，第264页。
④ 〔德〕李斯特：《政治经济学的国民体系》，陈万煦译，蔡受百校，商务印书馆，1961年，第171页。

家荣辱与共；他们与国家一起缅怀过去、憧憬未来；他们与国家贫富与共；从国家那里，他们获得文明、教育、进步、社会和政治制度、以及艺术和科学发展所带来的利益。"① 李斯特把国家视作由"爱国主义的纽带"联系在一起的个人的集合体。在李斯特看来，由"爱国主义的纽带"联系在一起的个人能够做到随时为国家利益而牺牲自我，世世代代都会向同一个目标努力，推动国家生产力的均衡发展。在私有制条件下，这些看法严重脱离实际。一是，李斯特忽视经济关系的对抗性，片面夸大了阶级利益的一致性。二是，李斯特不理解国家是阶级斗争的工具，是统治阶级意志的反映，马克思恩格斯将李斯特指称的国家称作"虚幻的共同体"②。李斯特片面夸大了国家所能起到的调和阶级对立的作用，以至于竟会得出国家是和个人荣辱与共的伦理实体的结论。马克思对此作了毫不留情的揭露："那么，德国庸人想要干什么呢？他想在国内成为资产者，剥削者，而又不想在国外被剥削。他在国外自我吹嘘为'国家'并且说：'我不屈服于竞争的规律，这有损于我的民族尊严；我作为国家，是一个超越买卖之上的存在物。'"③ 在比李斯特的《政治经济学的国民体系》一书略早出版的《哲学的贫困》中，马克思对经济关系和国家的关系作了深刻的说明："其实，只有毫无历史知识的人才不知道：君主们在任何时候都不得不服从经济条件，并且从来不能向经济条件发号施令。无论是政治的立法或市民的立法，都只是表明和记载经济关系的要求而已。究竟是君主占有了金银，盖上自己的印章使它们成为普遍的交换手段呢，还是普遍的交换手段占有了君主，让他盖上印章并授与政治上的神圣？"④

　　至于生产力概念，李斯特从不同方面有着不同的界定。从经济方面看，生产力是创造财富的能力，是各种活动、智力和力量为了共同生产而进行的联合劳动。⑤ 从非经济方面看，"所有关于下一代的教养、公道的

---

① 〔德〕李斯特：《政治经济学的自然体系》，杨春学译，王进邦校，商务印书馆，1997年，第28页。

② 《马克思恩格斯文集》第一卷，人民出版社，2009，第536页。

③ 《马克思恩格斯全集》第四十二卷，人民出版社，1979，第256页。马克思将李斯特关于国家的看法概括为"他试图按照自己的利益调整国家的行动方式（活动）"，"他要求国家作出让步"。（第250页）

④ 《马克思恩格斯全集》第四卷，人民出版社，1958，第121~122页。

⑤ 参见〔德〕李斯特《政治经济学的国民体系》，陈万煦译，蔡受百校，商务印书馆，1961，第133、149、171页。

促进、国家的防卫等等支出都是对于现有价值的消耗，而目的是在于生产力的增长。……基督教，一夫一妻制，奴隶制与封建领地的取消，王位的继承，印刷、报纸、邮政、货币、计量、历法、钟表、警察等等事物、制度的发明，自由保有不动产原则的实行，交通工具的采用——这些都是生产力增长的丰富源泉"①。李斯特还把"彼此处于适当关系中的一切个人的努力"称作"生产力的平衡或协调"。② 在李斯特那里，生产力成了一个至大无外的概念。这无异于说财富是居于社会关系中的所有个人共同创造的。这样的说法解释不了任何具体的经济现象。根据马克思的观点，生产力是人们改造自然、创造财富的能力。一方面，生产力以物质技术关系的形式寓于生产关系之中并决定作为其核心的经济利益关系；另一方面，生产力（人把自我当对象看）在生产关系（人把对象当自我看）的具体样态下释放人性的自由潜能。这种看法既认识到生产力的社会内涵，又把握了生产力的历史逻辑，因而是全面的和科学的。李斯特的生产力概念是肤浅的，他由之出发对财富的理解也是肤浅的。他的思想的深刻性远不如李嘉图，后者以劳动价值论揭示了生产力的社会内涵，并进而揭示了财富在经济活动中的物质构成和价值构成，以及财富和价值在生产关系层面的具体分配。所以，无怪乎马克思会说："读者将由此确信：德国资产者是事后登上舞台的，他不可能把英国人和法国人详尽阐发的国民经济学再向前推进，正象后者大概也不能对德国哲学运动作出什么新的贡献一样。德国资产者只能给法国和英国的现实添上自己的幻想和空话。"③

其五，李斯特是基于其所处的特殊时代和特殊国情来批评流行学派的，但他并没有达到流行学派的理论高度，更遑论超越之。前文提到李斯特批评流行学派是"支离破碎的狭隘的本位主义和个人主义"，李斯特不理解这种本位主义是前资本主义社会发展到资本主义社会的必然结果，在这一发展中，动产（货币）战胜不动产并居于"本位"。李斯特也不理解这种个人主义是私人劳动转化为社会劳动的必然结果，在这一转化中，个

---

① 〔德〕李斯特：《政治经济学的国民体系》，陈万煦译，蔡受百校，商务印书馆，1961，第 138 页。

② 〔德〕李斯特：《政治经济学的国民体系》，陈万煦译，蔡受百校，商务印书馆，1961，第 158 页。

③ 《马克思恩格斯全集》第四十二卷，人民出版社，1979，第 249 页。马克思认为，真正属于李斯特所有的东西"就只剩下空谈生产力的空洞的理想——以及追求统治权的德国资产者的伪善"。（第 271 页）

人被抽象为交换价值。斯密正确地把握了这一点，并以初期野蛮社会的劳动价值论和进步社会的收入价值论分析这一发展或这一转化的内在机理。斯密的分析当然有很多问题，但他力求把握这个内在机理的理论方向是正确的。李嘉图推进了斯密的观点，这不仅体现在，李嘉图斩断收入价值论这个"庸人的辫子"，从而全面地坚持了劳动价值论，而且体现在，李嘉图揭示出资本主义社会发展的方向是为生产而生产，独立商品交换主体被进一步抽象为经济范畴的人格化。以此反观李斯特，他在价值理论上没有任何突破。李斯特以既包含经济方面也包含非经济方面的至大无外的"生产力"来取代他所认为的对现实解释乏力的抽象的"价值"，他没意识到资本主义社会的生产力就体现为交换价值的增殖。就此来说，斯密和李嘉图比李斯特看得更准、更深。李嘉图通过考察价值分配（比如工资和利润的反比关系）来分析资本积累，这是在真正源泉的层面上探讨生产力。可这却被李斯特颠倒地批评为无关乎生产力的量的增加。"现在交换价值理论已经完全失去势力到这样地步，以致它所从事研究的几乎仅在地租的性质这方面，因此李嘉图在他的《政治经济学原理》里会这样说，'政治经济学的主要目的是确定土地生产物在地主、农场主和劳动者之间应如何分配的法则'。"① 李斯特认为个人不是抽象的，而是处于国家之中的，是由"爱国主义的纽带"联系在一起的。这个观点当然不能说是错的。但毫无疑问的是，国家利益是一个混沌而苍白的概念，李斯特对之缺乏有力度的分析。其实，国家从来不是中立的，随着前资本主义社会发展到资本主义社会，国家转变为资产阶级的国家（德国的"国家"是新兴资产阶级和土地贵族共谋的国家）。至于爱国主义的个人，同样没有现实基础，其真实来历更是可疑。对此，马克思批评说："如果说亚当·斯密是国民经济学的理论出发点，那么它的实际出发点，它的实际学派就是'市民社会'，而对这个社会的各个不同发展阶段可以在经济学中准确地加以探讨。只有幻想和理想化的词句（语言）才是属于李斯特先生的。"②

马克思在《〈政治经济学批判〉导言》中提过两种"政治经济学的方法"，即"完整的表象蒸发为抽象的规定"和"抽象的规定在思维行程中

---

① 〔德〕李斯特：《政治经济学的国民体系》，陈万煦译，蔡受百校，商务印书馆，1961，第338～339页。
② 《马克思恩格斯全集》第四十二卷，人民出版社，1979，第249页。

导致具体的再现"。① 前者一般被简记为从具体到抽象，后者一般被简记为从抽象到具体。马克思举例说：因为人口是现实的前提，是全部社会生产行为的基础，所以经济学似乎应该从人口出发；但是，抛开构成人口的阶级，人口就是一个抽象，而不知道这些阶级所依据的因素（比如雇佣劳动、资本等），阶级仍然是一个抽象。马克思指出："因此，如果我从人口着手，那么，这就是关于整体的一个混沌的表象，并且通过更切近的规定我就会在分析中达到越来越简单的概念；从表象中的具体达到越来越稀薄的抽象，直到我达到一些最简单的规定。于是行程又得从那里回过头来，直到我最后又回到人口，但是这回人口已不是关于整体的一个混沌的表象，而是一个具有许多规定和关系的丰富的总体了。"② 据此，李斯特的国家、生产力等概念都只是"关于整体的一个混沌的表象"。他所批评的流行学派，则是已经取得了"越来越稀薄的抽象""最简单的规定"，并力求回过头来在思维中再现具体（"一个具有许多规定和关系的丰富的总体"）。马克思认为，李斯特的方法处于前科学的水平，流行学派的方法总体说来是科学上正确的方法。李嘉图作为流行学派的集大成者，他对从抽象到具体的方法的运用总体上是成功的，既达到了资产阶级视野内最大限度的科学性，也获得了对资本主义生产的一定程度的批判性。不过，其缺陷也极为明显，集中体现在他的因果式的、非辩证的线性思维上，即总是想跳过必要的中间环节，直接证明各种经济范畴相互一致（李嘉图的恶习）。在《经济学手稿（1861—1863 年）》中，马克思充分肯定《政治经济学及赋税原理》头两章给人以高度的理论享受。之后，马克思指出："进一步的阐述已经不再是思想的进一步发展了。这种阐述不是单调地、形式地把同一些原则运用于各种各样凭外表拿来的材料或者为这些原则进行辩护，就是单纯地重复或者补充；最多是在该书的最后部分有些地方作出某种引人注意的结论。"③ 李嘉图进一步的阐述不再是"思想的进一步发展"。所以，劳动价值论的逻辑与经济事实之间必然是外在的（甚至说得不客气些，是拼凑的）关系。之前讨论过的价值与生产价格即是如此。这里不妨再以"李嘉图固执地认为劳动材料（比如原料、辅助材料）不是资本"为例作一说明。

---

① 《马克思恩格斯全集》第三十卷，人民出版社，1995，第 42 页。
② 《马克思恩格斯全集》第三十卷，人民出版社，1995，第 41 页。
③ 《马克思恩格斯全集》第三十四卷，人民出版社，2008，第 187 页。

　　李嘉图认为资本包括两类，即固定资本和流动资本。"但在每一种社会状态中，不同行业所使用的工具、用具、厂房和机械的耐久性可能是彼此不一的，生产它们所需的劳动量也可能各不相同；维持劳动的资本和投在工具、机器、厂房上的资本的比例也可能有各色各样的配合方式。……资本有些消耗得快，必须经常进行再生产，有些则消耗得慢。根据这种情形，就有流动资本和固定资本之分。酿酒业主的厂房和机器设备是价值昂贵和耐久的，所以便说他所使用的大部分资本是固定资本。反之，制鞋业主的资本主要是用来支付工资的，而工资则是用在食物、衣着等比厂房和机器设备更容易被消耗的商品上，所以便说他所使用的资本大部分是流动资本。"① 首先，李嘉图关于固定资本和流动资本的区分标准（资本消耗得慢或快）并不合理。马克思在《经济学手稿（1857—1858年）》中引用了这段话并讽刺这段话的拜物教性质。马克思说："按照这个规定，咖啡壶是固定资本，而咖啡则是流动资本。经济学家们把人们的社会生产关系和受这些关系支配的物所获得的规定性看作物的自然属性，这种粗俗的唯物主义，是一种同样粗俗的唯心主义，甚至是一种拜物教，它把社会关系作为物的内在规定归之于物，从而使物神秘化。"② 事实上，固定资本和流动资本的区分标准应为价值周转方式。固定资本的特点是，使用价值全部参加生产过程，而价值多次转移到产品中并随着产品销售而逐步收回；流动资本的特点是，使用价值全部参加生产过程（随即改变形态），而价值一次性转移到产品中并随着产品销售一次性全部收回。其次，按照李嘉图自己的标准，流动资本显然应当包括劳动材料（比如原材料、辅助材料），奇怪的是，他对之丝毫未曾提及。换言之，李嘉图将流动资本完全等同于投在工资上的资本了。这是错误的。这个错误是李嘉图信奉"斯密教条"的必然产物。错误产生的根源就在于李嘉图因果式的、非辩证的线性思维。李嘉图认为流动资本（投在工资上的资本）加进产品中去的价值是新创造的价值，这没有问题。但李嘉图居然把流动资本这个在流通领域中把

---

① 《政治经济学及赋税原理》，见《大卫·李嘉图全集》第1卷，第22～23页。李嘉图探讨间接劳动时也把劳动材料（比如原材料、辅助材料）排除于资本之外："也就是说，生产出来的商品的交换价值与投在它们生产上的劳动成比例；这里所谓劳动不仅是指投在商品的直接生产过程中的劳动，而且也包括投在实现该种劳动所需要的一切器具或机器上的劳动。"（第17页）

② 《马克思恩格斯全集》第三十一卷，人民出版社，1998，第85页。

握到的经济范畴当作在生产领域中创造新价值的经济范畴。以马克思的话来说，李嘉图把可变资本和流动资本混同了。所以李嘉图才会认为，如果将劳动材料（比如原材料、辅助材料）也算进流动资本的话，那么就有违劳动价值论。又由于劳动材料（比如原材料、辅助材料）显然不能归于固定资本，所以李嘉图必须将之置于资本之外。我们又看到了"李嘉图的恶习"。和之前提到的李嘉图总想直接证明生产价格与价值不矛盾一样，他也想直接证明价值周转方式（资本消耗得慢或快）和价值创造方式不矛盾。马克思在《资本论》第二卷中分析资本周转时专辟一章来批评李嘉图的这个错误。"因此，在李嘉图那里，投在劳动材料（原料和辅助材料）上的那部分资本价值，不出现在任何一方。它完全消失了。这就是说，它不适于放在固定资本方面，因为在流通方式上，它和投在劳动力上的那部分资本完全相同。另一方面，它也不应放在流动资本方面，因为这样一来，从亚·斯密那里继承下来的、并不声不响地沿用着的那种把固定资本和流动资本的对立同不变资本和可变资本的对立等同起来的做法，就会站不住脚。李嘉图凭丰富的逻辑本能，不会不感觉到这一点，所以，这部分资本就在他那里消失得无影无踪了。"① "因"出现错误，"果"出现必然的连带错误。这是李嘉图"丰富的逻辑本能"的负面表现。

---

① 《马克思恩格斯文集》第六卷，人民出版社，2009，第242页。

# 第四章 李嘉图经济学的历史效应

李嘉图于 1823 年 9 月逝世。李嘉图经济学是 1823 年之前最深刻的资产阶级经济学，李嘉图经济学所蕴含的社会唯物主义是 1823 年之前最具科学性和批判性的唯物主义哲学。那么，1823 年之后，李嘉图经济学及社会唯物主义的遭遇如何呢？诸多思想家对李嘉图经济学做出引申或改造。然而，他们或是歪曲李嘉图经济学，或是借助其他哲学理论抹杀社会唯物主义的哲学高度，总之，并没有从中发展出新的有益的科学成果。马克思对李嘉图经济学经历了拒斥、接受、反思、批判和超越的过程，实现了哲学领域和经济学领域的根本革命，主要成果分别是历史唯物主义和马克思主义政治经济学。

## 第一节 汤普逊对李嘉图经济学的功利主义改造

威廉·汤普逊（1775~1833）是一位欧文主义者，他和欧文一样，相信合作社的优越性，甘愿为理想献身。汤普逊在 1830 年立下遗嘱，把他在科克郡的大部分世袭地产赠给欧文主义组织，并把自己的藏书赠给合作社图书馆。汤普逊延续了欧文以资产阶级意识形态反对资本主义的做法，将功利主义和李嘉图经济学相结合，表达无产阶级的利益诉求。如马克思所说的，"李嘉图的理论也例外地被用做攻击资产阶级经济的武器"①。因此，汤普逊被视作李嘉图社会主义者。② 马克思 1846 年在伦敦阅读过汤普

---

① 《马克思恩格斯文集》第五卷，人民出版社，2009，第 16 页。
② 李嘉图社会主义者（Ricardian Socialists）一词经赫伯特·福克斯韦尔（H. Foxwell）之手开始流行。他在 1899 年介绍门格尔著作时抱怨说，李嘉图社会主义者的重要著作直到最近几年几乎完全被人们忽视了。（参见伊特韦尔、米尔盖德、纽曼编《新帕尔格雷夫经济学大辞典》第四卷：Q—Z，经济科学出版社，1996，第 192~196 页。）李嘉图社会主义者还包括和汤普逊同属欧文主义者的勃雷、格雷，还有不属于欧文主义者（不主张合作社运动）的霍吉斯金、莱文斯顿。勃雷与汤普逊都主张将功利主义哲学和李嘉图经济学相结合，论证无产阶级的利益诉求。下面对其观点略作引用。勃雷认为："一方（转下页注）

逊的著作《最能促进人类幸福的财富分配原理的研究》（写于1822年，出版于1824年）。正是在那时，马克思发现李嘉图劳动价值论对资本主义生产关系的揭露是正确的，找到了从劳动价值论出发科学地批判资本主义社会的理论路径。而汤普逊，没有看到李嘉图经济学所立足于其上的社会唯物主义与他所倚赖的功利主义之间的根本异质性，对李嘉图经济学作了平面化的肤浅理解，因此他对资本主义的反驳和对社会主义的论证也存在不少错误。

首先，功利主义与社会唯物主义的异质性。

汤普逊早年受业于英国哲学家杰里米·边沁（1748～1832）。他在《最能促进人类幸福的财富分配原理的研究》一书前言中指出，边沁"这位思想家不仅指出了从事伦理学研究的正确道路，并且亲自在这方面作出了前人所没有想到、当然更谈不上完成的巨大进展。我们的目标就是要循着他所指出的道路，把政治经济学上确定了的原理应用到社会科学上，使这些原理和所有其他各部门学问为最能增进人类幸福的财富的公平分配服务"①。边沁经常自夸：我是穆勒精神上的父亲，穆勒是李嘉图精神上的父亲，所以李嘉图是我精神上的孙子。②

那么，李嘉图所说的边沁"所指出的道路"是什么？简单说，即"最大多数人的最大幸福"原则。边沁在他1780年就已完成但迟至1789年才出版的《道德与立法原理导论》一书中说："自然把人类置于两位主公——快

---

（接上页注②）只是都给出去，一方只是都拿进来，一切不平等的实质和精神也在于此。""倘使我们都依照一种公正的交换制度来做，那么一切商品的价值，将由全部生产成本来决定，而且应该常常是等值与等值交换。""资本家和业主对于工人的一星期的劳动，只付出了资本家从工人身上在一星期中所获取的财富的一部分！这样的交换，实际上是以无换有。"资本主义"非但是不利于生产的，非但在交换上是不公平的，而且是完全破坏了一切权利的平等的"。（〔英〕勃雷：《对劳动的迫害及其救治方案》，袁贤能译，商务印书馆，1959，第23、51～52、192页。）勃雷从分配角度看待资本家和工人的关系，他不理解分配首先是生产工具的分配，其次是社会成员在各类生产之间的分配，最后才是产品的分配。他主张消除资本家和个人的不平等交换，以求彻底实现价值规律（等值与等值交换），他不懂得资本家和个人的不平等交换就是彻底实现价值规律（等值与等值交换）的结果。

① 〔英〕汤普逊：《最能促进人类幸福的财富分配原理的研究》，何慕李译，商务印书馆，1986，第17页。

② 李嘉图常与边沁见面讨论问题。他在1820年致边沁的信中说："亲爱的先生，我明天不得不待在市区，以致不能在上午同您见面。我将在星期六平常的钟点在绿园等您。"落款是"您非常忠实的大卫·李嘉图"。〔《李嘉图致边沁》（1820年5月18日），见《大卫·李嘉图全集》第8卷，第185页。〕

乐和痛苦——的主宰之下。只有它们才指示我们应当干什么，决定我们将要干什么。是非标准，因果联系，俱由其定夺。……功利原理承认这一被支配地位，把它当作旨在依靠理性和法律之手建造福乐大厦的制度的基础。"① 根据功利原理，我们赞成一项行动，是因为它能给利益有关者带来实惠、好处、快乐、利益、幸福，或防止利益有关者遭受损害、痛苦、祸患、不幸。边沁认为，共同体以及共同体的利益都是非常笼统的说法。"共同体是个虚构体，由那些被认为可以说构成其成员的个人组成。那么，共同体的利益是什么呢？是组成共同体的若干成员的利益总和。"② 显然，这是将社会关系还原为"个人的机械加和"。

　　功利主义是对抽象人性论（自然法和社会契约论）的进一步发挥。抽象人性论（自然法和社会契约论）以理性为前提，论证个人的天赋人权，功利主义则将理性落实在个人的每一次的行为选择中，即人们通过理性的行为选择，以及必要的法律保障，必将建成"福乐大厦"。之前提过，理性唯物主义的立足点是个体理性。实际上，抽象人性论（自然法和社会契约论）和功利主义的立足点同样是个体理性：它们过分强调原子个人，忽视社会关系特别是经济关系的客观制约作用。孟德斯鸠在坚持自然法和社会契约论的思想阵营中是一个"异数"，之前谈到他超越个体理性而主张整体理性。不妨再作些引用。"所以，我们必须承认，在人为法确立公正关系之前，就存在着公正关系。"③ "一般而言，法是人类的理性，因为它治理着地球上的所有民族。各国的政治法和公民法只不过是人类理性在各个具体场合的实际应用而已。"④ 可以看出孟德斯鸠所主张的整体理性是抽象的，而非在社会关系中生成的。社会唯物主义的整体理性则与此相反：既是现实的，也是在社会关系中生成着的。社会唯物主义看重阶级的存在以及阶级之间的关系，主张社会关系特别是经济关系作为人们经济活动的产物，对经济行为和经济事实的客观制约作用。总之，社会唯物主义是对抽象人性论和功利主义的批判和超越，也是对孟德斯鸠的整体理性（以及本书第一章第三节提到的魁奈的整体理性）的更高层次的回复和呼应。马克思没有从斯密、李嘉图经济学中概括出其实际达到了的社会唯物

---

① 〔英〕边沁：《道德与立法原理导论》，时殷弘译，商务印书馆，2000，第57页。
② 〔英〕边沁：《道德与立法原理导论》，时殷弘译，商务印书馆，2000，第58页。
③ 〔法〕孟德斯鸠：《论法的精神》上卷，许明龙译，商务印书馆，2012，第10页。
④ 〔法〕孟德斯鸠：《论法的精神》上卷，许明龙译，商务印书馆，2012，第15页。

主义的哲学原则,对无产阶级解放道路的现实探讨使他无意于此。但马克思(从 1843 年开始)阅读和研究以斯密、李嘉图为代表的古典经济学,无疑是受到了古典经济学及其蕴含的社会唯物主义的启发。所以他在《关于费尔巴哈的提纲》中才会提出:"但是,人的本质不是单个人所固有的抽象物,在其现实性上,它是一切社会关系的总和。"① 从现实性和社会关系的角度来把握人的本质,是对古典经济学及其蕴含的社会唯物主义的继承和对抽象人性论和功利主义的批判。至于对古典经济学及其蕴含的社会唯物主义的超越,则是在《哲学的贫困》及之后了。

边沁的"最大多数人的最大幸福"虽是作为资产阶级意识形态提出的,但在提出后,因其自身固有的理论抽象性,也常被用来反驳资产阶级本身。从资产阶级意识形态出发,资本主义社会是"福乐大厦","最大多数人的最大幸福"是资本家利益的最大化。随着资本主义社会的变迁,这里的资本家利益的最大化或者是指工业资本家利益的最大化,或者是指金融资本家利益的最大化等。从反驳资产阶级的角度出发,资本主义社会不是"福乐大厦","最大多数人的最大幸福"应是劳动者利益的最大化。汤普逊就是后一种观点的代表。

汤普逊认为"最大多数人的最大幸福"原则是唯一正确的,它排除了其他一切虚假的道德标准。"考虑到一切效果——良好的和恶劣的,当前的和未来的——的功利主义,或者说尽可能谋求人类的最大幸福,是本书中时时刻刻记住的、凌驾于一切其他原则之上的指导原则。"② 汤普逊将"最大多数人"明确界定为"整个社会的十个人之中的九个或者一百个人之中的九十个"③,换言之,90% 的人口。汤普逊指出:"人、劳动、原料;大自然所提供的,人类必须以他们的智力和体力从它们制造出一切财富所能提供的谋求幸福的手段的那些原料;这些就是我们的简单的因素。怎样以财富的形式从这些因素中制造出最大量的幸福一直是要解决的问题。这个问题解决之后,接着来的是另外一个仅仅在重要性上占第二位的

---

① 《马克思恩格斯文集》第一卷,人民出版社,2009,第 501 页。

② 〔英〕汤普逊:《最能促进人类幸福的财富分配原理的研究》,何慕李译,商务印书馆,1986,第 25 页。汤普逊在同义语的意义上使用"最大多数人的最大幸福""可能有的人类最大幸福""社会的幸福""全体的幸福"这些术语。

③ 〔英〕汤普逊:《最能促进人类幸福的财富分配原理的研究》,何慕李译,商务印书馆,1986,第 26 页。

问题——怎样用最方便的办法把现在偶然形成的财富的生产和分配方式变成一定能够产生最大幸福的方式。"① 汤普逊和李嘉图一样,把关注焦点放在分配问题上。

其次,生产财富的目的和分配财富的目的是一样的,都是实现最大多数人的最大幸福。据此,资本主义社会的症结在于财富分配不得当。

汤普逊说:"生产财富的唯一理由,终归是因为它能增加谋求幸福的手段;而财富之所以应该这样分配而不那样分配,唯一的理由也就是用这一种分配方式比用另外一种分配方式能够生产出更多的生产对象和增加更多的幸福。"② 据此,汤普逊既反对忽视使用价值之基础地位的精神学派(代表人物是《政治正义论》的作者葛德文),也反对忘记生产与分配之目的的机械学派(代表人物是《人口论》的作者马尔萨斯)。汤普逊在"作者前言"中说道:"为什么一个国家拥有比任何其他国家都要多的自然资源、机器、住宅、食物以及勤劳智慧的生产者,具有可以获得幸福的一切显而易见的手段,并且存在着由社会上一小部分富有者表现出来的类似幸福的景象,而竟然穷困不堪呢?为什么人们经过成年累月不断的和有效的努力之后,辛勤劳动所得的果实,竟在他们本身既没有胡作非为、自然界也没有发生灾害的情况下,会被神秘地全部夺走呢?……不懂得生产方法和不愿意劳动的野蛮民族会陷于贫乏,那是不足为奇的;但是,在发达的技术和优越的自然条件可以说是竞相造福于人的情况下,千百万勤劳智慧的人民竟不能享受他们自己创造出的产品,这才是一件神秘难解的事,一种使人惊异的现象。"③ 之所以出现这种神秘难解的事和使人惊异的现象,原因在于"财富分配的不得当"④。显然,这是从分配的角度来解释经济现象,即不得当的分配导致人们无法从他们的劳动中获得幸福,也无法享受他们的劳动产品。

其一,财富是使用价值,劳动是具体劳动。汤普逊认为:"财富是

---

① 〔英〕汤普逊:《最能促进人类幸福的财富分配原理的研究》,何慕李译,商务印书馆,1986,第438页。

② 〔英〕汤普逊:《最能促进人类幸福的财富分配原理的研究》,何慕李译,商务印书馆,1986,第41页。

③ 〔英〕汤普逊:《最能促进人类幸福的财富分配原理的研究》,何慕李译,商务印书馆,1986,第19~20页。

④ 〔英〕汤普逊:《最能促进人类幸福的财富分配原理的研究》,何慕李译,商务印书馆,1986,第20页。

'由劳动生产出来的任何一种欲望的对象'。交换价值对于财富不是必要的，虽然它几乎常常和财富的概念联系着；因为小规模的社会没有交换而只有共同劳动，一样可以过得富庶而快乐。如果每个人都为自己做衣服而不用购买，难道毛料衣服就不是财富了吗？一件物品，尽管它的所有者十分需要它并且是用很大的劳动力生产出来的，但如果没有交换价值也就不能有市场价值。它不能被送到市场上去卖给不需要它的人；可是对于认为它有用而十分需要它的人，对于费心制造它供自己使用的人来说，它仍然不失为一件财富品。没有劳动就没有财富。劳动是财富的显著属性。自然的力量不能使任何东西成为财富品。劳动是财富的唯一来源。"① 以"欲望的对象"、"有用"和"需要"来界定的财富只能是使用价值，也即"效用"。创造这种财富的劳动，也只能是关涉人与自然关系而无关乎生产关系（甚至在一定意义上讲也无关乎交换关系）的具体劳动。这与李嘉图区分使用价值与交换价值、将研究对象放在交换价值上并探讨交换价值背后的经济关系（比如工资与利润的关系、资本如何积累）的做法，是截然不同的。总之，汤普逊对李嘉图经济学作了平面化的理解，他将经济范畴置于常识的层面上，并以功利主义批判之、重构之。马克思在《资本论》中一针见血地指出："这个从简单劳动过程的观点得出的生产劳动的定义，对于资本主义生产过程是绝对不够的。"②

另外，在汤普逊自己所说的财富是使用价值、劳动是具体劳动的意义上，引文最后一句话"劳动是财富的唯一来源"也是不对的。因为，劳动是需要对象的。马克思在《哥达纲领批判》中严厉批评了当时仍然信奉这种观点的拉萨尔派："劳动不是一切财富的源泉。自然界同劳动一样也是使用价值（而物质财富就是由使用价值构成的!）的源泉，劳动本身不过是一种自然力即人的劳动力的表现。"③

这里顺便一提，汤普逊的诸多说法显然影响了马克思恩格斯在《德意志意识形态》中的表述。比如马克思恩格斯批判费尔巴哈道："这种活动、这种连续不断的感性劳动和创造、这种生产，正是整个现存的感性世界的基础，它哪怕只中断一年，费尔巴哈就会看到，不仅在自然界将发生巨大

① 〔英〕汤普逊：《最能促进人类幸福的财富分配原理的研究》，何慕李译，商务印书馆，1986，第30页。
② 《马克思恩格斯文集》第五卷，人民出版社，2009，第211、581页。
③ 《马克思恩格斯文集》第三卷，人民出版社，2009，第428页。

的变化，而且整个人类世界以及他自己的直观能力，甚至他本身的存在也会很快就没有了。"① 这段论述与汤普逊探讨劳动对人类社会存在和发展的基础意义的论述极其相似："如果任何一个社会的劳动停止一年，能有多少人会被自然物资或者自然力量保存下来，在下一年里讲述他们的危险经历呢？不仅是享受而是一切民族的生存都依靠着永久进行的劳动。在人们消费的同时，勤劳的双手在不断地再生产。"② 不过也要看到，这里仅仅是表述上的相似。汤普逊的"劳动"只是人类社会历史的一般基础，而缺乏生产关系之生产的内涵。比如汤普逊看到了生产资料与劳动力的分离对劳动者的巨大的负面影响，但他始终无法深入劳动过程中的内在矛盾（比如劳动的物质内容与价值形式之间的矛盾，生产和消费的矛盾）中展开分析。

其二，在财富是使用价值、创造财富的劳动是具体劳动的基础上，汤普逊非常表面、非常肤浅地看待李嘉图的劳动价值论。他说："从外地运来的物品，其价值一定也是决定于那个地方生产这些物品所需要的劳动量。"③ 那么，衡量价值量的尺度是什么呢？当然是劳动量。但又不止于此。汤普逊外在地引入了其他因素：由于人们的欲望和爱好"又随着物质的和精神的条件而变化，特别是随着怎样把自然资料和自然力量变为有用的知识（科学的和技术的）的多少而变化，所以很显然，绝对的劳动量不可能是这些东西的价值的准确指针"④。李嘉图根据价值量（劳动量）来分析阶级之间的对立关系，这是对资本主义生理结构（"内在有机联系和生活过程"）的剖析。汤普逊不是这样，他在确认了劳动量之后，就转向对幸福量的研究了，他的研究工具是边沁在《道德与立法原理导论》第四章中提出的对快乐和痛苦的值的估算方法。可以看到，劳动价值论与功利主义在汤普逊这里强硬结合。

值得一提的是，汤普逊对知识在促进生产上的积极作用的认识。"如果迷信，或者错误的或者假冒的知识不能给人们以新的刺激或者根本就不能给人们以刺激而只是造成生产上的绝对倒退，那么真正的知识将会特别

① 《马克思恩格斯文集》第一卷，人民出版社，2009，第529页。
② 〔英〕汤普逊：《最能促进人类幸福的财富分配原理的研究》，何慕李译，商务印书馆，1986，第31页。
③ 〔英〕汤普逊：《最能促进人类幸福的财富分配原理的研究》，何慕李译，商务印书馆，1986，第36页。
④ 〔英〕汤普逊：《最能促进人类幸福的财富分配原理的研究》，何慕李译，商务印书馆，1986，第37页。

有力量加强和加速生产,并使人类能力获得充分的发展。但知识永远不能代替全部享用劳动生产品的刺激。相反地,它将使这种全部享用成为劳动生产的首要条件;只要有了这个条件,劳动生产就会增加无限的力量。"① 李嘉图并不重视"真正的知识"的积极作用(所以走向了经济决定论),这一点让人颇感遗憾。而马克思对此作了正确的和全面的论证,因为,"在马克思看来,科学是一种在历史上起推动作用的、革命的力量"②。

其三,汤普逊对利润的理解是错误的。汤普逊根据功利主义提出商品交换的对等原则:"生产者必须从他所生产的东西上边得到他所预期的利益","给了劳动者以在完全享用劳动产品上的保障"。③ 但他遗憾地看到,在资本主义社会中,"那些在财富的交换上提不出来具体的实在的等价物的人们把劳动生产者的一部分生产品抢走了。他们从来没有征求过劳动生产者对于这个让与的同意,也没有给劳动生产者认为满意的任何物质的或者精神方面的等价物"④。汤普逊把资本主义商品交换视作"征求……同意",这是完全不理解资本主义生理结构("内在有机联系和生活过程")的说法。汤普逊也不理解资本主义条件下利润产生和积累的必然性。实际上,资本主义条件下利润产生和积累的必然性在于劳动力成为商品。马克思说:"因而,同样,对于劳动能力来说,是支付它的交换价值,它本身包含的劳动时间,但是,因为劳动能力的使用价值本身又是劳动,是创造交换价值的实体,所以下述情况与商品交换规律没有任何矛盾:劳动能力的现实消费,即它作为使用价值的现实使用所创造的劳动,所体现的对象化劳动多于它本身作为交换价值所包含的劳动。"⑤ 对于汤普逊,以及其他李嘉图社会主义者,马克思讽刺道:"我们需要的是资本,而不是资本家。"⑥

尽管不理解利润、不理解资本,但是应当承认,汤普逊确实是对资本

---

① 〔英〕汤普逊:《最能促进人类幸福的财富分配原理的研究》,何慕李译,商务印书馆,1986,第57页。
② 《马克思恩格斯文集》第三卷,人民出版社,2009,第602页。
③ 〔英〕汤普逊:《最能促进人类幸福的财富分配原理的研究》,何慕李译,商务印书馆,1986,第52、56页。
④ 〔英〕汤普逊:《最能促进人类幸福的财富分配原理的研究》,何慕李译,商务印书馆,1986,第37页。
⑤ 《马克思恩格斯全集》第三十二卷,人民出版社,1998,第96~97页。
⑥ 《马克思恩格斯全集》第三十卷,人民出版社,1995,第262页。

主义社会作了颇具批判性的观察。"在工商业方面，一般社会的劳动者没有工具、原料或者土地使他们能够从事劳动。他们不仅受到限制而且完全依赖于有办法掌握所有这些生产资料的资本家。这些资本家用上千种无保障的手段从愚昧和不幸的劳动者身上榨取他们的劳动力和生命；因之在这些手段支配之下，劳动者就完全成了机器（虽然他们自己往往看不到这一点），好象一些小人形一样被装束成真人并被展览以用他们看来象是自愿的动作来欺骗大众。所以劳动生产者在一般社会里边就是这样被他自己的看来好象是自愿的行动欺骗着。他被教导着把无保障的限制看成天经地义或者宗教的教义：他对于这些是没有选择余地的。"① 这种对劳动者悲惨处境的同情无疑是真诚的，但关键是，汤普逊在劳动价值论与功利主义强硬结合的基础上无法科学地解释之，当然也就无法现实地改变之。

其四，汤普逊平均主义地应用李嘉图"劳动创造价值"的观点。汤普逊不反对资本主义社会的商品交换，他主张的是所有工人都成为资本家。汤普逊说："只要有纯粹的资本家阶级存在，社会就必定停留在病态中。"② "一部分人拥有资本，另一部分人拥有劳动力与一般的人类幸福和财富的最大生产都是不相容的。从功利的观点来看，所有的工人都应该成为资本家，劳动力和资本应该为同一人所有；按照现在的人类心理状态来看，资本和劳动结合之后，必能随着获得知识。"③

之所以要求"所有的工人都应该成为资本家"，原因在于：汤普逊始终是站在分配的角度考虑问题。"资本的利润越大，或者说，资本家使劳动者为他所借用的食粮、所使用的工具和机器和所占用的房屋所付出的越多，劳动者所剩下的，取得其他欲望对象的东西就越少。"④ 汤普逊要求按照自然的道理，其实就是他所尊奉的功利原理："似乎每一个劳动生产者都应该有他自己的原料，在劳动时能自己供应食粮，有他自己的工具，

① 〔英〕汤普逊：《最能促进人类幸福的财富分配原理的研究》，何慕李译，商务印书馆，1986，第383～384页。在第146页，汤普逊提出"剩余价值"一词。这只是汤普逊的一个普通的用词，该词没有马克思后来赋予它的丰富的社会历史内涵。
② 〔英〕汤普逊：《最能促进人类幸福的财富分配原理的研究》，何慕李译，商务印书馆，1986，第451页。
③ 〔英〕汤普逊：《最能促进人类幸福的财富分配原理的研究》，何慕李译，商务印书馆，1986，第447页。
④ 〔英〕汤普逊：《最能促进人类幸福的财富分配原理的研究》，何慕李译，商务印书馆，1986，第194页。

自己的住房，并有适当的技巧和知识以支配这些生产要素。"① 每个人通过各自的劳动挣得劳动产品（实际上就是私有财产）并相互交换，这就是小资产者之间的简单商品交换。汤普逊说："我们认为更正确一点说，这种制度——就它是，并且只有就它是完全出于自愿的而言——是更为完美的自愿交换和从自愿交换中产生的更为完美的友情表现。在这种制度下，每个人都为每一个人劳动，每一个人都给每一个人以福利并从每一个人那里得到福利。虽然这里没有个人与个人之间的个别物品的交换，但有一种经常的普遍的福利的交换。只有聪明人才能从最进步的社会科学理论中得出这种普遍的自愿交换的制度。它不过是把一个个别交换的原则应用到每一个人的所有劳动的总和上边去。这是用每一个人的全部劳动来交换这个公社其他人的各部分劳动产品，如果这个总的交换制度的最终利益比个别交换制度产生更多的幸福，即为什么不可以实行这种制度呢？它并不是用一个新原则代替了交换的原则，而只不过是在一个广泛而普遍的规模上实行了交换的原则。"②

　　问题是，既然存在简单商品交换（"在一个广泛而普遍的规模上实行了交换的原则"），那么，价值规律、供求法则就一定发挥作用，生产的无政府状态以及优胜劣汰、两极分化必然会产生。在《评阿·瓦格纳的"政治经济学教科书"》（写于 1879 年下半年 ~ 1880 年 11 月）中，马克思指出小资产者之间的简单商品交换必然发展为资本主义商品交换："然而我的论断完全相反：商品生产发展到一定的时候，必然成为'资本主义的'商品生产，按照商品生产中占统治地位的价值规律，'剩余价值'归资本家，而不归工人。"③ 由此可以看出汤普逊的悖谬：颠倒地将被资本主义商品交换所超越了的简单商品交换视作理想中的未来崭新的劳动制度。就此来说，熊彼特关于李嘉图社会主义者在经济分析史中的贡献极其微小的论断，倒显得睿智而深刻。

　　最后，汤普逊设计了一种既能增加财富又能保证分配正义的互助合作

① 〔英〕汤普逊：《最能促进人类幸福的财富分配原理的研究》，何慕李译，商务印书馆，1986，第 194 页。

② 〔英〕汤普逊：《最能促进人类幸福的财富分配原理的研究》，何慕李译，商务印书馆，1986，第 68 ~ 69 页注释 1。

③ 《马克思恩格斯全集》第十九卷，人民出版社，1963，第 428 页。马克思这里是在批评瓦格纳对自己的一个曲解："这个蠢汉偷偷地塞给我这样一个论断：只是由工人生产的'剩余价值不合理地为资本主义企业主所得'。"（第 114 页注释 3）

劳动制度。

汤普逊认为，人类迄今为止的劳动制度有二："暴力与欺诈并用的强迫劳动制度"和"个人自由竞争的劳动制度"。① 大体来说，前者对应奴隶劳动和封建劳动，后者对应资本主义社会的雇佣劳动。在汤普逊看来，这两者都是"偶然形成的财富的生产和分配方式"②，它们都有违最大多数人的最大幸福原则。汤普逊在作者前言中说："但是，如果我们有这样的幸运，能找到一种分配财富的方式，既能最有助于财富的生产和积累，又比任何其他可能有的分配方式更能促进政治上的功利，既能提供最广泛地传播道德风尚的美好希望，同时又是如此简单易行，以致不需要任何累赘的法律机构，乃至几乎根本不需要任何机构来支持它，那么，我们就应该联合一切公正的人士来推行这种如此优越的分配方式。"③ 汤普逊与他所倾慕和追随的欧文一样，盲目信仰理性。

理性所设计出来的新型的劳动制度是互助合作的劳动制度。在互助合作劳动制度中，财富分配的自然法则是自由劳动、完全享用劳动产品和自愿交换。汤普逊指出："一切劳动者在使用他的劳动力上和是否继续劳动上，都应该是自由自愿的"，"一切劳动生产品应该为产品的生产者所有"，"一切财富品的交换都应该是自由自愿的"。④ 劳动者的劳动是自由的，并且他们可以完全地享用自己的劳动产品和自愿地交换自己的劳动产品，劳动者作为独立主体才能实现互助合作。由是，财富获得了最大量的生产，⑤ 财富的分配也实现了最充分的正义，而且互助合作劳动还不会带来生产过剩（劳动者的一切基本需要是靠他们自己来供应的）。物质财富和分配正义有机地统一于互助合作的劳动之中。汤普逊不懂得，在资本主义生产关系下，无论资本家和工人在主观上怎样超脱既定生产关系，他们在社会存在的意义上始终是生产关系的产物。所以毫不奇怪汤普逊会主张

---

① 〔英〕汤普逊：《最能促进人类幸福的财富分配原理的研究》，何慕李译，商务印书馆，1986，第267页。

② 〔英〕汤普逊：《最能促进人类幸福的财富分配原理的研究》，何慕李译，商务印书馆，1986，第438页。

③ 〔英〕汤普逊：《最能促进人类幸福的财富分配原理的研究》，何慕李译，商务印书馆，1986，第22页。

④ 〔英〕汤普逊：《最能促进人类幸福的财富分配原理的研究》，何慕李译，商务印书馆，1986，第154~156页。也见第442页。

⑤ 〔英〕汤普逊：《最能促进人类幸福的财富分配原理的研究》，何慕李译，商务印书馆，1986，第450页。

通过宣传教育的方式使人们接受并实行互助合作劳动制度："在实现交换上，应该用了解和说服的办法来代替强力，还有另外一个同样使人信服的理由，那就是说服的方法，使劳动生产者满意——因为根据假设，交换的另一方已经被说服和认为满意——的方法，按照自然原理，是对于交换效用的一个最好的检验。"①

汤普逊既承认资本主义生产关系，又要求对资本家和工人的关系作符合功利主义要求的排列组合。在第七章中，汤普逊进一步指出："哪一种行为方式能够增进人们的幸福，哪一种方式实行起来符合他们的利益（如果这种方式在其他方面是实际可行的），那么不必用强迫或者欺骗，他们就会采用这种方式，只要他们真正认识到采用这种方式对于他们有利。只要这种真正的确信继续存在，随着就必然产生行动，而且是与确信的深度成正比例的。"②"真正的确信""必然产生行动""与确信的深度成正比例"，这是何等顽固的理性乐观主义。

## 第二节　蒲鲁东对黑格尔哲学与李嘉图经济学的双重误读

皮埃尔·约瑟夫·蒲鲁东（1809～1865）是小资产阶级社会主义的代表人物和无政府主义的思想先驱。他出身贫寒、早年多艰，但以此自豪，认为自己始终与人民血肉相连。③这一点颇合孔子的"吾少也贱，故多能鄙事"（《论语·子罕》）。1840年蒲鲁东出版《什么是所有权》一书，明确提出了一个在他看来"只要被人阅读，旧社会就从此完蛋"的著名论断——"财产即盗窃"。也因此，蒲鲁东声名鹊起，在工人运动中影响骤增。马克思比蒲鲁东小9岁，两人相识于1844年。1844年2月到4月以及1844年9月到1845年2月，蒲鲁东住在巴黎。马克思经常与他讨论哲学、经济学问题，甚至彻夜长谈。但在对李嘉图经济学的理解上，两

① 〔英〕汤普逊：《最能促进人类幸福的财富分配原理的研究》，何慕李译，商务印书馆，1986，第65页。
② 〔英〕汤普逊：《最能促进人类幸福的财富分配原理的研究》，何慕李译，商务印书馆，1986，第333页。中译本在"哪一种方式实行起来符合他们的利益（如果这种方式在其他方面是实际可行的）"和"那么不必用强迫或者欺骗"之间缺少"逗号"，本书在引用时将之补充上了。
③ 参见〔苏〕卢森贝《政治经济学史》第三卷，郭从周、北京编译社译，生活·读书·新知三联书店，1960，第223页。

人分歧颇大。至于黑格尔哲学，蒲鲁东的了解是较为片面和肤浅的。马克思后来回忆说："在长时间的、往往是整夜的争论中，我使他感染了黑格尔主义，这对他是非常有害的，因为他不懂德文，不能认真地研究黑格尔主义。……他作为德国哲学的教师，还有一个胜过我的地方，就是他自己一点也不懂德国哲学。"① 蒲鲁东 1846 年出版了《贫困的哲学》，他认为这部著作用哲学拯救了政治经济学。蒲鲁东还致信马克思说："我等待着您的严厉的批评。"1847 年 7 月马克思出版《哲学的贫困》，如蒲鲁东所期待地给出了严厉的批评，他说，"其严厉的方式竟使我们的友谊永远结束了"。② 无论是在哲学上，还是在经济学上，蒲鲁东都是肤浅的，甚至是可笑的。"蒲鲁东先生不幸在欧洲异常不为人了解。在法国，人家认为他理应是一个拙劣的经济学家，因为他在那里以卓越的德国哲学家著称。在德国，人家却认为他理应是一个拙劣的哲学家，因为他在那里以最杰出的法国经济学家著称。我们是德国人同时又是经济学家，我们要反对这一双重错误。"③ 1852 年路易·波拿巴通过民选而上台（废除共和、改行帝制）。蒲鲁东直言人民是粗野的、不可靠的。据此，他反对一切形式的政府，主张社会改良。

第一，黑格尔哲学与社会唯物主义的异质性。

黑格尔哲学是一个博大精深的客观唯心主义体系。它提出"肯定—否定—否定之否定"或"正题—反题—合题"的概念辩证法。下面主要以前进回溯式运动作一分析。黑格尔认为："前进就是回溯到根据，回溯到原始的和真正的东西；被用作开端的东西就依靠这种根据，并且实际上将是由根据产生的。"④ 对于既定体系中抽象范畴向具体范畴的运动，其一，因为具体范畴是抽象范畴的根据，在此运动中抽象范畴逐渐丧失片面性，所以这一运动应被视作抽象范畴向作为其根据的具体范畴的回溯；其二，因为具体范畴是抽象范畴的进一步发展，在此运动中抽象范畴不断地自我规定为具体范畴，所以这一运动也应被视作抽象范畴面向总体的前进过程；其三，回溯到根据和前进至总体是同一个过程（螺旋式上升、波浪式前进），由此，实现了对既定总体的科学认识。

① 《马克思恩格斯文集》第三卷，人民出版社，2009，第 18 页。
② 《马克思恩格斯文集》第三卷，人民出版社，2009，第 19 页。
③ 《马克思恩格斯全集》第四卷，人民出版社，1958，第 75 页。
④ 〔德〕黑格尔：《逻辑学》上卷，杨一之译，商务印书馆，1966，第 55 页。

从黑格尔关于客观精神的分析中可以看出其哲学的历史意蕴。黑格尔首先充分肯定了以斯密、萨伊、李嘉图为代表的经济学，认为其从需要和劳动的观点出发，"找出在事物中发生作用并调节着事物的理智"，"替一大堆的偶然性找出了规律"，"这门科学使思想感到荣幸"。① 正是在这个意义上，马克思称赞说："黑格尔是站在现代国民经济学家的立场上的。"② 关于黑格尔"站在现代国民经济学家的立场上"，需略作说明。其一，黑格尔探讨了资本主义工场手工业中"劳动一般"创造财富的客观事实。他说："人通过流汗和劳动而获得满足需要的手段。""在一切人相互依赖全面交织中所含有的必然性，现在对每个人说来，就是普遍而持久的财富（见第170节）。这种财富对他说来包含着一种可能性，使他通过教育和技能分享到其中的一份，以保证他的生活；另一方面他的劳动所得又保持和增加了普遍财富。"③ 可以看到，黑格尔比斯密更彻底地坚持了劳动价值论。其二，黑格尔揭示了机器大工业中生产高度机械化的特点："人类劳动本身变成完全机械性的了，从属于许多方面的确定性。但是，[他的劳动] 越是变得抽象，他自己也就越是成为纯粹抽象活动。结果是，他从劳动中退出，并以外部自然的活动取代他自身的活动。他需要的只是纯粹运动，而他在外部自然中发现了这一点。换句话说，纯粹运动正是空间和时间之抽象诸形式的关系——抽象的外部活动，机器。"④ 黑格尔看到了机器大工业时代人的极端物化（"他……以外部自然的活动取代他自身的活动"）。若依马克思后来的描述，即"不再是工人使用生产资料，而是生产资料使用工人了"⑤。其三，黑格尔论证了资本主义工场手工业

---

① 〔德〕黑格尔：《法哲学原理》，范扬、张企泰译，商务印书馆，1961，第232~233页，第189节附释和补充。

② 《马克思恩格斯文集》第一卷，人民出版社，2009，第205页。

③ 〔德〕黑格尔：《法哲学原理》，范扬、张企泰译，商务印书馆，1961，第238页第196节补充、第240页第199节。

④ G. W. F. Hegel, *Hegel and the Human Spirit*, trans. by Leo Rauch, Detroit: Wayne State University Press, 1983, p. 121. 原文是：Man's labor itself becomes entirely mechanical, belonging to a many-sided determinacy. But the more abstract [his labor] becomes, the more he himself is mere abstract activity. And consequently he is in a position to withdraw himself from labor and to substitute for his own activity that of external nature. He needs mere motion, and this he finds in external nature. In other words, pure motion is precisely the relation of the abstract forms of space and time—the abstract external activity, the machine.

⑤ 《马克思恩格斯文集》第五卷，人民出版社，2009，第359页。

走向机器大工业的必然性。"同时，技能和手段的这种抽象化使人们之间在满足其他需要上的依赖性和相互关系得以完成，并使之成为一种完全必然性。此外，生产的抽象化使劳动越来越机械化，到了最后人就可以走开，而让机器来代替他。"① 不过，也应承认，黑格尔没有对机器大工业的经济学效应作出任何有力度的具体分析（他接下来直接转向对市民社会中不同等级的探讨了）。这里，我们看到黑格尔哲学与李嘉图经济学的逻辑同构性。一是两者都强调"一"的绝对性（"一"在黑格尔那里是绝对精神，在李嘉图那里是资本积累），二是两者都将人的存在把握为范畴的人格化，三是两者都呈现了资本主义社会的结构性特征（尽管黑格尔运用的是辩证法，李嘉图运用的是因果式的、非辩证的线性逻辑）。

黑格尔虽然"站在国民经济学家的立场上"，但他并非无原则地认可古典经济学，相反，他力求超越古典经济学。根据黑格尔的观点，古典经济学所立足于其上的市民社会是特殊性的领域，其从根本上说具有对抗性，因而经常遭遇解体的危险；所以，国家应对市民社会予以规范和引导，国家不像他们所想的那样是中立的（比如斯密所说的"守夜人"），相反，国家是具有实体性的普遍物，具有伦理性。斯密的自发地起作用的"看不见的手"，变成了黑格尔的具有自觉的类本质的"绝对精神"。黑格尔关于市民社会是精神的动物王国的观点是颇为辛辣的。后来恩格斯批判地改写为："现代资产阶级的发展还没有超出动物界的经济形式，这对它来说是极大的耻辱。"②

这里，可以看到，黑格尔和古典经济学都承认市民社会与国家的二分，都认可资本主义，但黑格尔要求对之作出改良。考虑到当时德国的国情以及之前对李斯特"国家经济学"的探讨，可以说，黑格尔也要求德国走一条符合德国国情的资本主义发展道路。"铁血宰相"奥托·冯·俾斯麦（1862 年登上欧洲政治舞台，1890 年被德皇威廉二世解职）完成了这一历史任务。在一定意义上，可将俾斯麦视作黑格尔哲学的"道成肉身"。

通过上述分析，黑格尔哲学与社会唯物主义的异质性是很清楚的。其一，黑格尔哲学属于唯心主义，社会唯物主义属于唯物主义。黑格尔哲学要求通过概念的辩证演绎把握矛盾和规律，在此基础上，才能正确地解释

---

① 〔德〕黑格尔：《法哲学原理》，范扬、张企泰译，商务印书馆，1961，第 239 页，第 198 节。

② 《马克思恩格斯文集》第十卷，人民出版社，2009，第 224～225 页。

和合理地批判经验世界。社会唯物主义则主张：经验世界虽颇多杂乱和无序，但它作为人们经济活动的产物，是有规律可循的，通过对人们经济活动的经验归纳可以概括提炼出经验世界的矛盾和规律，这是经验世界得到正确解释和合理批判的正确方法。其二，黑格尔哲学坚持"肯定—否定—否定之否定"的辩证法，社会唯物主义则反对辩证法，主张因果式的、非辩证的线性逻辑。在探讨起点时，黑格尔提出"纯有"，认为这是单纯的直接性；但又指出"纯有"作为单纯的直接性，同时是无规定的，所以它也是"无"；"有"过渡到"无"，"无"过渡到"有"，这就是"变异"；"变异"是第一个概念，与之相比，"有"和"无"都是空虚的抽象。由于"有"和"无"的内在矛盾，"变异"发展为"限有"，这是"有"和"无"被扬弃于其中的更高概念。这既是"前进"，也是"回溯"，是两者基于内在矛盾的必然统一。毫无疑问，斯密、李嘉图是不可能这样讨论经济问题的。《国民财富的性质和原因的研究》开篇讨论分工，研究分工的好处、分工的缘由、分工的限制；在确立分工之后，一个人劳动的生产物只能满足自己一小部分欲望，大部分欲望需由交换来满足，换言之，一个人能够支配的劳动决定了他的欲望的满足程度（是贫是富），这就是交换价值的问题；斯密进而提出劳动价值论和收入价值论，分别对应于初期野蛮社会和进步社会，等等。《政治经济学及赋税原理》开篇引用了斯密关于价值的两种不同意义（使用价值和交换价值）的论述，提出使用价值不是交换价值的尺度，交换价值的源泉在于稀少性和耗费的劳动量，交换价值由前者决定的商品占极少数，由后者决定的商品占绝大多数；进而探讨劳动可分为直接劳动和间接劳动，劳动价值论的基本原则因固定资本与流动资本的比例不同、资本耐久性不同而发生变更，以及最终产品在土地所有者、资本家、劳动者三个社会阶级之间分配的法则及变动的规律，等等。显然，这两本书的叙述思路都是因果式的、层层递进的，即提出问题、分析问题、解决问题。斯密侧重于经验归纳，李嘉图侧重于理性演绎，两者都无关乎辩证法。在澄清了黑格尔哲学与社会唯物主义在方法论上的差别后，我们不妨来看看马克思。马克思说："资本不仅是资本主义生产的结果，而且是它的前提。因此，货币和商品就其自身来说，是潜在的资本，在可能性上是资本：一切商品就其可能转化为货币而言，货币就其可能转化为形成资本主义生产过程要素的商品而言，都是这样的资本。可见，货币——作为商品和劳动条件的纯粹的价值表现——自身作为资本，是资本主义生产的前提。不作为过程的结果，而作为过程的前提来考察的资本是什么呢？是什么使它在进入过程之前就成为资本，从而过程只是使它的内在性质得到发展呢？是它借以存在的社会规定性。"① 马克思借用黑格尔的"前进回溯式运动"，在"唯物"的意义上将资本既视作结果，又视作前提。这是李嘉图无法企及的。马克思重视资本在"社会规定性"上的对抗性及其对资本主义生产的统摄作用（李嘉图正确地揭示了这种对抗性），这是黑格尔无法理解的，因为黑格尔的范畴是理性的，范畴之间的矛盾的解决也被包裹在理性的外衣中。这里当然不是说历史唯物主义是"黑格尔辩证法＋李嘉图经济学"，这种界定和以前将之归诸"黑格尔辩证法＋费尔巴哈唯物主义"一样是片面的和简单化的。这里的对比分析旨在表明：历史唯物主义是在崭新的理论高度上综合了黑格尔辩证法和李嘉图经济学各自的合理因素。

　　让我们继续探讨黑格尔哲学和社会唯物主义。总体说来，在对经验世界的认识上，社会唯物主义的方向是正确的。黑格尔对之作了颠倒的反映。马克思批评道："我的辩证方法，从根本上来说，不仅和黑格尔的辩证方法不同，而且和它截然相反。在黑格尔看来，思维过程，即甚至被他在观念这一名称下转化为独立主体的思维过程，是现实事物的创造主，而现实事物只是思维过程的外部表现。我的看法则相反，观念的东西不外是移入人的头脑并在人的头脑中改造过的物质的东西而已。"② 恩格斯也说："黑格尔的思维方式不同于所有其他哲学家的地方，就是他的思维方式有巨大的历史感做基础。形式尽管是那么抽象和唯心，他的思想发展却总是与世界历史的发展平行着，而后者按他的本意只是前者的验证。"③ 至于黑格尔的历史与逻辑相统一，那是对历史的天马行空般的"思维组装"。恩格斯提出"逻辑与历史相统一"："历史从哪里开始，思想进程也应当从哪里开始，而思想进程的进一步发展不过是历史过程在抽象的、理论上前后一贯的形式上的反映；这种反映是经过修正的，然而是按照现实的历史过程本身的规律修正的，这时，每一个要素可以在它完全成熟而具有典型性的发展点上加以考察。"④ 在恩格斯这里，逻辑与历史统一于客观的

① 《马克思恩格斯全集》第三十五卷，人民出版社，2013，第 329 页。
② 《马克思恩格斯文集》第五卷，人民出版社，2009，第 22 页。
③ 《马克思恩格斯文集》第二卷，人民出版社，2009，第 602 页。
④ 《马克思恩格斯文集》第二卷，人民出版社，2009，第 603 页。

历史规律。李嘉图看到机器大生产中每个人都变成经济范畴的人格化，所以，他"把人变成帽子"①。黑格尔同样看到上述经济现实，他将资本主义社会的现实抽象把握为观念的统治，并认为这是人的异化状态，有待扬弃。这没有问题。但有问题的是，黑格尔的"扬弃"是在观念中进行的，人成为绝对精神在这一阶段的承担者，如马克思所说，"把帽子变成了观念"②。且不提黑格尔错误地把人把握为无人身的理性、唯灵论的非对象性存在物、绝对精神的承担者，难道对异化的认识就是对异化的克服吗？

社会唯物主义的主要问题有二。一是，由于超历史地看待经济生活，社会唯物主义在对矛盾和规律的认识上存在先天的不足。古典经济学家大都通过剩余价值的特殊形式来把握剩余价值。比如配第将之了解为地租，重农学派将之把握为地租（纯产品），斯密将之分解为利润、地租，李嘉图将之界定为利润（地租属于超额利润）。李嘉图说："因此，任何改进，任何生产成本的降低，不论是大规模还是小规模的，其归着不是工资就是利润，决不是地租。构成利润之后，随着社会的进一步发展，利润可以转变为地租。"③ 很明显，在李嘉图那里，地租是由利润转变而来的。实际上，李嘉图是把利润作为剩余价值的基本形式了。之前曾提及，这已是资产阶级学术范围内（对价值的余额）大限度的科学抽象。所以马克思才会说李嘉图通过利润探讨了剩余价值理论。二是，社会唯物主义因果式的、非辩证的线性逻辑使其难以既科学地又批判地面对经济活动的极端复杂性。李嘉图在确立了劳动价值论的原理之后，将之直接地应用于对经济现象的解释。"这种方法跳过必要的中间环节，企图直接证明各种经济范畴相互一致。"④ 而一旦无法对经济现象作出直接的解释，李嘉图多将之视作偶然或例外（"李嘉图的恶习"）。李嘉图不懂得，价值这粒"种子"与资本主义生产这棵"大树"之间的辩证关系，即矛盾的前进和矛盾的扩大再生产。矛盾的扩大再生产是非理性的过程（黑格尔将之视作回溯，这是理性的过程，可见黑格尔没有真正把握到资本主义的非理性本质）。马克思在《资本论》第一卷第三章"货币或商品流通"中指出："我们看到，商品的交换过程包含着矛盾的和互相排斥的关系。商品的发展并没有扬弃

---

① 《马克思恩格斯文集》第一卷，人民出版社，2009，第597页。
② 《马克思恩格斯文集》第一卷，人民出版社，2009，第597页。
③ 《马尔萨斯〈政治经济学原理〉评注》，见《大卫·李嘉图全集》第2卷，第186页。
④ 《马克思恩格斯全集》第三十四卷，人民出版社，2008，第182页。

这些矛盾，而是创造这些矛盾能在其中运动的形式。一般说来，这就是实际矛盾赖以得到解决的方法。例如，一个物体不断落向另一个物体而又不断离开这一物体，这是一个矛盾。椭圆便是这个矛盾借以实现和解决的运动形式之一。"①

第二，蒲鲁东对李嘉图经济学的歪曲。

在《什么是所有权》中，蒲鲁东继承了黑格尔的客观唯心主义，将绝对精神改造为平等观念。人作为绝对精神（平等观念）的体现具有三重社会本性："社会性、正义、公道，这就是本能在它的三种不同程度上的确切的定义，这个本能使我们和同类交往，它的具体的表现是可以用下列公式来说明的：对自然财富和劳动产品有平等享受的权利。"② 人类社会历史呈现为各个时代的人们通过各自的努力逐渐实现平等的过程。这一过程是辩证地发展着的：共产制（肯定）、私有制（否定）、自由（否定之否定）。共产制追求平等和法律，反对独立性和相称性；私有制追求独立性和相称性，却不能使平等和法律得到落实。未来的理想社会是共产制和私有制各自优点的更高层次的综合：人与人是平等的，社会呈现为无政府状态。③ 这是对黑格尔辩证法的形式上的模仿。

不过也应看到，蒲鲁东的这部著作在诸多问题的探讨上颇具批判性。比如，蒲鲁东批评资产阶级经济学非批判地以私有财产为前提。对此，马克思恩格斯在《神圣家族，或对批判的批判所做的批判》第四章关于蒲鲁东的批判性的评注中作了充分的肯定。再如，蒲鲁东坚持劳动价值论，批评工人所耗费的劳动与资本家所支付的工资之间的不对等："因此，对于劳动者因团结协调和群策群力而产生的庞大的力量，资本家并没有给予任何报酬。"④ 马克思在《资本论》中批判地继承了这一点："由协作和分工产生的生产力""社会的劳动生产力或社会劳动的生产力""劳动的社会生产力""由各种劳动的结合所产生的生产力""社会劳动的自然力"⑤，这些生产力不费资本分文。资本家在"劳动力在价值上＝货币"的等价外

---

① 《马克思恩格斯文集》第五卷，人民出版社，2009，第 124~125 页。
② 〔法〕蒲鲁东：《什么是所有权》，孙署冰译，商务印书馆，1963，第 256 页。
③ 参见〔法〕蒲鲁东《什么是所有权》，孙署冰译，商务印书馆，1963，第 291~292 页。也见第 296~297 页。
④ 〔法〕蒲鲁东：《什么是所有权》，孙署冰译，商务印书馆，1963，第 139 页。
⑤ 《马克思恩格斯文集》第五卷，人民出版社，2009 年，第 382、387、417、443 页。

观下，占尽了工人的上风。又如蒲鲁东对资本主义社会的批判已深及经济关系和所有权层面："产生贫困、犯罪、叛乱和战争的原因是地位的不平等；而地位的不平等则是所有权的产物，它是由自私产生的，它是个人的见解产生的，它是理智的专制统治的直接后果。"① "我曾尽可能简略地但同时也要尽可能确切地作了这个说明，把事实和细节略去不提，以便我可以更多地注意社会的经济关系。因为研究历史犹如研究人体构造；正像后者具有可以分别研究的组织、器官和机能那样，前者同样具有它的整体、它的工具和它的原因。……一个国家有怎样的所有权，它就有怎样的家庭、婚姻、宗教、民政和军事组织以及立法和司法制度。"② 这是促使当时沉浸于宗教批判和政治批判的马克思走向经济批判，并最终提出市民社会决定国家等观点的重要理论资源。不过，总体来看，蒲鲁东的这些真知灼见并非他的学说的主要观点，其基本倾向还是在于从法权角度解构所有权的合法性，如他自己所说的，"所有权确是一切现存事物的基石，但它又是一切应该存在的事物的绊脚石"③。

　　在《贫困的哲学》中，蒲鲁东仍然坚持在形式上模仿黑格尔辩证法，不过在使用范畴上更加主观随意了（只要找到正、反、合，就可以）。比如，他会认为分工有好的方面，有不好的方面，这两个方面的矛盾使其转变为自己的对立面，即机器；机器同样如此，有好的方面，有不好的方面，这两个方面的矛盾使其转变为自己的对立面，即竞争。如此，蒲鲁东列出了他的经济进化系列。这种看法完全罔顾事实。首先，先于机器而产生的是工场手工业的分工，而非一般意义上的分工。其次，工场手工业的分工有其历史前提。"形成工场手工业的最必要的条件之一，就是由于美洲的发现和美洲贵金属的输入而促成的资本积累。"④ 再次，从工场手工业到机器大工业的发展并非如蒲鲁东所说的那样是由于观念的变化。马克思说："工具积聚发展了，分工也随之发展，并且反过来也一样。正因为这样，机械方面的每一次重大发展都使分工加剧，而每一次分工的加剧也同样引起机械方面的新发明。……在英国，当市场扩大到手工劳动不再能满足它的需求的时候，人们就感到需要机器。于是人们便想到应用 18 世

---

① 〔法〕蒲鲁东：《什么是所有权》，孙署冰译，商务印书馆，1963，第 265 页。
② 〔法〕蒲鲁东：《什么是所有权》，孙署冰译，商务印书馆，1963，第 381 页。
③ 〔法〕蒲鲁东：《什么是所有权》，孙署冰译，商务印书馆，1963，第 107 页。
④ 《马克思恩格斯文集》第一卷，人民出版社，2009，第 624 页。

纪时即已充分发展的机械学。"① 就此来说，蒲鲁东在黑格尔那里学到的只是辩证法的皮毛。"蒲鲁东是天生地倾向于辩证法的。但是他从来也不懂得真正科学的辩证法，所以他陷入了诡辩的泥坑。"② 蒲鲁东主观随意地使用唯有在资本主义经济关系下才得以被抽象出来的经济范畴，其结果是确证了资本主义经济关系本身的永恒性。马克思说："这样，当做范畴形式来看的经济关系，对于蒲鲁东先生说来，是既无起源又无发展的永恒的公式。换个方式说：蒲鲁东先生不是直接肯定资产阶级生活对他说来是永恒的真理。他间接地说出了这一点，因为他神化了以观念形式表现资产阶级关系的范畴。"③ 在《贫困的哲学》中，蒲鲁东延续了客观唯心主义，指出："因此，对我们来说，社会的历史无非是一个确定上帝观念的漫长过程，是人类逐渐感知自己的命运的过程。"④ "总之，人类的事实是人类观念的化身；所以，研究社会经济的规律就是创立有关理性规律的理论，就是创立哲学。"⑤ 对此，马克思针锋相对地反驳道："经济范畴只不过是生产的社会关系的理论表现，即其抽象。真正的哲学家蒲鲁东先生把事物颠倒了，他认为现实关系只是一些原理和范畴的化身。这位哲学家蒲鲁东先生还告诉我们，这些原理和范畴过去曾睡在'无人身的人类理性'的怀抱里。……人们按照自己的物质生产率建立相应的社会关系，正是这些人又按照自己的社会关系创造了相应的原理、观念和范畴。所以，这些观念、范畴也同它们所表现的关系一样，不是永恒的。它们是历史的、暂时的产物。"⑥

刚才提到，李嘉图不可能像黑格尔哲学那样探讨经济学问题。蒲鲁东

① 《马克思恩格斯文集》第一卷，人民出版社，2009，第 626～627 页。
② 《马克思恩格斯文集》第三卷，人民出版社，2009，第 24 页。
③ 《马克思恩格斯文集》第十卷，人民出版社，2009，第 50 页。
④ 〔法〕蒲鲁东：《贫困的哲学》上卷，余叔通、王雪华译，商务印书馆，2010，第 27 页。蒲鲁东把"上帝观念"视作一种理性的必然性。蒲鲁东不满意政治经济学家仅仅把资本主义社会的诸经济因素作为既定客观事实的做法，他要做的是从哲学的角度为政治经济学提供一种内在的逻辑结构，即揭示出这些经济因素背后的"上帝观念"。蒲鲁东认为，这同时也是对政治经济学的"拯救"。
⑤ 〔法〕蒲鲁东：《贫困的哲学》上卷，余叔通、王雪华译，商务印书馆，2010，第 167 页。蒲鲁东解释道："因为这和事物通常的情况一样，总是观念首先自发地产生了事实，然后，事实又被它所由产生的思想所承认，经过逐步的矫正，最后按照自身的原则固定起来。"（第 118 页）
⑥ 《马克思恩格斯文集》第一卷，人民出版社，2009，第 602～603 页。

认为，他对李嘉图经济学的突破恰恰就在于此：利用黑格尔哲学拯救李嘉图经济学。概言之，使用价值是正题，交换价值是反题，两者的矛盾产生构成价值，此即合题。蒲鲁东说："所以，价值是通过供给与需求的一系列波动而达到的绝对的确定状态。所以，价值先后以三种面目出现，这就是：使用价值，交换价值，综合价值或称社会价值。后者是真正的价值。第一项价值在矛盾状态下产生了第二项价值，这两者又通过互相渗透、彼此吸收而产生出第三项价值，因而观念的矛盾或对抗便是全部经济学的出发点。……因此，从政治经济学观点看来，社会的进步就在于不断地解决价值构成的问题，或者说解决产品的比例和联系问题。"① 社会经济问题的解决有赖于价值问题的解决。这里有五点亟待申说。

其一，对使用价值和交换价值的肤浅理解。蒲鲁东将使用价值和交换价值视作产品的矛盾，不无道理。但他却进一步将使用价值等同于众多、供给，将交换价值等同于稀少、需求。他说："所以，只要我是自由的买者，我就是我的需要的判断者，是物品是否合适的判断者，是对这件物品愿意出价多少的判断者；另一方面，只要你是自由的生产者，你就是制造物品用的资料的主人，你可以缩减你的成本。所以专断的意志必然要渗透到价值中去，并且使价值在效用和议价之间摇摆。"② 这种理解是错误的。一方面，生产者的生产资料不取决于自由意志，在资本主义社会中，生产者从别处取得生产资料，他不可能想生产多少就生产多少；另一方面，消费者的意见是以他的资金和需要为基础的，而他的资金和需要又是以他的社会地位为基础的，而社会地位又同整个社会组织相关联。马克思在《哲学的贫困》中批判道："蒲鲁东先生并不满足于从需求和供给的关系中去掉了刚才我们说过的要素。他使抽象达到极端，把一切生产者化为一个唯一的生产者，把一切消费者化为一个唯一的消费者，然后使这两个虚构的人物互相斗争。但在现实的世界里情况并不是这样。供给者之间的竞争和需求者之间的竞争构成购买者和出卖者之间斗争的必然要素，而交换价值

---

① 〔法〕蒲鲁东：《贫困的哲学》上卷，余叔通、王雪华译，商务印书馆，2010，第125页。使用价值也称固有价值，交换价值也称议定价值，构成价值也称综合价值、社会价值、比例价值。蒲鲁东说："结果，使用价值和交换价值便永远相互斗争。这场斗争的结果是人所共知的，这就是商业竞争，市场竞争，产品过剩，货物滞销，颁布各种禁令，扼杀竞争，垄断独占，降低工资，制定限价法律，财富悬殊，贫困现象；这一切都源自价值的二律背反。"（第85页）

② 〔法〕蒲鲁东：《贫困的哲学》上卷，余叔通、王雪华译，商务印书馆，2010，第81页。

就是这个斗争的产物。"① 之前一直批评李嘉图只关注价值的量而忽略价值的质，这个批评当然没有错，但也应注意，李嘉图对价值的量的分析是从整体的经济关系出发的，所以他才能正确地发现使用价值与交换价值的对立（也才要确定分配的法则）。蒲鲁东经济学空有社会关系的外表和辩证法的形式，其理论内核其实是极度抽象的。马克思通过批判地改造黑格尔哲学，科学地把握了使用价值与价值的二律背反，该二律背反源于生产力与生产关系的矛盾运动。

其二，错误地将交换的原因归诸"建议"。在探讨交换价值时，蒲鲁东指出："由于我所需要的物品中有许多在自然界里为数很有限或者根本就没有，因此我不得不致力于生产我所缺少的物品；可是，因为我不能亲自动手生产很多东西，所以我就向别人建议，也就是向其他行业中我的合作者们建议，把他们所生产的一部分产品同我所生产的产品交换。这样一来，我便必须保证我的产品数量始终超过我将消费的数量。同样，我对方也要保证他们各自的产品的数量超过他们自己使用的数量。这项默契是通过商业来履行的。"② 蒲鲁东只是将交换的发生追溯到"建议"，他没有进一步探讨"建议"的起源。马克思批评道："但是他总还应该把这个建议的'起源'讲给我们听听，此外也应该给我们讲讲这位单独的个人，这位鲁滨逊怎么会突然想到向'他的合作者'提出这种建议，而这些合作者又怎么会毫无异议地就接受了这个建议。蒲鲁东先生并没有细究这些关系的始末，他只是给交换这一事实盖了历史的印记，把交换看做急欲确立这种交换的第三者可能提出的建议。"③

其实，交换有它自己发展的历史，不同经济阶段上交换的内容是不同的，而这又是由不同经济阶段的生产条件、生产方式决定的。"建议""默契"适用于所有经济阶段，因而也就不能解释任何具体的历史的经济阶段。马克思批判道："蒲鲁东先生无法探索出历史的实在进程，他就给我们提供了一套怪论，一套妄图充当辩证怪论的怪论。他觉得没有必要谈到 17、18 和 19 世纪，因为他的历史是在想象的云雾中发生并高高超越于时间和空间的。一句话，这是黑格尔式的陈词滥调，这不是历史，不是世

---

① 《马克思恩格斯全集》第四卷，人民出版社，1958，第 87 页。
② 〔法〕蒲鲁东：《贫困的哲学》上卷，余叔通、王雪华译，商务印书馆，2010，第 74～75 页。
③ 《马克思恩格斯全集》第四卷，人民出版社，1958，第 79 页。

俗的历史——人类的历史，而是神圣的历史——观念的历史。在他看来，人不过是观念或永恒理性为了自身的发展而使用的工具。"①

其三，对作为使用价值和交换价值之合题的构成价值的肤浅理解。既然使用价值等于众多、供给，交换价值等于稀少、需求，那么，蒲鲁东接着指出：这些矛盾将在由劳动时间所决定的价值中得到构成。蒲鲁东指出："只要价值还没有确定，或者说得哲学意味更重一点，只要价值还没有构成，这种具有双重面孔的价值所起的作用是非常不规则的，因为这些作用由于这种构成关系完全处在变动之中。"② "根据以上的分析，价值就是生产者之间通过分工与交换这两种方式自然地形成的社会里组成财富的各种产品的比例关系；我们所说的某种产品的价值，无非就是一种以货币符号来表示这种产品在总财富中所占比例的公式。"③ 蒲鲁东的意思是：供给和需求促使不同的产品进入交换中，而只要双方都按其所耗费的劳动量进行交换，它们的价值就能够达到构成状态，那时，一定量的使用价值具有固定的交换价值（能够固定地换得一定量的另一种使用价值），不同产品中得到构成的要素是价值，多余的部分是非价值。其实，交换只能确定市场价格，价值与市场价格相等同的情况是极其罕见的。在资本主义经济中，通过供求之间的连续摇摆运动，商品价值才能总体地和大致地按照生产它们的劳动量来确定。价值规律正是在商品价格受供求影响围绕价值上下波动中实现的。马克思说："如果蒲鲁东先生承认产品的价值由劳动时间来确定，那末他同样也应当承认，在以个人交换为基础的社会中，单只这种摇摆运动已使劳动时间成为价值尺度。完全构成了的'比例性关系'是不存在的，只有构成这种关系的运动。"④ 所以，"李嘉图的价值论是对现代经济生活的科学解释；而蒲鲁东先生的价值论却是对李嘉图理论的乌托邦式的解释"⑤。卢森贝的评论是有道理的："蒲鲁东没有作出任何发现；所有一切只不过是蒲鲁东把李嘉图的价值论按照目的论的要求改变了一下而已。……蒲鲁东则提出了空想家的任务：'整顿'社会关系（即资产阶级的社会关系），务使一切商品，而不是其中的一部分，随时都变

① 《马克思恩格斯文集》第十卷，人民出版社，2009，第44页。
② 〔法〕蒲鲁东：《贫困的哲学》上卷，余叔通、王雪华译，商务印书馆，2010，第73页。
③ 〔法〕蒲鲁东：《贫困的哲学》上卷，余叔通、王雪华译，商务印书馆，2010，第100页。
④ 《马克思恩格斯全集》第四卷，人民出版社，1958，第106页。
⑤ 《马克思恩格斯全集》第四卷，人民出版社，1958，第93页。

成价值。"①

蒲鲁东为了保证价值构成，竟然颠倒地要求产品既按比例生产，也按比例交换。这是对价值规律的完完全全的无知，或者也可以说是对价值规律的僵化套用。恩格斯说："换句话说，这两者，即一个事物的概念和它的现实，就像两条渐近线一样，一齐向前延伸，彼此不断接近，但是永远不会相交。……由于概念有概念的基本特性，就是说，它不是直接地、明显地符合于使它得以抽象出来的现实，因此，毕竟不能把它和虚构相提并论。"② 及至 1880 年，马克思直接地将蒲鲁东学说称作"唯心主义的政治经济学"③。这个定位颇为有趣，它提出了一个重要的理论辨识，即并非所有关于经济问题的研究都是唯物主义（更遑论社会唯物主义）的。

蒲鲁东关于劳动价值的论述值得一提。蒲鲁东认为："我们说劳动具有价值，并不是因为它本身就是商品，而是因为我们假定它隐含着价值。劳动价值是一种循果溯因的类比说法。……劳动的作用在于不断地把稀有性和公意排除于价值构成因素之外，其必然结果就是把各种具有天然效用的物品或者效用还不明显的物品（不论是否已为人所占有）变成可以衡量的有用物品，或者说具有社会性的有用物品。因此可以说，劳动既是对自然界的否啬宣战，也是反对所有权的一种经常性的阴谋。"④ 区别于古典经济学以生产费用确证劳动价值的做法，蒲鲁东在这里以"循果溯因"的方式确证劳动价值。不过，这种看法仍然摆脱不了恩格斯在《雇佣劳动与资本》1891 年单行本导言中所指认的"劳动……有……两个极不相同的价值"的尴尬。

① 〔苏〕卢森贝：《政治经济学史》第三卷，郭从周、北京编译社译，生活·读书·新知三联书店，1960，第 305 页。

② 《马克思恩格斯文集》第十卷，人民出版社，2009，第 693 页。

③ 《马克思恩格斯全集》第十九卷，人民出版社，1963，第 248 页。在该文中，马克思将自己和恩格斯创立的科学社会主义称作"阐明社会生产的真实历史发展的、批判的、唯物主义的社会主义"。

④ 〔法〕蒲鲁东：《贫困的哲学》上卷，余叔通、王雪华译，商务印书馆，2010，第 99~100 页。

其四，"平均主义地"① 应用李嘉图经济学。蒲鲁东指出，如果所有商品都能按其所耗费的劳动量进行交换，那就不需要特种货币了。蒲鲁东提出"社会上的一切工资都是平等的"（《什么是所有权》第三章第六节标题），甚至认为："所有的人都具有完成一种社会人物、即相等的任务的能力，同时除以另一个人生产的产品来偿付一个劳动者的劳动之外，没有其他的可能性，所以工资平等是合乎正义的。"② 蒲鲁东的意思是：在商品生产的前提下，所有人都按照等量劳动进行交换。这里，蒲鲁东非但不理解价值规律是一定历史条件下产生的特定经济规律，反而要将之普遍化，作为新社会的基础。马克思讽刺道："因而，由劳动时间衡量的相对价值注定是工人遭受现代奴役的公式，而不是蒲鲁东先生所希望的无产阶级求得解放的'革命理论'。"③ 蒲鲁东的做法是"把李嘉图的理论转变为平等的道德词句"④。马克思以麻布和呢绒为例，说明两种产品的交换固然是相等的劳动量相交换，但是，"这种等量的劳动时间的交换并没有改变生产者的相互地位，正如工人和工厂主的相互关系没有任何改变一样"⑤。总之，按照等量劳动进行交换不是蒲鲁东所说的永恒公平，而就是资本主义剥削的必然要求。"时间就是一切，人不算什么；人至多不过是时间的体现。现在已经不用再谈质量了。只有数量决定一切：时对时，天对天；但是这种劳动的平均化并不是蒲鲁东先生的永恒的公平；这不过是现代工业的一个事实。"⑥ 在《工资、价格和利润》第 7 节"劳动力"中，马克思说："在雇佣劳动制度的基础上要求平等的或甚至是公平的报酬，就犹如在奴隶制的基础上要求自由一样。你们认为公道和公平的东西，与问题毫无关系。问题就在于：在一定的生产制度下所必需的和不可避免的东西是什么。"⑦

马克思批评李嘉图社会主义者勃雷的话对蒲鲁东也同样适用："布雷

---

① 《马克思恩格斯全集》第四卷，人民出版社，1958，第 110 页。在该页，马克思还说："只要对英国政治经济学的发展有一点点了解，就不会不知道，这个国家所有的社会主义者（指李嘉图社会主义者——引者注）在各个不同时候几乎都提倡过平均主义地应用李嘉图的理论。"

② 〔法〕蒲鲁东：《什么是所有权》，孙署冰译，商务印书馆，1963，第 150 页。

③ 《马克思恩格斯全集》第四卷，人民出版社，1958，第 95 页。

④ 《马克思恩格斯文集》第十卷，人民出版社，2009，第 309 页。

⑤ 《马克思恩格斯全集》第四卷，人民出版社，1958，第 95 页。

⑥ 《马克思恩格斯全集》第四卷，人民出版社，1958，第 97 页。

⑦ 《马克思恩格斯文集》第三卷，人民出版社，2009，第 56 页。

先生（指勃雷——引者注）把可敬的资产者的幻想变成了他想实现的理想。他刷新个人交换，清除个人交换中的一切对抗因素，他以为这样就找到了他希望社会采用的'平均主义的'关系。布雷先生没有看到，这个平均主义的关系，即他想应用到世界上去的这个具有纠正作用的理想本身，只不过是现实世界的反映；因此，要想在不过是这个社会美化了的影子的基础上来改造社会是绝对不可能的。随着这个影子重新成为具体的东西，我们就可以看到，这决不是梦想中的一个变了形的社会，而是现代社会的实体。"① 勃雷在英国很多城市建立了劳动产品公平交换所，这些交换所在吸收大批资本后遭到破产，曾经的拥护者也对之失去兴趣。马克思特地以此告诫蒲鲁东："蒲鲁东先生可要注意这个警告！"② 蒲鲁东没有接受这个警告。1849 年，他在巴黎试图开办新的交换银行，可笑的是，这个银行还没等正常活动就垮台了。

其五，蒲鲁东学说的小资产阶级本质。蒲鲁东在《贫困的哲学》中开宗明义地提出："所有权就是盗窃。"③ 他反对的只是大资产阶级的私有权，因为，大资本剥削劳动者，不公正地占有其劳动成果，导致劳动者贫困化。但蒲鲁东不反对小资产阶级的占有权。他说："占有不但可以导致平等；它还可以防止所有权。"④ "个人的占有是社会生活的条件……占有是一种权利；私有制是反对权利的。……占有权既然对于所有的人都是平等的，占有就随着占有者的人数而常常发生变动；所有权就不能形成。"⑤蒲鲁东的意思是：社会是生产资料的所有者，每个成员都是生产资料的占有者；社会的生产形式是小生产；每个成员对生产资料的占有都是平等的；私有财产被普遍化了，每个成员实现了工资的平等。显然，这是对资本主义生产方式的漫画般的想象：没有大资产阶级，只有小资产阶级。马克思在《1844 年经济学哲学手稿》中早就揭露过："甚至蒲鲁东所要求的工资平等，也只能使今天的工人对自己的劳动的关系变成一切人对劳动的

---

① 《马克思恩格斯全集》第四卷，人民出版社，1958，第 117 页。
② 《马克思恩格斯全集》第四卷，人民出版社，1958，第 118 页注释。
③ 〔法〕蒲鲁东：《贫困的哲学》上卷，余叔通、王雪华译，商务印书馆，2010，第 37～39 页。
④ 〔法〕蒲鲁东：《贫困的哲学》上卷，余叔通、王雪华译，商务印书馆，2010，第 107 页。
⑤ 〔法〕蒲鲁东：《贫困的哲学》上卷，余叔通、王雪华译，商务印书馆，2010，第 295～296 页。

关系。这时社会就被理解为抽象的资本家。"① 承认有工资，意味着承认商品生产；承认商品生产，意味着承认价值规律；价值规律既然存在，那么，抽象劳动统治具体劳动就是必然的；贫困从这种统治中产生出来，并且被不断地再生产；小资产阶级被无产阶级化，阶级对立日渐明朗化（资产阶级和无产阶级）。根据蒲鲁东的观点，好的方面和坏的方面的辩证发展构成资本主义社会中经济矛盾的体系，这种经济矛盾的解决只能诉诸以上帝观念为基础的永恒理性，而无关乎资产阶级和无产阶级的阶级斗争。

　　蒲鲁东将被发达资本主义历史地超越了的小资产阶级（小农、小手工业者）的利益诉求作为未来社会的目标。马克思恩格斯批评道："这种真正的所有制的理论把至今存在着的一切现实的私有制只看成是一种假象，而把从这种现实的所有制中抽象出来的观念看成是这种假象的真理和现实；因而这种理论彻头彻尾是思辨的。这种理论只是更明确地表现了小资产者的观念，这些小资产者的博爱的意图和善良的愿望也就是要想消灭没有财产的状况。"②

　　小资产阶级（小农、小手工业者）的理想社会图景是如此的矛盾：既不走向大资本私有，也不走向财产公有；既反对发达资本主义，也反对社会主义；既认可经济学家对私有财产的论证，也认可社会主义者对发达资本主义的批判。"蒲鲁东一方面以法国小农的（后来是小资产者的）立场和眼光来批判社会，另一方面他又用社会主义者流传给他的尺度来衡量社会。"③正是因为小资产阶级立场所固有的调和矛盾的特点，蒲鲁东歪曲了他用以拯救李嘉图经济学的黑格尔辩证法。法国哲学家科尔纽（1888～1981）写道："为了试图用黑格尔的辩证法来给自己的调和立场及与之相适应的方法进行辩护，他（指蒲鲁东——引者注）改变了黑格尔的辩证法，以致在他那里，综合不是产生于矛盾和对立的尖锐化，而是产生于它们的缓和与调和。结果辩证法就从革命的方法变成了妥协学说的基础。蒲鲁东调和对立物的方法使辩证运动停滞下来。他由于这种方法而与马克思有原则上的区别，因为马克思是一个革命者，他认为只有对立的尖锐化才能是进步的源泉。"④ 马克思

---

① 《马克思恩格斯文集》第一卷，人民出版社，2009，第167页。马克思又追问，蒲鲁东把工资平等作为社会革命的目标，犯了什么错误。（第124页）
② 《马克思恩格斯全集》第三卷，人民出版社，1960，第554页。
③ 《马克思恩格斯文集》第三卷，人民出版社，2009，第17～18页。
④ 〔法〕科尔纽：《马克思恩格斯传》第二卷（1844～1845），王以铸、刘丕坤、杨静远译，生活·读书·新知三联书店，1965，第77页。

对蒲鲁东学说之矛盾性和调和性的现实根源作了科学的阐释："蒲鲁东先生彻头彻尾是个小资产阶级的哲学家和经济学家。小资产者在已经发展了的社会中，迫于本身所处的地位，必然是一方面成为社会主义者，另一方面又成为经济学家，就是说，他既迷恋于大资产阶级的豪华，又同情人民的苦难。他同时既是资产者又是人民。他在自己的心灵深处引以为骄傲的，是他不偏不倚，是他找到了一个自诩不同于中庸之道的真正的平衡。这样的小资产者把矛盾加以神化，因为矛盾是他存在的基础。他自己只不过是社会矛盾的体现。"①

## 第三节　西方当代主流经济学对"资本的专制"的实证主义论证

　　李嘉图之后的西方当代主流经济学主要有三：英国经济学家阿尔弗雷德·马歇尔（1842~1924）开创的新古典主义经济学，英国经济学家约翰·凯恩斯（1883~1946）开创的凯恩斯主义，以及美国经济学家保罗·萨缪尔森（1915~2009）融合前两者而创立的新古典综合派（又名后凯恩斯主流经济学）。这三大主流经济学的代表作分别是《经济学原理》（首版于1890年）、《就业、利息和货币通论》（首版于1936年）和《经济学》（首版于1948年）。它们所依据的哲学原则是实证主义（Positivism）。实证主义由法国哲学家奥古斯特·孔德（1798~1857）创立。历史地看，实证主义是西方近代经验唯物主义的必然发展。其一，注重经验观察和数学方法，认为这两者是科学知识体系建构的基础和根据。最明白确定的科学是数学，其次是天文学、物理学、化学、生物学、社会学。前者均为后者的基础和根据，比如，无生物学则无社会学。其二，将理性的作用严格限定在现象之间可观察、可预测的联系上，反对理性的整体性和超越性及其对所谓本质的探讨，孔德对理性的理解回复到休谟所说的空间上接近、时间上接续的两个事物的恒常联系上了。其三，孔德依据生物学方法将社会学区分为社会静力学和社会动力学。孔德认为他的社会学所揭示的社会规律是可被经验观察和检验的，这使其具有科学性，并异质于各种形而上学的社会理论。约翰·穆勒将社会规律进一步细化为心理联想规律、性格形成规律、具体行为规律，这些规律都具有高概率的普遍性和近

---

① 《马克思恩格斯文集》第十卷，人民出版社，2009，第52~53页。

似的正确性，它们有助于人们的科学预测和政策制定。其四，科学知识体系是建立和谐社会秩序的必要保证。法国大革命没有创造和谐社会秩序，反而产生了暴政和恐怖，其原因即在于不同派别在知识上的混乱，特别是缺乏科学知识体系。其五，孔德将人类认识的进化划分为神学、形而上学、实证主义三大阶段，神学和形而上学虽然多属臆测和虚构，但仍然是人类认识的必要过程。这三大阶段是连续的和渐进的，在人心中甚至是并存的。据此，孔德主张改良、反对革命，因为改良的效果容易被实证到，若存在问题也容易被纠正，而革命则会产生难以预料且不可逆的负面后果。上述三大阶段与人类物质生活的发展相一致：神学对应于军事征服阶段，形而上学对应于军事征服与工业生产并存的阶段，实证主义对应于工业生产阶段。实证主义对工业生产采取无批判、非反思的肯定（屈从、妥协）态度。这一点从构词上即可看出："posit－"源于拉丁语动词 ponere，意为"摆放、断言"；"positiv－"意为"可摆放出来的，可被断言的"，进而表示"明确的、实证的"；positivism 将"被断言的东西"独断化，使"实证"获得了排他性的垄断地位。马克思在《经济学手稿（1861—1863年）》中将实证主义称作"粗俗的经验主义"："粗俗的经验主义变成了虚伪的形而上学，变成了烦琐哲学，它绞尽脑汁，想用简单的形式抽象，直接从一般规律中得出不可否认的经验现象，或者巧妙地论证它们是同一般规律相一致的。"① 马克思在《资本论》第一卷中进一步揭露道："工业上的最高权力成了资本的属性，正像在封建时代，战争中和法庭裁判中的最高权力是地产的属性一样。因此奥古斯特·孔德及其学派本可以像证明资本家老爷的永恒必要性那样，去证明封建老爷的永恒必要性。"② 在资本主义社会中"工业上的最高权力"塑造了科学管理方法和技术统治至上的"活法"，比如福特制、KPI 指标；上述"活法"形塑了实证主义"想法"，放弃总体性视野、反思性视角、批判性能力，巧妙地论证不可否认的经验现象与一般规律相一致。两相作用，使得人们在欲望的不断满足中巩固和加深了资本主义统治的合法性。孔德的名言"知识是为了预见，预见是为了权力"的意识形态底牌即在于此。就理论深刻性和逻辑穿透力而言，实证主义无疑是苍白和空洞的，它远不如与其同时代的黑格尔哲学。

① 《马克思恩格斯全集》第三十三卷，人民出版社，2004，第 66 页。
② 《马克思恩格斯文集》第五卷，人民出版社，2009，第 386 页及注释 22a。

马克思在1866年7月7日致恩格斯的信中写道:"我现在顺便研究孔德,因为英国人和法国人都对这个家伙大肆渲染。使他们受迷惑的是他的著作简直像百科全书,包罗万象。但是这和黑格尔比起来却非常可怜(虽然孔德作为专业的数学家和物理学家要比黑格尔强,就是说在细节上比他强,但是整个说来,黑格尔甚至在这方面也比他不知道伟大多少倍)。而且这种实证主义破烂货是出版于1832年!"① 实证主义是以科学(特别是自然科学)姿态出现的资产阶级意识形态。在《法兰西内战》初稿中,马克思说:"孔德在政治方面是帝国制度(个人独裁)的代言人;在政治经济学方面是资本家统治的代言人;在人类活动的所有范围内,甚至在科学范围内是等级制度的代言人。"②

　　具体到上述三大主流经济学,它们的实证主义体现在:只描述经济现象,不关注经济现象的现实基础;只捕捉经济范畴,不探讨经济范畴的真实来历;将关于经济现象之现实基础或经济范畴之真实来历的探讨斥作形而上学的错误。西方当代主流经济学在实证主义的基础上力求论证资本主义生产是最佳的社会生产,资产阶级与无产阶级之间的对立是可调和的,革命是不必要的。它们表达和捍卫的是各自所处时代的资产阶级(产业资本家、垄断资本家、金融资本家)的利益诉求。然而问题就在于,资本主义生产本身是形而上学的,它体现为抽象成为统治。一如马克思所说,"个人现在受抽象统治","抽象或观念,无非是那些统治个人的物质关系的理论表现","关于这种观念的永恒性即上述物的依赖关系的永恒性的信念,统治阶级自然会千方百计地来加强、扶植和灌输"。③ 西方当代主流经济学家的"实证",是他们独断地确立的资本主义经济范畴所允许他们捕捉到的经济内容。之前提到马克思恩格斯将黑格尔哲学称作实证唯心主义,现在看来,这个称号用来刻画西方当代主流经济学同样合适。西方当代主流经济学不关注经济现象的现实基础、不探讨经济范畴的真实来历的做法,导致其对资本主义生产之形而上学性质的深度认同。这也应了德国哲学家埃德蒙德·胡塞尔(1859~1938)的著名论断:"只见事实的科学

① 《马克思恩格斯文集》第十卷,人民出版社,2009,第239页。在1871年6月12日致比斯利的信中,马克思也说:"我作为一个有党派的人,是同孔德主义势不两立的,而作为一个学者,我对它的评价也很低。"(第357页)

② 《马克思恩格斯文集》第三卷,人民出版社,2009,第206页。

③ 《马克思恩格斯全集》第三十卷,人民出版社,1995,第114页。

造成了只见事实的人。"① "只见事实的科学" 是资产阶级学术, "只见事实的人" 是资本的奴隶。

下面我们先来看一下西方当代主流经济学的历史发展过程, 再进一步分析它们对劳动价值论的否定能否成立。

新古典主义经济学尊奉抽象人性论 (方法论个人主义和方法论形式主义), 创立了以市场供求为基础的边际均衡分析和以投入与产出之数量关系为对象的生产函数分析。其一, 如诸多学者所指出的, 新古典主义经济学存在 "合成谬误" (fallacy of composition), 即错误地认为对个体有效的, 对整体也有效。二是, 放弃矛盾分析、阶级分析和历史分析, 将人还原为不具有任何社会历史性的原子个人 (理性经济人)。比如 "消费者", 这个范畴是超历史的。马克思批评说: "从生产消费的意义来说, 恰恰是工人消费机器和原料, 在劳动过程中使用它们。但是工人并不是为了自己而使用机器和原料, 因此, 也就不是机器和原料的买者。对于工人来说, 机器和原料不是使用价值, 不是商品, 而是一个过程的客体条件, 而工人本身则是这个过程的主体条件。"② 作为消费者的资本家和作为消费者的工人, 在经济地位上、在阶级属性上、在收入分配上会是无差别的吗? 再如 "消费者剩余"③。这是仅仅在欲望及其满足的主观意义上才能提出的范畴, 它同样屏蔽掉经济地位、阶级属性、收入分配等差别。三是, 将生产视作技术现象, 抹杀了生产关系的对抗性以及作为其体现的阶级之间的对抗性。新古典主义经济学家眼中只有产品交换, 不懂得产品交换背后是劳动的交换。私人劳动唯有成为社会总劳动的一部分, 才有资格从社会总劳动中换得另一部分, 以满足自身再生产的需要。马克思在 《哲学的贫困》 中指出生产关系的对抗性对生产要素之交换的制约作用: "在原则上, 没有产品的交换, 只有参加生产的各种劳动的交换。产品的交换方式取决于生产力的交换方式。总的说来, 产品的交换形式是和生产的形式相适应

---

① 〔德〕胡塞尔:《欧洲科学危机和超验现象学》, 张庆熊译, 上海译文出版社, 1988, 第 5～6 页。

② 《马克思恩格斯全集》第三十四卷, 人民出版社, 2008, 第 588 页。

③ 马歇尔在 《经济学原理》 第三篇 "论欲望及其满足" 第六章中说: "他宁愿付出而不愿得不到此物的价格, 超过他实际付出的价格的部分, 是这种剩余满足的经济衡量。这个部分可称为消费者剩余。"(〔英〕马歇尔:《经济学原理》上卷, 朱志泰译, 商务印书馆, 1964, 第 142 页。)"消费者剩余" 大体可被界定为: 消费者在消费一定数量的商品时愿意支付的价格和这些商品的市场价格之间的差额。

的。生产形式一有变化，交换形式也就随之变化。因此在社会的历史中，我们就看到产品交换方式常常是由它的生产方式来调节。个人交换也和一定的生产方式相适应，而这种生产方式又是和阶级对抗相适应的。因此，没有阶级对抗就不会有个人交换。"①边际分析以利润最大化为前提（所以才会引入求极值的微积分方法），但这个前提的真实来历，却没有被追问。新古典主义经济学认为经济活动不存在剩余，经济活动主体只是得到了相应生产要素的边际生产力所衡量的那部分收入。可是，生产要素为什么是如此地既定的，同样没有被追问。新古典主义经济学呈现的是一幅去阶级化的实证主义经济图景。马歇尔在20世纪初面对美德的迅猛发展就曾感慨，英国为什么没有强有力的垄断组织。他自诩为纯粹科学的分析，实质上是对19世纪末20世纪初垄断资产阶级无节制地谋求垄断利润的意识形态说明。

　　面对1929～1933年资本主义大萧条，新古典主义经济学是解释无力和应对乏术的。信奉新古典主义经济学的英国经济学家阿瑟·庇古（1877～1959）认为，应对危机的方法是降低工资。庇古认为："当某一特殊工会迫使其会员工资高于当前同类职业所实行的一般工资的时候，这便是造成失业的一个原因，而放弃这一政策，就可以在这一范围内补救失业。"②庇古的本意是让市场机制自发地起作用，但问题是，工人被降低工资后，收入减少，而且预期收入也会减少，那么，工人购买力降低，商品需求降低，资本家无法卖出商品、实现利润，所以，资本家对劳动力的需求降低，工人失业的更多了。可见，庇古的降低工资之策加剧了经济危机。

　　由是，凯恩斯主义应运而生。凯恩斯揭示出市场在正常状态下因边际消费倾向递减、资本边际效率递减、流动性偏好而必然导致有效需求不足。有效需求不足是指有支付能力的需求（购买力）不足，凯恩斯认为这是资本主义大萧条（凯恩斯将之称作"在丰裕之中的贫困"）的根源。凯恩斯说："上述分析可以为我们解释在丰裕之中的贫困这一矛盾现象。其原因在于：仅仅存在着有效需求的不足便有可能、而且往往会在充分就业到达以前，使就业量的增加终止。尽管在价值上，劳动的边际产品仍然多于就业量的边际负效用，有效需求的不足却会阻碍生产。"③凯恩斯将马

———————

① 《马克思恩格斯全集》第四卷，人民出版社，1958，第116～117页。
② 〔英〕庇古：《论失业问题》，包玉香译，商务印书馆，2018，第145页。
③ 〔英〕凯恩斯：《就业、利息和货币通论》（重译本），高鸿业译，商务印书馆，1999，第36页。

尔萨斯视作自己的经济学前辈，并对马尔萨斯未能说服李嘉图表达了深深的遗憾："马尔萨斯确实曾经猛烈地反对过李嘉图的有效需求不可能不足的学说，但却无济于事。其原因在于：由于马尔萨斯未能清楚地解释（除了诉诸于日常观察到的事实以外）如何和为什么有效需求竟然会不足或者过多，所以他没有提供一个可以代替李嘉图观点的另一种学说；而且，李嘉图征服英国的完整程度正和宗教裁判所征服西班牙一样。他的学说不仅达到为市民们、政治界和学术界所接受的地步，而且，它还使争议停止，与其不同的观点完全消失并且根本不被置于讨论之中。"① 马尔萨斯未竟的"事业"（对有效需求不足的论证）由凯恩斯来完成。凯恩斯指出，当利息率大于资本边际效率时，一笔钱被拿去投资的收益还不如将之储蓄起来所得的收益（存在银行中所获的利息），人们会选择持有货币，这样的话，投资诱导不足，进而会导致有效需求不足。凯恩斯认为，储蓄与投资的非均衡是经济生活的常态，资本主义经济生活并不能始终保证生产自行创造需求和投资等于储蓄。那么，萨伊定律是错误的吗？凯恩斯给出否定的回答。根据凯恩斯的观点，萨伊定律是资本主义宏观经济运行的一个特例，它不是不对，而是不够。凯恩斯认为，若要实现生产自行创造需求和投资等于储蓄，必须要求国家干预。国家干预主要有二：货币政策和财政政策。货币政策的作用方向不明朗，财政政策则直接有效。就财政政策来说，征税不如发债。征税会抵消企业的投资需求，所以作用有限。而发债，即扩大财政支出（基础设施支出和公共投资支出），可以向市场注入购买力，增加有效需求。而且，财政支出的扩大还由于乘数效应，能够加倍地增加社会总需求，使投资等于充分就业条件下的储蓄。这就是凯恩斯所建议的引导资本主义走出大萧条的经济对策。凯恩斯在《就业、利息和货币通论》第四编"投资诱导"的第十六章中考察资本性质时提出："用储蓄款项来偿付'在地上挖窟窿'的费用不仅会增加就业量，而且还会增加由有用的物品和劳务构成的国民收入。"② 这是著名的"挖坑理论"，即，经济不景气时，政府雇人挖坑，而挖坑就需要发铁锹，这有助于钢铁企业、木材企业等开工；企业开工要雇人，从而工人收入增多，购买力提

---

① 〔英〕凯恩斯：《就业、利息和货币通论》（重译本），高鸿业译，商务印书馆，1999，第37页。

② 〔英〕凯恩斯：《就业、利息和货币通论》（重译本），高鸿业译，商务印书馆，1999，第228页。

高；接下来，再雇人填坑，同样要发铁锹，同样能促进购买力提高。凯恩斯认为，如此一来，政府作为"看得见的手"，充分发挥了创造就业机会、增加有效需求的积极作用。"挖坑"的升级版就是"某种程度的全面的投资社会化"。凯恩斯指出："因此，我感觉到，某种程度的全面的投资社会化将要成为大致取得充分就业的唯一手段；当然，这并不排除一切形式的这种方案，而通过这种方案，国家当局可以和私人的主动性结合起来。"①凯恩斯所开出的这个药方确实帮助资产阶级政府缓解了资本主义的大萧条。对此，凯恩斯不乏自豪："经济学家和政治哲学家们的思想，不论它们在对的时候还是在错的时候，都比一般所设想的更有力量。的确，世界就是由他们统治着。讲求实际的人自认为他们不受任何学理的影响，可是他们经常是某个已故经济学家的俘虏。"② 另外值得一提的是，凯恩斯尽管批评李嘉图忽视了资本边际效率随着投资的增减而变化，却惊叹于李嘉图经济学在逻辑上的严密。他说："李嘉图在理论上比他的后继者具有较大程度的前后一致性。……李嘉图向我们提供了一个卓越的智慧上的成就，而这种成就是那些智慧上的弱者所达不到的。"③ 来自反对者的高度评价是能说明一些问题的。

　　如果说新古典主义经济学侧重于个体理性，那么，凯恩斯主义则侧重于整体理性。不过，和新古典主义经济学一样，凯恩斯主义同样缺乏矛盾分析、阶级分析和历史分析。凯恩斯认为资本主义会发生周期性的经济危机，这是有道理的。但是，他找错了根源，他的药方也仅是治标不治本之策。之所以批评这个药方"不治本"，原因在于：在流通领域中解决生产领域的危机。"挖坑"的实质是搞赤字财政，即透支未来以补今日之"坑"。至于投资社会化，当然会导致商品增加、资本增加，但这些"增加"更多的是转向不变资本，使资本有机构成提高。劳动者的生活收入虽然也有提高，但肯定远远赶不上商品的增加和资本的增加。生产和消费（购买力）的矛盾以及价值实现上的不断延迟终究会成为问题。生产过剩

① 〔英〕凯恩斯：《就业、利息和货币通论》（重译本），高鸿业译，商务印书馆，1999，第394~395页。
② 〔英〕凯恩斯：《就业、利息和货币通论》（重译本），高鸿业译，商务印书馆，1999，第400页。
③ 〔英〕凯恩斯：《就业、利息和货币通论》（重译本），高鸿业译，商务印书馆，1999，第198~199页。

经济危机不是被取消了，而是被延迟了，而延迟的后果是它将以更大的范围和更严重的程度爆发出来。凯恩斯主义的实质是作为公共意志之代表的国家大举投资，以保证垄断利润的再生产和再分配。从西方资产阶级经济学史上把握之，凯恩斯主义可被界定为改头换面了的新重商主义。

马克思从不同角度探讨过资本主义全面性的生产过剩经济危机。从危机的最抽象形式（卖和买彼此脱离）上看，马克思说："此外，危机无非是生产过程中已经彼此独立的阶段以暴力方式实现统一。……世界市场危机必须看做是资产阶级经济一切矛盾的现实的综合和暴力方式的平衡。"①从购买力的缺乏上看，马克思说："认为危机是由于缺少有支付能力的消费或缺少有支付能力的消费者引起的，这纯粹是同义反复。除了需要救济的贫民的消费或'盗贼'的消费以外，资本主义制度只知道进行支付的消费。商品卖不出去，无非是找不到有支付能力的买者，也就是找不到消费者（因为购买商品归根结底是为了生产消费或个人消费）。但是，如果有人想使这个同义反复具有更深刻的论据的假象，说什么工人阶级从他们自己的产品中得到的那一部分太小了，只要他们从中得到较大的部分，即提高他们的工资，弊端就可以消除，那么，我们只须指出，危机每一次都恰好有这样一个时期做准备，在这个时期，工资会普遍提高，工人阶级实际上也会从供消费用的那部分年产品中得到较大的一份。"② 收入、消费都具有社会历史性质，两者表现为由生产所提供的支付能力基础上的收入、消费。资产阶级的收入和消费与无产阶级的收入和消费能一样吗？从利润率下降对资本主义生产的阻碍上看，马克思说："不是财富生产得太多了。而是资本主义的、对立的形式上的财富，周期地生产得太多了。"③ "资本主义生产不是在需要的满足要求停顿时停顿，而是在利润的生产和实现要求停顿时停顿。"④ 恩格斯在《反杜林论》中指出，有效需求不足是自从有了剥削阶级和被剥削阶级以来就一直存在的现象，可只有资本主义生产方式才造成危机，"群众的消费不足既没有向我们说明过去不存在危机的原因，也没有向我们说明现时存在危机的原因"⑤。马克思恩格斯这里所

① 《马克思恩格斯全集》第三十四卷，人民出版社，2008，第577~578页。
② 《马克思恩格斯文集》第六卷，人民出版社，2009，第456~457页。
③ 《马克思恩格斯文集》第七卷，人民出版社，2009，第287页。
④ 《马克思恩格斯文集》第七卷，人民出版社，2009，第288页。
⑤ 《马克思恩格斯文集》第九卷，人民出版社，2009，第302页。

揭示的要义有二：一是，有效需求不足作为私有制社会（有了剥削阶级和被剥削阶级）的共有现象，不应被用来解释资本主义生产方式的特有规律；二是，一种生产方式既有剩余的生产要素，也有剩余的劳动力，然而这两者却不能有效结合共同创造财富，唯一原因在于这种生产方式本身有问题。

　　20世纪70年代美国因越南战争、中东战争和石油危机而陷入经济滞胀（高失业和高通货膨胀同时发生），其失业率和通货膨胀率均为10%，宣告了凯恩斯主义的破产（凯恩斯主义认为不可能发生经济滞胀）。萨缪尔森认为，新古典主义经济学侧重于供给分析和凯恩斯主义侧重于需求管理，都是片面的，应将两者综合起来。凯恩斯主义延续了边际分析方法，因而与新古典主义经济学具有一致性，这为"综合"提供了方法论基础。可以看到，新古典综合派不仅没有消解新古典主义经济学的"合成谬误"，而且竟然要求巩固这一谬误。根据萨缪尔森的观点，宏观经济学研究财政政策和货币政策如何逆经济风向行事、实现充分就业，IS—LM模型以国民收入为横坐标，以利率为纵坐标，刻画了产品市场和货币市场的相互联系；微观经济学研究充分就业条件下的消费者行为、生产者行为以及一般均衡（均衡的条件和均衡的位移）、福利经济学等。就经济政策而言，萨缪尔森主张自由放任和国家干预的统一。新古典综合派看似全面，实则驳杂，比如它同样解释不了经济滞胀。为了降低失业率，新古典综合派要求增加财政支出以扩大有效需求，但为了降低通货膨胀率，新古典综合派又要求减少财政支出以降低有效需求。就此来说，马克思对19世纪庸俗经济学的总体定性同样适用于新古典综合派："学术上的混合主义和无原则的折中主义。"① 新古典综合派致力于探讨资源的合理配置，却不懂得配置资源的前提是支配资源，而支配资源的阶级（统治阶级）在配置资源时也是在配置不支配资源的阶级（被统治阶级）。资产阶级利润最大化是新古典综合派所直观到并评价的所谓"合理"。

　　作一历史对照。西方近代资产阶级早期依靠国家权力发迹，所以重商主义强调国家干预。英国较早完成资产阶级革命，最早进入工业化，形成了对全世界的海上霸权。所以这时的主流经济学是英国古典经济学（世界主义经济学），论证经济自由主义，强调国家是"守夜人"。法国经济学

---

① 《马克思恩格斯全集》第三十五卷，人民出版社，2013，第361页。

家跟在其英国前辈后面亦步亦趋，反而导致商品倾销和资本倾销，这也是法国大革命爆发的原因之一。法国实际上是借助国家权力（拿破仑独裁）才实现产业资本的集聚，形成了快速工业化的条件。借此，法国成长为欧洲大陆霸主。马克思说："只要资本的力量还薄弱，它本身就还要在以往的或随着资本的出现而正在消逝的生产方式中寻求拐杖。而一旦资本感到自己强大起来，它就抛开这种拐杖，按它自己的规律运动。"① 作为后发国家的德国，借助国家权力（1870 年与法兰西第二帝国发生战争），成功夺取欧洲大陆霸权。相应的主流经济学是国家经济学（德国旧、新历史学派）。后发的资产阶级国家要求重新分割世界市场，重新塑造国际经济（海权和陆权）秩序，进而引发了第一次世界大战、1929～1933 年资本主义大萧条、第二次世界大战。总体说来，美国是胜利者。这时的主流经济学是垄断经济学、凯恩斯主义、福利经济学等。20 世纪 70 年代布雷顿森林体系解体，80 年代"里根—撒切尔革命"之后，金融资产阶级又开始"嫌弃"国家权力，鼓吹萨伊定律，这时的主流经济学是新古典综合派、理性预期学派，等等。马克思当年的批评具有时代的穿透力："断言自由竞争等于生产力发展的终极形式，因而也是人类自由的终极形式，这无非是说资产阶级的统治就是世界历史的终结——对前天的暴发户们来说这当然是一个愉快的想法。"② 概言之，西方当代主流经济学是资本主义发展到垄断资本主义（帝国主义）、国际金融垄断资本主义阶段后，资产阶级学术代表为了实现本阶级利益最大化而构建的不同理论话语。从哲学原则上看，西方当代主流经济学从古典经济学（特别是李嘉图经济学）所实际达到的社会唯物主义倒退回实证主义，它们远远不及同属资产阶级意识形态的李嘉图经济学对资本主义生理结构的科学说明。

接下来让我们具体看一下，西方当代主流经济学在实证主义基础上对劳动价值论的否定是否能够成立。西方当代主流经济学在此问题上的看法主要有二：或是认为价值实体不是劳动而是效用（有用性）和稀缺性；或是认为价值实体本身就是无用的形而上学残余，没有必要设定它，仅凭价格就可以进行严格的经济学论证。这两种看法都是错误的。除了和李嘉图一样将资本主义社会视作超历史的社会、将某种东西（比如价值关系或价

---

① 《马克思恩格斯全集》第三十一卷，人民出版社，1998，第 43 页。
② 《马克思恩格斯全集》第三十一卷，人民出版社，1998，第 44 页。

格关系的经验描述）视作超历史的永恒规律之外，最主要的错误在于：仅仅描述现象而遮蔽了资本主义生产的本质。

19 世纪，部分资产阶级经济学家（如法国的瓦尔拉斯、奥地利的维塞尔和庞巴维克、英国的杰文斯等）提出效用价值论，这是一种从理性经济人的心理感受出发来界定价值的主观价值论。奥地利经济学家庞巴维克（1851～1914）将效用价值论概括为："一件物品的价值，是由现有的同样的一些物品所能满足的一切需要中最不迫切的那一具体需要（或部分需要）的重要性来衡量的。因此，决定物品价值的不是它的最大效用，也不是它的平均效用，而是它的最小效用，即这件物品或类似它的一件物品在具体经济情况下合理使用时可能产生的最小效用。……因此，决定价值量的规律，可以用下面的公式来表达：一件物品的价值是由它的边际效用量来决定的。"[①] 庞巴维克无不自豪地宣布："从这一方面看，边际效用学说不仅是价值理论的要旨，而且由于它能对一切经济交易提供解说，它是全部经济理论的要旨。"[②]

庞巴维克以一个殖民地的农民为例证予以说明。假设这位农民收获了五袋谷物，要用到来年秋天。第一袋是他一年生活所绝对必需的。第二袋是在生活所绝对必需之外用来保持强壮和充沛的精力的。此外，他不想再用更多的谷物为自己做面包和其他面食了。第三袋谷物用来饲养家禽。第四袋谷物用来酿造酒类。第五袋谷物他想不出更好的处理办法，除非用它来饲养一些他喜爱的鹦鹉。显然，谷物用途是不同的，其重要性也是不同的。设想：如果一袋谷物遭到损失，这位农民会失去多少效用呢？他必然用剩下的四袋谷物供应最迫切的前四类需要，而放弃最后的和最不重要的需要（饲养鹦鹉）。失去了饲养鹦鹉的快乐——他不仅会如此评价损失的那一袋谷物的价值，而且也会如此评价每一袋谷物。如果农民只剩下三袋谷物、两袋谷物或一袋谷物，亦复如是，谷物的价值是由它所能满足的农民的最后的和最不重要的需要决定的。"任何一个人，处在他的地位，将按照第五袋的最小边际效用，便宜地出让五袋谷物中的任何一袋；但他将对三袋谷物中的任何一袋，索取大得多的价钱；但他决不会以任何价格，

① 〔奥〕庞巴维克：《资本实证论》，陈端译，商务印书馆，1964，第167页。"边际"意思是增加或减少一个单位的量。由此，可以测算出投入与产出、供给与需求的技术性的或数量性的关系。

② 〔奥〕庞巴维克：《资本实证论》，陈端译，商务印书馆，1964，第168页。

出让那不能替代的，具有最大边际效用的仅有的一袋谷物。"①

效用价值论的提出反映了机器大工业提高劳动生产率并创造了大量使用价值的资本主义经济生活，即大量使用价值的存在要求人们作选择、作评价，并根据选择和评价进行商品交换、组织经济生活。然而遗憾的是，效用价值论歪曲地表现了它所由出的资本主义经济生活，混淆了使用价值和价值，进而掩盖了资本主义社会（资本家剥削工人、大资本剥削小资本）的剥削关系。就理论逻辑而言，效用价值论存在两大难题。

一是，无法解决不同物品效用（使用价值）的比较问题。效用价值论者先后提出基数效用（认为效用可以计量并加总）和序数效用（认为效用可以根据重要性而排序），但两者均无助于问题的合理解决。因为主观心理感受具有任意性，这种任意性来自人们（甚至是同一个人处于不同时期或不同环境中）在社会地位、消费状况上的差别。主观心理感受的任意性决定了交换比率的不可能性。恩格斯说："物品的效用是一种纯主观的根本不能绝对确定的东西，至少它在人们还在对立中徘徊的时候肯定是不能确定的。……价值首先是用来决定某种物品是否应该生产，即这种物品的效用是否能抵偿生产费用。"② 于是，在效用价值论所把握到的商品世界里会出现一个吊诡的现象：在价值（价格）确定之前已经发生了商品交换（主观评价是在消费后或最起码消费到一定数量后作出的），在价值（价格）确定之后才知道刚刚发生的商品交换是赔是赚（"这种物品的效用是否能抵偿生产费用"）。效用价值论在解释现象上都力有不足（尽管它确实能解释部分现象），又谈何剖析本质？

二是，不能正确说明生产要素价值与产品价值的关系。根据劳动价值论，因为生产要素价值转移到产品价值中，所以生产要素的价值在一定程度上决定产品的价值。这是符合资本主义经济生活的。然而效用价值论却给出相反的看法：人们对产品价值（效用）的评价决定了人们对生产要素价值（效用）的评价，价值转移是不存在的。此外，由于人们对产品价值（效用）的评价和对生产要素价值（效用）的评价是分别进行的，借用上述引文中庞巴维克的说法，人们分别对这两者求解"边际效用量"，据此作出的两种评价甚至可能相反。这些都是不符合资本主义经济生活的。

---

① 〔奥〕庞巴维克：《资本实证论》，陈端译，商务印书馆，1964，第170页。
② 《马克思恩格斯文集》第一卷，人民出版社，2009，第65页。

及至 20 世纪，西方当代主流经济学提出供求关系论，这是一种比效用价值论更具实证色彩的现象描述理论。供求一致时的价格是均衡价格。对此，我们可以提出如下质疑：因为供求一致意味着供给和需求从相反的方向发生了相等的作用，两者的作用被抵消了，所以供求一致条件下发生的现象不能用两者的作用来解释，而必须寻找另外的解释。试问，（1）供求一致时为什么商品价值正好表现为这样一个价格而不表现为另外一个价格？（2）供求关系既能说明"价格对某个东西的偏离"，也能说明"价格对某个东西的偏离之被抵消"的趋势，这样的"一正一反"是否表明供求背后有着更深层次的本质（"某个东西"）？（3）在没有由外界情况引起供求变化的情况下，为什么供求比例仍然可以因商品价值的变化而变化？① 通过这三个质疑可以看到，所谓均衡价格，只不过为供求一致的现象附加了一个"新名词"，而未能解释这种现象。李嘉图在 1820 年 10 月 9 日致马尔萨斯的信中就曾谈及供给由生产成本决定："你说，需求和供给调节价值。我认为这是什么也没有说，理由我在这封信的开头已经说过了：调节价值是供给，而供给本身又受生产的比较成本控制。"② 马克思在《雇佣劳动与资本》中进一步证明供给和需求是由生产费用决定的："我们刚才说过，供给和需求的波动，总是会重新把商品的价格引导到生产费用的水平。固然，商品的实际价格始终不是高于生产费用，就是低于生产费用；但是，上涨和下降是相互补充的，因此，在一定时间内，如果把产业衰退和兴盛总合起来看，就可看出各种商品是依其生产费用而互相交换的，所以它们的价格是由生产费用决定的。"③ 而生产费用由劳动决定。"价格由生产费用决定，就等于说价格由生产商品所必需的劳动时间决定，因为构成生产费用的是：（1）原料和劳动工具的损耗部分，即产业产品，它们的生产耗费了一定数量的工作日，因而也就是代表一定数量的劳动时间；（2）直接劳动，它也是以时间计量的。"④ 蒲鲁东将"均衡"讽刺为"以供求解释供求"，这一讽刺颇为机智。蒲鲁东说："供给与需求是两个电极，把它们连接起来就会发生一种名为交换的经济上亲合现象。供给与需求就和电池的两极一样，彼此根本对立，而且不断想消灭对方；由于它

---

① 参见《马克思恩格斯文集》第七卷，人民出版社，2009，第 211~213 页。
② 《李嘉图致马尔萨斯》（1820 年 10 月 9 日），见《大卫·李嘉图全集》第 8 卷，第 264 页。
③ 《马克思恩格斯文集》第一卷，人民出版社，2009，第 720~721 页。
④ 《马克思恩格斯文集》第一卷，人民出版社，2009，第 721~722 页。

们之间的对抗，物品的价格就偏高或者偏低。因此，问题在于弄清是否有可能使这两种力量在任何情况下都处于平衡或协调状态，使物品的价格能够始终代表物品的真实价值和体现公平关系。如果承认了这一点却又仍然说供求是支配交换的法则，就等于说供求是供求的法则。"① 马克思在《经济学手稿（1857—1858 年）》中也指出："因此，竞争不能说明这些规律，它使人们看到这些规律，但是它并不产生这些规律。"②

之前谈及劳动价值论时曾指出，对其真实来历（社会分工和生产资料的资本主义私人占有）要有理论自觉。这里，对于供求，同样如此。马克思在《经济学手稿（1857—1858 年）》中分析资本时说过，供求虽是抽象范畴，但它们都要表现特定的经济关系："现在还不能转入研究需求、供给、价格之间的关系，要对它们本身进行阐述，就要以资本为前提。"③

对于价格，马克思立足于劳动价值论不是不能作出合理解释。马克思在《资本论》第一卷中提出社会必要劳动时间 I 和在《资本论》第三卷中提出社会必要劳动时间 II。社会必要劳动时间 I 强调了劳动在决定价值时的社会必要的生产条件，即平均的劳动熟练程度和劳动强度；社会必要劳动时间 II 强调了劳动在决定价格时的社会需求，即投在某种商品上的劳动量应当等于用以交换这种商品的其他商品所包含的劳动量。从社会必要劳动时间 I 到社会必要劳动时间 II，就是从价值出发解释价格的形成。可以看到，马克思比供求关系论等更好地解释了价格的形成。然而更重要的是，马克思不愿停留于解释价格这个层面，他的着意点在于揭示劳动力被资本所组织进而被资本所剥削的规律。刚才所说的供求背后的更深层次的那个本质（"某个东西"），就是这个规律。马克思在《资本论》第一卷中说："资本在两方面同时起作用。它的积累一方面扩大对劳动的需求，另一方面又通过'游离'工人来扩大工人的供给，与此同时，失业工人的压力又迫使就业工人付出更多的劳动，从而在一定程度上使劳动的供给不依赖于工人的供给。劳动供求规律在这个基础上的运动成全了资本的专制。"④

恩格斯进一步指出效用价值论和供求关系论的同构性。他在 1888 年 1

① 〔法〕蒲鲁东：《贫困的哲学》上卷，余叔通、王雪华译，商务印书馆，2010，第 89 页。
② 《马克思恩格斯全集》第三十卷，人民出版社，1995，第 552 页。
③ 《马克思恩格斯全集》第三十卷，人民出版社，1995，第 387 页。
④ 《马克思恩格斯文集》第五卷，人民出版社，2009，第 737 页。

月 5 日致丹尼尔逊的信中认为："现在这里最时髦的理论是斯坦利·杰文斯的理论，按照这种理论，价值由效用决定，就是说，交换价值＝使用价值，另一方面，价值又由供应限度（即生产费用）决定，这不过是用混乱的说法转弯抹角地说，价值是由需求和供应决定的。庸俗政治经济学真是比比皆是！"① 19 世纪的庸俗经济学以及 20 世纪的西方当代主流经济学都倾向于抹平现象与本质的差别，以求成全"资本的专制"。

## 第四节　马克思的哲学革命与经济学革命

根据恩格斯的观点，马克思一生的两大发现是历史唯物主义和马克思主义政治经济学（后者包括劳动价值论和剩余价值论）。② 历史唯物主义作为马克思的哲学革命，揭示了人类社会历史的一般发展规律。马克思主义政治经济学作为马克思的经济学革命，揭示了资本主义社会的特殊运行规律。本书要进一步表明的是：这两大发现的提出和完善，离不开马克思对李嘉图经济学的批判和超越。

第一，历史唯物主义与社会唯物主义的有限的同质性与根本的异质性。

关于这一点，在之前的讨论中已有提及。这里作一总结。

其一，有限的同质性。

马克思在《关于费尔巴哈的提纲》第一条中认为："从前的一切唯物主义（包括费尔巴哈的唯物主义）的主要缺点是：对对象、现实、感性，只是从客体的或者直观的形式去理解，而不是把它们当做感性的人的活动，当做实践去理解，不是从主体方面去理解。"③ 这里所批评的"从前的一切唯物主义"主要是经验唯物主义和理性唯物主义，而非社会唯物主义。因为社会唯物主义实际上做到了"对对象、现实、感性……把它们当做感性的人的活动，当做实践去理解"，"从主体方面去理解"。从这方面看，社会唯物主义与马克思恩格斯即将创立的历史唯物主义没有区别。其实，话应该反过来说：正因为马克思恩格斯深入研究了古典经济学（特别是李嘉图经济学），他们才真正认识到物质生产的基础性和社会关系（特

① 《马克思恩格斯全集》第三十七卷，人民出版社，1971，第 8 页。
② 参见《马克思恩格斯文集》第三卷，人民出版社，2009，第 601 页。
③ 《马克思恩格斯文集》第一卷，人民出版社，2009，第 499 页。

别是生产关系）对人的制约性，也才会提出以"感性的人的活动""实践""主体方面"统一思维与存在。这种转变最早体现在马克思恩格斯对费尔巴哈唯物主义的批判上。马克思恩格斯在《德意志意识形态》中指出：费尔巴哈批评唯心主义无法克服思维与存在之间的鸿沟是有道理的，但费尔巴哈的唯物主义同样难以克服这个鸿沟，费尔巴哈以普通直观看到的是大批患瘰疬病的、积劳成疾的和患肺痨的穷苦人（眼前的东西），以高级的哲学直观看到的是健康人（本质的东西），他无法将这两者统一起来。① 马克思恩格斯据此提问道："由于费尔巴哈揭露了宗教世界是世俗世界的幻想（世俗世界在费尔巴哈那里仍然不过是些词句），在德国理论面前就自然而然产生了一个费尔巴哈所没有回答的问题：人们是怎样把这些幻想'塞进自己头脑'的？"② 马克思恩格斯要求从人类社会历史的一般发展规律中批判地看待政治上层建筑、思想上层建筑。随着对人类社会历史的一般发展规律的具体说明更加科学、更加深刻，马克思恩格斯对政治上层建筑、思想上层建筑的具体分析也更加准确、更加到位。由是，历史唯物主义实现对社会唯物主义的批判继承和根本超越，同时也成为人类思想史上一次根本的哲学革命。

大体说来，历史唯物主义与社会唯物主义的有限的同质性体现在四个方面。一是研究对象。之前提过，社会唯物主义旨在研究"事"（经济行为、经济活动、人与人的经济关系）。实际上，历史唯物主义同样如是。马克思恩格斯在《德意志意识形态》中指出："但是在政治经济学里已经提出了一种思想：主要的剥削关系是不以个人意志为转移，是由整个生产决定的，单独的个人都面临着这些关系。"③ 二是理论预设。"事"（经济行为、经济活动、人与人的经济关系）可分为经济规律和经济现象。经济规律虽然看不见、摸不着，却不是超验的、先验的、观念论的，相反，它客观地存在于经济活动中，并且，不以人的意志为转移地发挥作用。经济现象或直接地或间接地，或如实地或歪曲地表现经济规律。三是分析方法。两者综合运用经验归纳、理性演绎、感性直观的方法，三种方法均服务于对"事"（经济行为、经济活动、人与人的经济关系）的考察。马克思说："其实，从抽象上升到具体的方法，只是思维用来掌握具体、把它

① 参见《马克思恩格斯文集》第一卷，人民出版社，2009，第 528～530 页。
② 《马克思恩格斯全集》第三卷，人民出版社，1960，第 261 页。
③ 《马克思恩格斯全集》第三卷，人民出版社，1960，第 483 页。

当作一个精神上的具体再现出来的方式。"① 在马克思看来,这是科学上唯一正确的方法。四是理论效应。之前多次提到,社会唯物主义的"社会"是指资本主义社会。古典经济学家将资本主义社会这个特殊社会"误当作"一般社会,但也正因此,他们对经济规律的科学揭示(劳动价值论的经济规律如何必然地和歪曲地表现为资本主义社会诸经济现象)反而具有了穿透经济现象的批判力量。历史唯物主义正确地区分了一般社会和特殊社会,既表明了人们的经济活动历史地生成经济规律(现实生活本身的自我批判),也揭露出经济规律必然地和歪曲地表现为经济现象(科学性和批判性的有机结合)。如果说社会唯物主义是"歪打正着",那么历史唯物主义则是"有的放矢"。

总之,社会唯物主义作为西方近代不同于经验唯物主义和理性唯物主义的第三种唯物主义形态,具有超出经验唯物主义和理性唯物主义的深刻性,其与历史唯物主义存在有限的同质性。

其二,根本的异质性。

社会唯物主义是资产阶级意识形态,其在资产阶级视野范围内所能达到的最大限度的经济科学是李嘉图经济学。历史唯物主义是无产阶级的意识形态,其迄今为止所能达到的最高层次的经济科学是马克思主义政治经济学。社会唯物主义意识不到自己所由出的社会历史条件是社会本身被抽象化(比如商品交换普遍化,劳动获得了私有财产的主体本质,抽象成为统治),反而将这种社会历史条件予以虚无化,所以,它只能是意识形态。历史唯物主义充分意识到自己所由出的社会历史条件在于资本主义社会开始了自我批判(作为大工业之产物的无产阶级成长为独立的政治力量),这其实也是历史唯物主义将自身所揭示的原则(社会存在决定社会意识)应用于自身的必然结果,所以,它不仅是意识形态,而且更是科学。

片面地强调历史唯物主义和社会唯物主义的有限同质性而忽视两者的根本异质性,是导致历史唯物主义被解读成经济唯物主义的重要学理根源。所谓经济唯物主义,一般是指盛行于 19 世纪末 20 世纪初的一种主张经济因素具有单一决定性,无产阶级不需要有领导和有组织的自觉革命就可实现共产主义的历史唯物主义阐释方式。代表人物有德国社会民主党的"青年派"、第二国际思想家伯恩斯坦、俄国孟什维克思想家等。恩格斯在

---

① 《马克思恩格斯全集》第三十卷,人民出版社,1995,第 42 页。

晚年历史唯物主义书信中以及列宁在其名作《怎么办?》中都对此作过精彩的批判。概言之，经济唯物主义将历史唯物主义庸俗化为一种小资产阶级式的机会主义理论。当下，将历史唯物主义解读成经济唯物主义的做法（比如技术决定论）也时有发生。正因为经济唯物主义有其"特指"，所以本书没有以此来概括古典经济学（特别是李嘉图经济学）的哲学原则。至于为什么使用"社会唯物主义"一词，除了学界前辈有此创见之外，还有一个理由是，社会唯物主义对社会的理性化理解以及关于个人理性统一于整体理性的观点，可以较好地与西方近代侧重于个体理性和侧重于整体理性的两种哲学思路（其中前者是主流）形成呼应和对比。经济唯物主义与社会唯物主义都承认经济决定论，前者以此论证资本主义的必然灭亡，后者以此论证资本主义的永世长存，两者都没能达到对资本主义的辩证的理解。

历史唯物主义对社会唯物主义的超越，具体体现在以下四个方面。

一是，历史唯物主义对生产关系之生产的突出强调。

在《哲学的贫困》中，马克思指出："经济学家蒲鲁东先生非常明白，人们是在一定的生产关系中制造呢绒、麻布和丝织品的。但是他不明白，这些一定的社会关系同麻布、亚麻等一样，也是人们生产出来的。社会关系和生产力密切相联。随着新生产力的获得，人们改变自己的生产方式，随着生产方式即谋生的方式的改变，人们也就会改变自己的一切社会关系。手推磨产生的是封建主的社会，蒸汽磨产生的是工业资本家的社会。"① 人们的经济活动是生产生产关系的活动。在资本主义社会中，雇佣劳动是再生产出资本家和工人的剥削关系的劳动。马克思说："生产过程和价值增殖过程的结果，首先表现为资本和劳动的关系本身的，资本家和工人的关系本身的再生产和新生产。这种社会关系，生产关系，实际上是这个过程的比其物质结果（指物质生活资料的生产——引者注）更为重要的结果。"② 生产关系的生产，对于任何特定社会结构来说，是决定性的因素。在《雇佣劳动与资本》中，马克思说："因此，各个人借以进行生产的社会关系，即社会生产关系，是随着物质生产资料、生产力的变化和发展而变化和改变的。生产关系总合起来就构成所谓社会关系，构成所谓社会，并且是构成一个处于一定历史发展阶段上的社会，具有独特的特征的社会。"①

　　资本不是物，但又必须体现在物上。马克思对资本的本质有四种界定，分别是生产关系、经济权力、价值自行增殖、抽象劳动对具体劳动的统治。显然，这四种界定是相互诠释和内在同一的。李嘉图对资本的认识始终没有进入本质层面，他把资本理解为积累劳动，这一点从他在《政治经济学及赋税原理》第一章第三节中认为在斯密所说的早期状态中武器就是资本，就可看出。在该书第五章"论工资"中，李嘉图直截了当地说："资本是国家财富中用于生产的部分，包括实现劳动所必需的食物、衣服、工具、原料、机器等等。"② 李嘉图只看到了资本的物质规定，忽视了使资本成为资本的形式规定。马克思说："如果这样抽掉资本的一定形式，只强调内容，而资本作为这种内容是一切劳动的一种必要要素，那么，要证明资本是一切人类生产的必要条件，自然就是再容易不过的事情了。……资本被理解为物，而没有被理解为关系。"③

　　资本主义生产之所以具有对抗性，就在于生产力（社会化生产）与生产关系（生产资料的资本主义私人占有）之间具有对抗性。统治阶级所掌握的（由被统治阶级所创造的）生产资料构成了被统治阶级的物质存在条件，统治阶级无偿占有的剩余价值构成了他们榨取更多剩余价值的社会权力。而这是当时的经济学家（无论是古典经济学家斯密，还是庸俗经济学家萨伊、马尔萨斯等）所不理解的。李嘉图突破了经济现象（诸如等价交换）的表面，深入阶级与阶级的关系中，他所理解的阶级是与生产相关联的。李嘉图在价值的量的分配中把握到阶级对立的经济基础等，这些已属资产阶级学术范围内最深刻的科学剖析了。

　　二是，历史唯物主义对社会之总体性和生成性的突出强调。

　　根据马克思的观点，社会是一个生成着的总体（动态过程和静态结构之统一）。马克思多次谈及这一点。马克思在《〈政治经济学批判〉导言》中提出："因此，就是在理论方法上，主体，即社会，也必须始终作为前提浮现在表象面前。"④ "主体，即社会"旨在表明社会的总体性。马克思

① 《马克思恩格斯文集》第一卷，人民出版社，2009，第724页。
② 《政治经济学及赋税原理》，见《大卫·李嘉图全集》第1卷，第76～77页。
③ 《马克思恩格斯全集》第三十卷，人民出版社，1995，第214页。
④ 《马克思恩格斯全集》第三十卷，人民出版社，1995，第43页。

的"主体，即社会"是对黑格尔"实体即主体"思想①的批判继承。之前已有谈及，黑格尔将之歪曲地表现为概念辩证法，马克思则将之正确地颠倒为现实生活本身的自我批判。

马克思关于"社会的生成性"的探讨集中体现在1846年12月28日致安年科夫的信中。马克思说："社会——不管其形式如何——是什么呢？是人们交互活动的产物。人们能否自由选择某一社会形式呢？决不能。在人们的生产力发展的一定状况下，就会有一定的交换［commerce］和消费形式。在生产、交换和消费发展的一定阶段上，就会有相应的社会制度形式、相应的家庭、等级或阶级组织，一句话，就会有相应的市民社会。有一定的市民社会，就会有不过是市民社会的正式表现的相应的政治国家。"② 马克思还说："可见，人们借以进行生产、消费和交换的经济形式是暂时的和历史性的形式。"③ 无论是前一段引文中的四个"一定的"和四个"相应的"，还是后一段引文中的"暂时的和历史性的形式"，均表明社会的"生成性"。这是历史唯物主义根本地超越社会唯物主义（以及西方近代其他唯物主义形态）之处。在后现代看来，社会的总体性和生成性是颇遭反对的旧观念。然而，立足于当下，当我们面对利益碎片化的经济现实时，应看到，关于社会的总体性和生成性的探索是不可或缺的批判之维。

以社会必要劳动时间为例。在马克思那里，这是一个社会历史范畴。一来，社会必要劳动时间是资本主义经济生活所凸显出来的"主体"，它对资本主义生产中的个别生产者来说表现为既定的量，个别劳动时间低于社会必要劳动时间的个别生产者是能够获得超额利润的；二来，虽然社会必要劳动时间对个别劳动时间具有既定性，但个别劳动时间的普遍缩短又会扬弃社会必要劳动时间的既定性，使之缩短，而这同时就是生产力的提高。通过社会必要劳动时间的普遍缩短（也即生产力的普遍提高），"劳动的社会精神在单个工人之外获得了客体的存在"④。这里，作为主体的社会被重新建构了。社会唯物主义在把握社会的总体性上已然捉襟见肘，更难以面对社会的生成性。

---

① 参见〔德〕黑格尔《精神现象学》上卷，贺麟、王玖兴译，商务印书馆，1979，第10~11页。
② 《马克思恩格斯文集》第十卷，人民出版社，2009，第42~43页。
③ 《马克思恩格斯文集》第十卷，人民出版社，2009，第44页。
④ 《马克思恩格斯全集》第三十卷，人民出版社，1995，第527页。

　　三是，历史唯物主义对唯物主义辩证法的突出强调。

　　马克思在《资本论》第一卷中有句名言："因此，资本不能从流通中产生，又不能不从流通中产生。它必须既在流通中又不在流通中产生。"①这种充满辩证法色彩的话语显然是斯密、李嘉图无法理解的。马克思这里所要说明的是：价值增殖发生于生产过程，实现于流通过程。两者是不可分割的辩证运动过程。

　　李嘉图经济学在利润率下降因而社会生产不复存在（这个观点本身是错误的）的科学结论面前退缩了，马克思主义政治经济学揭示了研究对象（资本主义生产）扬弃自身的必然逻辑。列宁在《黑格尔〈哲学史讲演录〉一书摘要》中指出："人的思想由现象到本质，由所谓初级本质到二级本质，不断深化，以至无穷。"② 李嘉图经济学对本质的揭示，远不是最彻底的。通过唯物主义辩证法，马克思呈现出资本主义生产从本质到经验再到表象（歪曲地表现为假象）的逻辑过程：首先是剩余价值的生产，其次是剩余价值转化为利润，再次是利润转化为平均利润，复次是工商业平均利润转化为利息和企业主收入，最后是超额利润转化为地租（地租作为实体性因素是前资本主义社会"抵抗"资本主义之现实抽象的最后一根稻草）。比如，本质是"剩余价值是可变资本的产物"，经验是"只有全部预付资本得到实现，才能获得利润"，表象是"剩余价值是全部预付资本的产物"。再如，本质是"生产部门的竞争使剩余价值在各部门之间再分配"，经验是"各生产部门的剩余价值和各自的资本量成比例而不与各自的劳动量成比例"，表象是"价值规律失效了"。马克思对资本主义生产从本质到经验再到现象（歪曲地表现为假象）的呈现，堪称科学的和批判的现象学。李嘉图经济学的经济决定论，既有"解蔽"，也有"遮蔽"，既有对经济规律的认知错误，也有对经济现象的片面理解，总之，它是机器大工业时代最深刻和最惑人的资本拜物教。

　　四是，历史唯物主义对资本主义社会之内在矛盾的突出强调。

---

① 《马克思恩格斯文集》第五卷，人民出版社，2009，第193页。
② 《列宁全集》第五十五卷，人民出版社，2017，第213页。同页，列宁继承了恩格斯在《反杜林论》第二版序言中提到的"概念的艺术"的说法，明确指出："对概念的分析、研究，'运用概念的艺术'（恩格斯），始终要求研究概念的运动、它们的联系、它们的相互过渡。"（恩格斯关于"概念的艺术"的说法，参见《马克思恩格斯文集》第九卷，人民出版社，2009，第17页。）

　　社会唯物主义（特别是李嘉图经济学所达到的那种高度）虽然正确地认识到人的阶级存在，也触及了资本主义生产关系的对抗性，但终究没有正确揭露资本主义社会的内在矛盾。与之不同，历史唯物主义正确地揭示了人类社会历史的基本动力是生产力与生产关系的内在矛盾。至于资本主义社会的特殊矛盾，马克思在《经济学手稿（1857—1858年）》中指出："（1）必要劳动是活劳动能力的交换价值的界限，或产业人口的工资的界限；（2）剩余价值是剩余劳动时间的界限；就相对剩余劳动时间来说，是生产力发展的界限；（3）同样可以说，向货币的转化，交换价值本身，是生产的界限；换句话说，以价值为基础的交换，或以交换为基础的价值是生产的界限。这就是说：（4）同样又可以说，无非是使用价值的生产受交换价值的限制；换句话说，现实的财富必须采取一定的、与自身不同的形式，即不是绝对和自身同一的形式，才能成为生产的对象。"① 及至《资本论》第三卷，马克思进一步指出："但是，这种资本主义生产方式的矛盾正好在于它的这种趋势：使生产力绝对发展，而这种发展和资本在其中运动、并且只能在其中运动的独特的生产条件不断发生冲突。"② 恩格斯在《社会主义从空想到科学的发展》中也说："社会化生产和资本主义占有的不相容性"，"社会化生产和资本主义占有之间的矛盾表现为无产阶级和资产阶级的对立"，"社会化生产和资本主义占有之间的矛盾表现为个别工厂中生产的组织性和整个社会中生产的无政府状态之间的对立"。③

　　基于内在矛盾的观点，马克思认为："毫无疑问，这种物的联系比单个人之间没有联系要好，或者比只是以自然血缘关系和统治从属关系为基础的地方性联系要好。同样毫无疑问，在个人创造出他们自己的社会联系之前，他们不可能把这种社会联系置于自己支配之下。"④ "但是，一种历史生产形式的矛盾的发展，是这种形式瓦解和新形式形成的唯一的历史道路。"⑤ 作为大工业之产物的无产阶级对资本主义社会的现实批判（"把这种社会联系置于自己支配之下"），是通向共产主义社会的必然选择。

<hr>

①　《马克思恩格斯全集》第三十卷，人民出版社，1995，第396页。
②　《马克思恩格斯文集》第七卷，人民出版社，2009，第286页。
③　《马克思恩格斯文集》第三卷，人民出版社，2009，第551、554页。也见《马克思恩格斯文集》第九卷，人民出版社，2009，第287~288、290页。
④　《马克思恩格斯全集》第三十卷，人民出版社，1995，第111页。
⑤　《马克思恩格斯文集》第五卷，人民出版社，2009，第562页。

上述四个"突出强调"，使历史唯物主义呈现出完全不同于西方近代唯物主义（经验唯物主义、理性唯物主义、社会唯物主义）的崭新理论界面。历史唯物主义不是西方近代唯物主义之"从属"，而是西方近代唯物主义之"扬弃"。

第二，马克思主义政治经济学对李嘉图经济学的根本超越。

马克思对李嘉图经济学的研究主要有三次。这三次研究层层递进，最终，马克思实现了对李嘉图经济学的根本超越，创建马克思主义政治经济学。

其一，马克思最初接触李嘉图经济学是在 1843 年，研究成果是《巴黎笔记》。

在该笔记中，马克思对弗·索·康斯坦西奥翻译的《政治经济学及赋税原理》1835 年巴黎第二版（第 1、2 卷）作了摘录和评述。马克思当时尚未创立历史唯物主义，他的评述主要是站在无产阶级的立场上批判李嘉图经济学的异化性和不合理性。在摘录该书第 1 卷时，马克思评论如下："国民经济学为了使自己的规律更严密和更确定，必需把现实当作偶然的，把抽象当作现实的。……因为国民经济学所关心的仅仅是市场价格，所以这些产品便不再从它们的生产费用来考察，生产费用便不再从人的方面来考察，而是整个生产从交易方面来考察。"① 马克思处处透露出反讽的口吻："请注意：在这一章的开头，仁爱的李嘉图先生把生活资料说成是工人的自然价格，因此也把它说成是工人劳动的唯一目的，因为工人是为工资而劳动的。智力何在？而李嘉图所想要的也仅仅是不同阶级的差别。……财产是目的，因此大多数人没有财产。"② 对"工人"的同情，跃然纸上。此外，马克思也敏锐地发现了工人和资本家作为"不同阶级"的差别（不是斯密所理解的常识意义上的"某一类人"）。对于该书第 2 卷，马克思评论如下："由于国民经济学否认总收入即生产和消费的量（撇开剩余不论）的一切意义，从而否定生活本身的一切意义，所以它的抽象无耻到了极点。……人的生活本身没有什么价值。……按照李嘉图的这种看法，如

---

① 《马恩列斯研究资料汇编（1980 年）》，书目文献出版社，1982，第 34～35 页。引文中的"国民经济学"泛指英法当时的资产阶级经济学。

② 《马恩列斯研究资料汇编（1980 年）》，书目文献出版社，1982，第 35 页。引文中的"这一章"是指《政治经济学及赋税原理》"论工资"一章。

果英国国王能通过机器在全国获得同样收入，那么他就不需要英国人民了。"① 生活本是人的生活，然而人却被自己创造的"东西"所统治，以至于"人的生活本身没有什么价值"。马克思认为，李嘉图经济学（以及国民经济学）是关于抽象的科学，是反映异化现实的异化理论。马克思说："从国民经济学的观点来看，李嘉图的命题是真实的和一贯的。西斯蒙第和萨伊为了同非人的结论进行斗争，不得不从国民经济学中跳出来，这对国民经济学证明了什么呢？这仅仅证明，人性在国民经济学之外，非人性在国民经济学之中。……李嘉图的命题有真正的意义：一国的纯收入不过是资本家的利润和土地所有者的地租，同工人没有关系。国民经济学同工人的关系仅仅在于，工人是〔产生〕这些私人利益的机器。"② 明显地，马克思立足于无产阶级立场，批评"非人性在国民经济学之中"，"一国的纯收入……同工人没有关系"。马克思还说："麦克库洛赫在第131、132页上，把培根关于哲学的下面一段话用到国民经济学上，真是厚颜无耻：'一个人，如果凭着真正的无穷的智慧，不急于下结论，逐步向前，逐个地攻破那些象高山一样横在科学研究道路上的障碍，那他就必定能达到科学的顶峰，置身于优雅的环境、新鲜的空气中，这里大自然的美景全部展现在我们的眼前，沿着倾斜平顺的小路，可以从这里下达实践中最细小的环节。'麦克库洛赫是在 1823 年或 1824 年，因此是在李嘉图、马尔萨斯和穆勒的谎言早已被拆穿之后，说出这番话的。"③ 这里，"真是厚颜无耻"表明马克思的价值义愤。

马克思还摘录和评述了普雷沃的《评李嘉图体系》。普雷沃称赞李嘉图把科学归结为十分简单的东西，以平均的东西为基础。对此，马克思批评道："平均数是对各个现实的个人的真正侮辱、诽谤。"④ "这个好人（指普雷沃——引者注）忽略了，李嘉图学派只是通过平均计算即把现实抽象掉来证明这一原理的。……国民经济学愈是承认劳动是财富的唯一原理，工人就愈是被贬低、就愈是贫困，劳动本身就愈是成为商品。——这

---

① 《马恩列斯研究资料汇编（1980 年）》，书目文献出版社，1982，第 39 页。

② 《马恩列斯研究资料汇编（1980 年）》，书目文献出版社，1982，第 40 页。

③ 《马恩列斯研究资料汇编（1980 年）》，书目文献出版社，1982，第 43 页。

④ 《马恩列斯研究资料汇编（1980 年）》，书目文献出版社，1982，第 43 页。在《经济学手稿（1861—1863 年）》中，马克思认识到：普雷沃写作《评李嘉图体系》一文的依据，其实是穆勒对李嘉图体系的歪曲说明。（《马克思恩格斯全集》第三十五卷，人民出版社，2013，第 110 页。）

是国民经济学这门科学中的必然公理，正象是现在社会生活中的实践真理一样。"① "因此，对李嘉图学派来说，问题仅仅在于一般规律。至于这种规律怎样实现，千百人是否因此而破产，这对规律和国民经济学家是完全无关紧要的。……一切合乎理性的原理，例如关于不同的生产部门和利益统一的原理，关于劳动和资本统一的原理，关于生产和消费统一的原理等等，在国民经济学手下，在私有财产的基础上，都成了无耻的诡辩。何等无耻的矛盾！……在现代制度中，理性的规律只有通过把现存关系的特殊性质抽象掉才能保持，或者说，规律仅仅以抽象的形式进行统治。"② 基于道德谴责，马克思认为无产阶级应消除这个不合理的现状："资本和利润、土地和地租、你的资本和我的资本等等的区别，都没有任何国民经济学的价值。因此，工人阶级为什么不应该消除这个对社会没有意义、对自己是致命的区别呢？因此，如果国民经济学的立场不应当抽象化，那么资本家、土地所有者（连工人也是一样）都必须作为自己国家的成员结合起来：问题不在于我赚尽可能多的利润，而在于这些利润归我们大家好，即他必须放弃特殊利益的立场，如果他自己不愿意这样作，别人就有权代替他去作。"③ 这里，"消除不合理的现状"和"放弃特殊利益的立场"是对《德法年鉴》时期就已提出的无产阶级革命思想的进一步发挥。

在后人从《巴黎笔记》中"抓取"出来的《1844 年经济学哲学手稿》中，马克思仍然从无产阶级立场出发，揭露李嘉图经济学的异化性和不合理性。马克思说："李嘉图在他的书（地租）中说：各国只是生产的工场；人是消费和生产的机器；人的生命就是资本；经济规律盲目地支配着世界。在李嘉图看来，人是微不足道的，而产品则是一切。"④ 马克思这里的批判逻辑是以古典经济学的立场和观点反身性地质问古典经济学。马克思指出："国民经济学虽然从劳动是生产的真正灵魂这一点出发，但是它没有给劳动提供任何东西，而是给私有财产提供了一切。"⑤ "国民经济学不知道有失业的工人，即处于这种劳动关系之外的劳动人"，"李嘉

①　《马恩列斯研究资料汇编（1980 年）》，书目文献出版社，1982，第 44 页。
②　《马恩列斯研究资料汇编（1980 年）》，书目文献出版社，1982，第 45 页。
③　《马恩列斯研究资料汇编（1980 年）》，书目文献出版社，1982，第 40 页。
④　《马克思恩格斯文集》第一卷，人民出版社，2009，第 139 页。
⑤　《马克思恩格斯文集》第一卷，人民出版社，2009，第 166 页。

图、穆勒等人比斯密和萨伊进了一大步，他们把人的存在——人这种商品的或高或低的生产率——说成是无关紧要的，甚至是有害的。在他们看来，生产的真正目的不是一笔资本养活多少工人，而是它带来多少利息，每年总共积攒多少钱"①。

1843 年和 1844 年，马克思不自觉地受到了古典经济学（特别是李嘉图经济学）的社会唯物主义的影响，比如承认经济生活具有客观的经济规律，再如在经济规律基础上通过科学抽象的方法思维地再现经济生活，又如认识到物质生产的基础性和社会关系（特别是生产关系）对人的制约性，等等。马克思恩格斯在《神圣家族，或对批判的批判所做的批判》中旗帜鲜明地反对鲍威尔的"在事物的效用方面，时间是无关紧要的"观点，提出："在直接的物质生产领域，确定某物品是否应当生产，即确定这种物品的价值，这主要取决于生产该物品所需要的劳动时间。因为社会是否有时间来实现合乎人性的发展，就取决于时间。"② 这就是对劳动价值论的充分肯定。马克思在"评李斯特手稿"中也说："因此，废除私有财产只有被理解为废除'劳动'（当然，这种废除只有通过劳动本身才有可能，就是说，只有通过社会的物质活动才有可能，而决不能把它理解为用一种范畴代替另一种范畴）的时候，才能成为现实。"③ 这里的意思更清楚了："通过社会的物质活动"废除劳动，进而废除私有财产；而且这种废除绝不是"用一种范畴代替另一种范畴"。不过，马克思对唯物主义辩证法的理论自觉，也使其在接受或考察古典经济学（特别是李嘉图经济学）时保持了应有的距离。比如，马克思认为，市民社会决定国家，而市民社会具有对抗性，所以国家也具有对抗性，它不可能是中立的，也不可能是伦理性的。再如，马克思关于前政治解放、政治解放、人的解放的历史叙事，为其后来提出"五形态"和"三形态"并以此准确定位古典经济学，作了必要准备。又如，马克思充分意识到工人是大工业本身的产物，资本主义生产在促进财富增长的同时也导致贫困增长，这是资本主义生产的非自洽性的体现，这些都有助于马克思后来对资本主义生产的内在矛盾及其必然被扬弃的历史命运的科学分析。

其二，马克思再次接触李嘉图经济学是在 1847 年，研究成果是《哲

① 《马克思恩格斯文集》第一卷，人民出版社，2009，第 171 页。
② 《马克思恩格斯文集》第一卷，人民出版社，2009，第 268、270 页。
③ 《马克思恩格斯全集》第四十二卷，人民出版社，1979，第 255 页。

学的贫困》。

　　1846 年马克思在伦敦阅读了汤普逊、勃雷等李嘉图社会主义者的著作之后，第一次意识到从劳动价值论出发科学地批判资本主义社会的理论路径。及至 1847 年，马克思在《哲学的贫困》中高度肯定李嘉图经济学的科学性，同时批评它将资产阶级生产关系超历史化的错误。马克思认为："李嘉图的学说严峻地总括了作为现代资产阶级典型的整个英国资产阶级的观点。……李嘉图已科学地阐明作为现代社会即资产阶级社会的理论"，"李嘉图的价值论是对现代经济生活的科学解释……李嘉图从一切经济关系中得出他的公设，并用来解释一切现象，甚至如地租、资本积累以及工资和利润的关系等那些骤然看来好象是和这个公式抵触的现象，从而证明他的公式的真实性；这就使他的理论成为科学的体系"。①

　　虽正确地批评李嘉图"把资产阶级的生产关系当做永恒范畴"②，但由于对李嘉图经济学的全面肯定，马克思没有认识到李嘉图经济学的诸多问题。比如级差地租论，马克思接受李嘉图级差地租论的土地肥力递减规律，他说："其次，随着人口的增加，人们就开始经营劣等地，或者在原有土地上进行新的投资，这新的投资的收益比原始投资的收益就相应地减少。"③ 马克思在《哲学的贫困》全书和《雇佣劳动与资本》《经济学手稿（1857—1858 年）》的部分段落中沿用了古典经济学的"劳动商品"④概念，没有提出"劳动力商品"⑤ 概念，这表明马克思当时的劳动价值论尚未成熟。此外，马克思也没有区分劳动二重性，不作出这种区分，马克思是不可能超越李嘉图只关注量的劳动价值论的。马克思在 1869 年 11 月

---

① 《马克思恩格斯全集》第四卷，人民出版社，1958，第 89、93 页。
② 《马克思恩格斯文集》第一卷，人民出版社，2009，第 644 页。
③ 《马克思恩格斯文集》第一卷，人民出版社，2009，第 641 页。
④ 参见《马克思恩格斯全集》第四卷，人民出版社，1958，第 95、100 页；《马克思恩格斯全集》第三十卷，人民出版社，1995，第 84、195、232 页。
⑤ 劳动力是一个人的身体即活的人体中存在的、每当他生产某种使用价值时就运用的体力和智力的总和。资本主义社会的特殊性在于劳动力成为商品。需要说明的是，工人和资本家都拥有劳动力，区别是，工人只拥有劳动力，因而不得不出卖之，而资本家却在拥有劳动力的同时，还拥有生产资料（或货币），后者是他（或她）之所以成为资本家的主要特征。（参见《马克思恩格斯全集》第三十一卷，人民出版社，1998，第 394 页；《马克思恩格斯全集》第三十三卷，人民出版社，2004，第 157 页；《马克思恩格斯文集》第五卷，人民出版社，2009，第 195 页。）

26 日致恩格斯的信中提到《哲学的贫困》时将之定性为"我还完全接受李嘉图的地租论时所写的反对蒲鲁东的著作"①。

其三，马克思第三次接触李嘉图经济学是在 19 世纪 50 年代初期，研究成果是《伦敦笔记》。

马克思在 1851 年 4 月 2 日致恩格斯的信中说："我已经干了不少，再有大约五个星期我就可以把这整个的经济学的玩意儿干完。搞完这个以后，我将在家里研究经济学，而在博物馆里搞别的科学。这开始使我感到厌烦了。实际上，这门科学从亚·斯密和大·李嘉图时代起就没有什么进展，虽然在个别的常常是极其精巧的研究方面作了不少事情。"② 马克思开始反思李嘉图经济学的矛盾和错误，并着手构建自己的科学的经济学理论，后者即马克思主义政治经济学。

一是，发现了价值余额产生于生产领域。马克思说："但要进行分配，就必须存在着待分配的东西：有了利润本身的存在，才可能有利润的不平等。因此，虽然个别的特殊利润可以由商业来说明，但商业却不能说明余额本身。如果提出关于整个工业资本家阶级的余额问题，那么，这样的说明一开始就毫无意义。因为用资本家作为阶级自己窃取自己的说法，是决不能说明这一余额的。……比如说，他出售包含着 20 个工作日的产品，换来别的产品。余额不是在这种交换中产生的，虽然只有在交换中才能实现。余额是这样产生的：工人从花费了 20 个工作日的产品中，只得到值 10 个等等工作日的产品。随着劳动生产力的增长，工资的价值按同一比例降低。"③ 价值余额在生产中创造、在交换中实现，这是对剩余价值来源的重要发现，也是对李嘉图经济学（反对者正确地认为它不能说明价值余额）的根本突破。

二是，解构了李嘉图的货币数量论。马克思引用了《政治经济学及赋

① 《马克思恩格斯文集》第十卷，人民出版社，2009，第 309 页。
② 《马克思恩格斯全集》第二十七卷，人民出版社，1972，第 246 页。古典经济学家和庸俗经济学家有四点区别。其一，古典经济学家代表新兴资产阶级利益；庸俗经济学家代表反动资产阶级利益。其二，古典经济学家要求反封建、反土地贵族，他们不反无产阶级（只是将之视作随着生产的发展而暂时地遭受苦难的阶级）；庸俗经济学家明确地要求反社会主义、反无产阶级，他们甚至将社会主义视作瘟疫。其三，古典经济学家认可劳动价值论；庸俗经济学家反对劳动价值论。其四，古典经济学家致力于探索资本主义社会的生理结构，承认矛盾、揭示规律；庸俗经济学家放弃探索资本主义社会的生理结构，借助以往经济学提供的材料，罗列现象、抹杀矛盾、掩盖剥削。
③ 《马克思恩格斯全集》第四十四卷，人民出版社，1982，第 140～141 页。

税原理》第十三章"黄金税"的相关内容①，批判道："这是非常混乱的一章。李嘉图认为，黄金的生产费用只有在黄金的数量因此而增加或减少时才能产生影响，而这种影响只有很晚才会表现出来。另一方面，按照这种说法，流通中的货币量有多少是完全无关紧要的，因为流通的是许多价值低的金属还是少量价值高的金属，这是无关紧要的。"② 马克思在货币问题上彻底贯彻了劳动价值论。马克思在 1851 年 2 月 3 日致恩格斯的信中说："即使在实行纯金属通货的情况下，金属货币的数量和它的增减，也同贵金属的流入或流出，同贸易的顺差或逆差，同汇率的有利或不利，没有任何关系。……你知道，这件事情是重要的。第一，这样一来，从根本上推翻了整个的流通理论。第二，这证明，信用制度固然是危机的条件之一，但是危机的过程所以和通货有关，那只是因为国家政权疯狂地干预通货的调节，会使当前的危机进一步加剧，就像 1847 年那样。"③

三是，肯定了平均数的本质性。马克思充分肯定"平均数"作为古典经济学客观地反映资本主义生产的科学贡献。马克思说："这个比例作为平均数来说是正确的。"④ "李嘉图把他认为是偶然的东西抽象掉了。然而叙述实际过程，则是另一回事，因为在这个过程中，不论是他称为偶然的运动但却是稳定的和现实的东西，还是它的规律，即平均关系，两者同样都是本质的东西。"⑤ "平均关系"通过偶然却稳定和现实的运动，由潜存发展为现实。所以，"两者同样都是本质的东西"。这里尤为值得一提的是，马克思初步意识到李嘉图将"平均数"平面化地应用于解释资本主义生产的不足之处："'自然价格'是在与市场价格的关系中为自己开辟道路的，但这种斗争与李嘉图的简单的平均化毫无共同之处。"⑥ 马克思在《资本论》第三卷中对此说得更清晰了："总的说来，在整个资本主义生产中，一般规律作为一种占统治地位的趋势，始终只是以一种极其错综复杂和近似的方式，作为从不断波动中得出的、但永远不能确定的平均数来

---

① 《政治经济学及赋税原理》，见《大卫·李嘉图全集》第 1 卷，第 159～166 页。李嘉图说："货币的需求完全由货币的价值规定而货币的价值又由货币的数量规定。"（第 160 页）
② 《马克思恩格斯全集》第四十四卷，人民出版社，1982，第 81～82 页。
③ 《马克思恩格斯文集》第十卷，人民出版社，2009，第 69～70 页。
④ 《马克思恩格斯全集》第四十四卷，人民出版社，1982，第 93 页。
⑤ 《马克思恩格斯全集》第四十四卷，人民出版社，1982，第 108 页。
⑥ 《马克思恩格斯全集》第四十四卷，人民出版社，1982，第 112 页。

发生作用。"①

四是接近于区分价值与生产价格。李嘉图在《政治经济学及赋税原理》第一章第四节中认为："在这两种情形下，一种商品价值较高是由于被送上市场之前所须经过的时间较长。在前一情形下，投在机器设备和毛呢上的劳动量虽然只是谷物的两倍，但价值却不只是两倍。在后一情形下，一种商品生产所用的劳动虽然并不比另一种多，但价值却更大。在这两种情形下，价值的差额都是由于有利润积累成为资本而造成的，这一差额只不过是对占有利润的时间的一种公正补偿。"②"对占有利润的时间的一种公正补偿"实际上是从流通中解释价值差额，这是对劳动价值论的背离。马克思将之视作"有名无实的现象"③。而马克思对此问题的解释是区分"实际价值"和"市场价格"。马克思说："决定所生产的商品量的不是它们的生产费用，即它们的实际价值，而是它们的市场价格。（实际价格是商品能据以生产的价格，市场价格是商品能据以出售的价格。）"④马克思在写作时还特别强调"能据以生产"中的"能"，以及"能据以出售"中的"能"和"出售"。立足于"人体"（马克思主义政治经济学）反观"猴体"（马克思这里的经济学探讨），应当承认，马克思这里已经接近于区分价值与生产价格了。生产价格的首次提出是在《经济学手稿（1861—1863年）》中："由平均利润决定的价格，也就是由预付资本的价格＋平均利润决定的价格，可以叫做生产费用［Produktionskosten］，因为这一利润是再生产的条件，是调节供给和资本在不同部门之间进行分配的条件。这种价格是生产价格［Produktionspreise］。"⑤对劳动力商品之特殊性的认识，以及对价值和生产价格的区分，是马克思批判和超越李嘉图经济学的两个基本环节。

李嘉图经济学在社会唯物主义的隐性支配下以因果式的、非辩证的线性逻辑分析经济问题，对资本主义生产采取超历史的态度，将之描述为一个经济决定论的自洽结构。马克思主义政治经济学在历史唯物主义的自觉指导下，将资本主义生产如实地描述为历史进步性和暂时必然性相统一的

① 《马克思恩格斯文集》第七卷，人民出版社，2009，第181页。
② 《政治经济学及赋税原理》，见《大卫·李嘉图全集》第1卷，第28页。
③ 《马克思恩格斯全集》第四十四卷，人民出版社，1982，第93页。
④ 《马克思恩格斯全集》第四十四卷，人民出版社，1982，第114页。
⑤ 《马克思恩格斯全集》第三十五卷，人民出版社，2013，第374页。

非自洽结构。

马克思在对李嘉图经济学的批判和超越中构建并完善了马克思主义政治经济学。一是，马克思在《经济学手稿（1857—1858年）》的"货币章"中提出科学的价值规律，论证了商品转化为货币的必然性。二是，马克思在"资本章"中提出劳动力商品的特殊性，论证了资本主义剥削的秘密，而且，马克思通过区分不变资本和可变资本、固定资本和流动资本，将资本积累的本质界定为剩余价值的资本化，提出资本有机构成概念，确立了科学的再生产理论，初步探讨绝对剩余价值的生产和相对剩余价值的生产。三是，马克思在《经济学手稿（1861—1863年）》中提出价值尺度在于社会必要劳动时间，进而完善剩余价值理论，论述了绝对地租理论和级差地租理论。四是，马克思在《资本论》中通过从抽象到具体的方法思维地再现了资本主义经济总体，在对商品拜物教、货币拜物教、资本拜物教的科学描述中生发出源于资本主义社会之内在矛盾的现实批判力。马克思在1869年2月11日致库格曼的信中提到："一个德国大学的政治经济学讲师写信给我说，我的书完全使他信服，但是……但是他的地位要求他'也和其他同事一样'不说出自己的信服。"①

《资本论》葆有辩证法的天才和逻辑的美感，它标志着马克思哲学革命（历史唯物主义）和经济学革命（马克思主义政治经济学）的最终完成。由是，马克思实现了他的理论目标，即"在理论方面给资产阶级一个使它永远翻不了身的打击"②。

---

① 《马克思恩格斯全集》第三十二卷，人民出版社，1974，第577页。
② 《马克思恩格斯全集》第三十一卷，人民出版社，1972，第425页。引文出自马克思1864年10月16日致克林格斯的信。在这封信中，马克思明确提到："整个这一年我都在闹病（受到痈和疖子的折磨）。要不是这样，我的政治经济学著作《资本论》就已经出版了。"这里，马克思将《资本论》界定为政治经济学著作。这与《资本论》的副标题"政治经济学批判"并不矛盾。因为在马克思那里，科学性和批判性是不可分离的；无科学性的批判是抽象的，无批判性的科学是实证的，两者都无法真正阐明无产阶级贫困状况的根源以及无产阶级革命的现实道路。

# 结　论

在现代学科分工体制下进行经济学与哲学的跨学科探讨易被指责为"外行"，即，在经济学领域搞哲学搞得最好的，在哲学领域研究经济学研究得最棒的。然而，这种探讨终究是必要的，甚至是迫切的；它是利益碎片化日益加剧的社会现实倒逼出来的一种学术责任。从哲学反思经济学，表明经济学作为一门学科得以成立的现实基础在于资本逻辑，经济学作为一门学科得以发展的内在动力（人的欲望的无限性与满足欲望的资源的有限性之间的基本矛盾）在于资本对自然界和人类社会的理性化宰制。从经济学反思哲学，表明哲学作为一门学科唯有切中经济生活的具体内容才能获得自身的源头活水，哲学作为一门学科唯有深入经济生活的内在结构和运行机制中才能发挥现实批判的功能。本书对李嘉图经济学的哲学解读，既有助于全面把握西方近代唯物主义诸形态的共性和个性，以及英、法、德三国诸思想作为资产阶级意识形态的共性和个性，也有助于深刻领会马克思思想发展之复杂性，以及历史唯物主义和马克思主义政治经济学的革命性意义。

经济学与哲学之跨学科探讨的最为重大的现实意义在于推进中国特色经济学的当代建构。中国特色经济学之"源"在于社会主义现代化的历史课题，中国特色经济学之"流"在于历史唯物主义和马克思主义政治经济学的当代发展。一方面，马克思恩格斯对于社会主义现代化着墨不多。这与当时的资本主义历史发展尚未提供可作如此探讨的客观环境有关。随着列宁领导的十月革命的胜利以及随之而来的苏维埃建设，社会主义现代化的历史课题被提了出来。当代中国仍然面临这个历史课题。因为我们既处于马克思所说的共产主义第一阶段，也处于邓小平所说的社会主义初级阶段。另一方面，历史唯物主义和马克思主义政治经济学面临着从革命性话语（面向资本主义的革命性话语）向建设性话语（面向社会主义的建设性话语）转变的理论重任。社会主义现代化的人文社科研究者，尤应承担这个理论重任。社会主义现代化的总体反思和规范分析，不仅有助于推动与资本全球化相抗衡的劳动全球化，而且更能示范一种具有世界历史意义的崭新文明类型，即不同于"资本主义"的新的"活法"和新的"想法"。

当代中国的社会主义现代化日益呈现为市民社会和国家的二分结构。与资本主义社会不同，当代中国的"国家"并非屈从于资本增殖的统治工具，相反，它是由先进无产阶级政党领导的社会主义国家，能够正确且充分地发挥对市民社会的宏观调控职能。马克思以"利用资本本身来消灭资本"来概括社会主义国家的宏观调控职能："资本不可遏止地追求的普遍性，在资本本身的性质上遇到了限制，这些限制在资本发展到一定阶段时，会使人们认识到资本本身就是这种趋势的最大限制，因而驱使人们利用资本本身来消灭资本。"① 所谓"利用资本本身来消灭资本"，即既要在源头上抑制资本的自发肆虐，也要在过程中阻止资本在资本市场内部、劳动市场内部的错误流向，更要在结果上清除资本的不良泡沫，引导资本为民生服务，使资本"取"于民、"用"于民。此外，当代中国的"国家"作为中国优秀传统文化的批判继承者，其内蕴的家庭伦理（相互尊重、相互扶持、相互宽容、共担责任）、公共美德（天下关怀、家国情怀、忠恕之道、"不忍人之心"、"善与人同，舍己从人，乐取于人以为善"、"民吾同胞，物吾与也"、"民无信不立"）、文化生命（与天地万物为一体的生命境界和堂堂正正做人的文化精神）等，都是规范和引导市民社会、限制资本殖民的重要文化资源。

由是，中国特色经济学的研究对象包括两方面内容：一是当代中国市民社会的特殊运动规律②，二是社会主义国家规范和引导市民社会的限度和方向。在对中国特色经济学的探讨中，庞巴维克对马克思的一个批评应作为有益的因素纳入进来。庞巴维克的批评是："在交换过程中，使用价值的特殊形式，不论是衣的使用，食的使用，或者屋的使用，当然是不相干的，可是商品的一般使用价值绝对不是不相干的。一件东西，如果没有

① 《马克思恩格斯全集》第三十卷，人民出版社，1995，第390~391页。
② 马克思在《资本论》第一卷第一版序言中指出："我要在本书研究的，是资本主义生产方式以及和它相适应的生产关系和交换关系。"（《马克思恩格斯文集》第五卷，人民出版社，2009，第8页。）与《资本论》的研究对象类似，中国特色经济学的研究对象（之一）是社会主义生产方式以及和它相适应的生产关系和交换关系。

使用价值，它便没有交换价值，这一点，马克思是知道的，而且也是不得不屡次承认的。"① 庞巴维克的意思是：马克思在分析商品交换的共同原素时舍弃了使用价值，但是，使用价值实际上包括"特殊使用价值"和"一般使用价值"两个方面，"特殊使用价值"是人对物的某种需要，"一般使用价值"是人对物的需要本身。马克思舍弃"特殊使用价值"是可取的，但他不应同时舍弃"一般使用价值"，因为后者和劳动一样构成了商品的价值实体。这里，庞巴维克对"一般使用价值"的重视是极有眼光的。不过他将之归诸价值实体是错误的。"一般使用价值"实际上是使用价值实体。在我看来，"一般使用价值"（使用价值实体）呈现为以有尊严的工作为低阶需要、以体面生活为中阶需要、以自由发展为高阶需要的需要序列，它是社会主义现代化中私人劳动与社会劳动的真正交汇点。"一般使用价值"（使用价值实体）不仅规范和引导"特殊使用价值"的生产、分配、交换、消费，而且也规范和引导价值生产的方式和方向、价值增殖的范围和程度。中国特色经济学的研究方法，是立足于"一般使用价值"、"特殊使用价值"、价值三者之内在矛盾的前进回溯式运动。在前进回溯式运动中，社会主义国家的规范性和引导性被把握为市民社会的内在构成要素，市民社会的特殊运动规律呈现为劳动效率、劳动自由对资本效率、资本自由的引领性，以及劳动人权、劳动正义对资本霸权、资本泡沫的限定性。反思是初步的，需要的是进一步的探索。

恩格斯说："一个民族要想站在科学的最高峰，就一刻也不能没有理论思维。"② 经济学与哲学之跨学科探讨是理论思维中最美的花朵，中国特色经济学将是花中之牡丹。

---

① 〔奥〕庞巴维克：《资本与利息》，何崑曾、高德超译，商务印书馆，1959，第313页。
② 《马克思恩格斯文集》第九卷，人民出版社，2009，第437页。

# 参考文献

## 一 马克思恩格斯列宁著作

《马克思恩格斯全集》第三十卷，人民出版社，1995。

《马克思恩格斯全集》第三十一卷，人民出版社，1998。

《马克思恩格斯全集》第三十二卷，人民出版社，1998。

《马克思恩格斯全集》第三十三卷，人民出版社，2004。

《马克思恩格斯全集》第三十四卷，人民出版社，2008。

《马克思恩格斯全集》第三十五卷，人民出版社，2013。

《马克思恩格斯全集》第三十六卷，人民出版社，2015。

《马克思恩格斯文集》第一卷，人民出版社，2009。

《马克思恩格斯文集》第二卷，人民出版社，2009。

《马克思恩格斯文集》第三卷，人民出版社，2009。

《马克思恩格斯文集》第四卷，人民出版社，2009。

《马克思恩格斯文集》第五卷，人民出版社，2009。

《马克思恩格斯文集》第六卷，人民出版社，2009。

《马克思恩格斯文集》第七卷，人民出版社，2009。

《马克思恩格斯文集》第九卷，人民出版社，2009。

《马克思恩格斯文集》第十卷，人民出版社，2009。

《马克思恩格斯全集》第三卷，人民出版社，1960。

《马克思恩格斯全集》第四卷，人民出版社，1958。

《马克思恩格斯全集》第十九卷，人民出版社，1963。

《马克思恩格斯全集》第二十六卷第一册，人民出版社，1972。

《马克思恩格斯全集》第二十七卷，人民出版社，1972。

《马克思恩格斯全集》第二十九卷，人民出版社，1972。

《马克思恩格斯全集》第三十一卷下册，人民出版社，1972。

《马克思恩格斯全集》第三十二卷，人民出版社，1974。

《马克思恩格斯全集》第三十七卷，人民出版社，1971。

《马克思恩格斯全集》第四十二卷，人民出版社，1979。

《马克思恩格斯全集》第四十四卷，人民出版社，1982。

《马克思恩格斯全集》第四十九卷，人民出版社，1982。

《列宁选集》第二卷，人民出版社，2012。

《列宁全集》第二卷，人民出版社，2013。

《列宁全集》第五卷，人民出版社，2013。

《列宁全集》第五十五卷，人民出版社，2017。

《马克思恩格斯研究》1992 年第 10 期。

《马列主义研究参考资料》1984 年第 15 期。

北京图书馆马列著作研究室编《马恩列斯研究资料汇编（1980 年）》，书目文献出版社，1982。

## 二 李嘉图著作

David Ricardo, "On the Principles of Political Economy and Taxation", in *Works of David Ricardo*, Vol. 1, ed. by Pierro Sraffa with the collaboration of M. H. Dobb, Cambridge: Cambridge University Press, 1951.

David Ricardo, *The Principles of Political Economy and Taxation*, an introduction by F. W. Kolthammer, Mineola, New York: Dover Publications, 2004.

〔英〕彼罗·斯拉法主编，M. H. 多布助编《大卫·李嘉图全集》第 1 卷《政治经济学及赋税原理》，郭大力、王亚南译，商务印书馆，2013。

〔英〕彼罗·斯拉法主编，M. H. 多布助编《大卫·李嘉图全集》第 2 卷《马尔萨斯〈政治经济学原理〉评注》，蔡受百译，商务印书馆，2013。

〔英〕彼罗·斯拉法主编，M. H. 多布助编《大卫·李嘉图全集》第 3 卷《论文集（1809 年—1811 年）》，寿勉成译，商务印书馆，2013。

〔英〕彼罗·斯拉法主编，M. H. 多布助编《大卫·李嘉图全集》第 4 卷《论文集（1815 年—1823 年）》，蔡受百译，商务印书馆，2013。

〔英〕彼罗·斯拉法主编，M. H. 多布助编《大卫·李嘉图全集》第 5 卷《讲演集》，蔡受百译，商务印书馆，2013。

〔英〕彼罗·斯拉法主编，M. H. 多布助编《大卫·李嘉图全集》第 6 卷《通信集（1810 年—1815 年）》，胡世凯译，商务印书馆，2013。

〔英〕彼罗·斯拉法主编，M. H. 多布助编《大卫·李嘉图全集》第

7 卷《通信集（1816 年—1818 年）》，于树生译，商务印书馆，2013。

〔英〕彼罗·斯拉法主编，M. H. 多布助编《大卫·李嘉图全集》第 8 卷《通信集（1819 年—1821 年 6 月）》，寿进文译，胡世凯校，商务印书馆，2013。

〔英〕彼罗·斯拉法主编，M. H. 多布助编《大卫·李嘉图全集》第 9 卷《通信集（1821 年 7 月—1823 年）》，胡世凯译，商务印书馆，2013。

〔英〕彼罗·斯拉法主编，M. H. 多布助编《大卫·李嘉图全集》第 10 卷《杂著》，陈福生、林纪熹译，高卓校，商务印书馆，2013。

## 三　其他著作及论文

Adam Smith, *An Inquiry into the Nature and Causes of the Wealth of Nations*, Oxford: Oxford University Press, 1976.

Adam Smith, *The Theory of Moral Sentiments*, an introduction by Amartya Sen, London, New York: Penguin Classics, 2010.

G. W. F. Hegel, *Elements of the Philosphy of Right*, edited by Allen W. Wood, translated by H. B. Nisbet, Cambridge: Cambridge University Press, 1991.

G. W. F. Hegel, *Hegel and the Human Spirit*, trans. by Leo Rauch, Detroit: Wayne State University Press, 1983.

Karl Marx, *Capital*: *Volume* Ⅲ, trans. by David Fernbach, an introduction by Ernest Mandel, London, New York: Penguin Classics, 1981。

Edwin Cannan, *A History of the Theories of Production and Distribution in English Political Economy from 1776 to 1848*, London: King, 1917.

Paul Sameulson, "*The ' Transformation' from Marxian ' Value' to Competitive ' Prices': A Process of Rejection and Replacement*", in *Proceedings of the National Academy of Sciences of the United States of America*, Vol. 67, No. 1, September 1970.

Paul Sameulson, "*Understanding the Marxian Notion of Exploitation: A Summary of the So – Called Transformation Problem Between Marxian Values and Competitive Prices*", in *Journal of Economic Literature*, Vol. 9, No. 2, June 1971.

R. L. Smyth ed. , *Essays in Economic Method*, London: Gerald Duckworth & Co. Ltd, 1962.

北京大学哲学系外国哲学史教研室编译《西方哲学原著选读》上卷，商务印书馆，1981。

北京大学哲学系外国哲学史教研室编译《西方哲学原著选读》下卷，商务印书馆，1982。

苗力田主编《亚里士多德全集》第七卷，中国人民大学出版社，2016。

〔英〕莫尔：《乌托邦》，戴镏龄译，商务印书馆，1982。

〔英〕培根：《新工具》，许宝骙译，商务印书馆，1984。

〔英〕霍布斯：《论物体》，段德智译，商务印书馆，2019。

〔英〕霍布斯：《利维坦》，黎思复、黎廷弼译，商务印书馆，1985。

《配第经济著作选集》，陈冬野、马清槐、周锦如译，商务印书馆，1981。

〔英〕洛克：《人类理解论》上册，关文运译，商务印书馆，1959。

〔英〕洛克：《人类理解论》下册，关文运译，商务印书馆，1959。

〔英〕休谟：《人性论》上册，关文运译，郑之骧校，商务印书馆，1980。

〔英〕休谟：《人类理智研究》，吕大吉译，商务印书馆，1999。

《休谟经济论文选》，陈玮译，商务印书馆，1984。

〔英〕斯密：《国民财富的性质和原因的研究》上卷，郭大力、王亚南译，商务印书馆，1972。

〔英〕斯密：《国民财富的性质和原因的研究》下卷，郭大力、王亚南译，商务印书馆，1974。

〔英〕斯密：《道德情操论》，蒋自强等译，胡企林校，商务印书馆，1997。

〔英〕坎南编《亚当·斯密关于法律、警察、岁入及军备的演讲》，陈福生、陈振骅译，商务印书馆，1962。

〔英〕莫斯纳、罗斯编《亚当·斯密通信集》，林国夫等译，吴良健校，商务印书馆，2012。

〔英〕边沁：《道德与立法原理导论》，时殷弘译，商务印书馆，2000。

〔英〕马尔萨斯：《政治经济学定义》，何新译，商务印书馆，1960。

〔英〕马尔萨斯：《政治经济学原理》，厦门大学经济系翻译组译，商务印书馆，1962。

〔英〕马尔萨斯：《人口论》，郭大力译，商务印书馆，1959。

《欧文选集》第一卷，柯象峰、何光来、秦果显译，商务印书馆，1979。

《欧文选集》第二卷，柯象峰、何光来、秦果显译，黄鸿森、沈桂高校，商务印书馆，1981。

《欧文选集》第三卷，马清槐、吴忆萱、黄惟新译，商务印书馆，1984。

〔英〕汤普逊：《最能促进人类幸福的财富分配原理的研究》，何慕李译，商务印书馆，1986。

〔英〕麦克库洛赫：《政治经济学原理》，郭家麟译，商务印书馆，1975。

〔英〕巴顿：《论影响社会上劳动阶级状况的环境》，薛蕃康译，商务印书馆，1990。

〔英〕西尼尔：《政治经济学大纲》，蔡受百译，商务印书馆，1986。

〔英〕勃雷：《对劳动的迫害及其救治方案》，袁贤能译，商务印书馆，1959。

〔英〕马歇尔：《经济学原理》上卷，朱志泰译，商务印书馆，1964。

〔英〕马歇尔：《经济学原理》下卷，陈良璧译，商务印书馆，1965。

〔英〕罗素：《西方哲学史》下卷，马元德译，商务印书馆，1976。

〔英〕罗尔：《经济思想史》，陆元诚译，商务印书馆，1981。

〔英〕庇古：《论失业问题》，包玉香译，商务印书馆，2018。

〔英〕凯恩斯：《就业、利息和货币通论》（重译本），高鸿业译，商务印书馆，1999。

〔英〕罗宾逊：《经济哲学》，安佳译，商务印书馆，2019。

〔英〕琼·罗宾逊、约翰·伊特韦尔：《现代经济学导论》，陈彪如译，商务印书馆，2020。

〔英〕米克：《劳动价值学说的研究》，陈彪如译，商务印书馆，1963。

〔英〕斯拉法：《用商品生产商品——经济理论批判绪论》，巫宝三译，商务印书馆，1979。

〔英〕斯蒂德曼：《按照斯拉法思想研究马克思》，吴剑敏、史晋川译，商务印书馆，1991。

〔英〕斯蒂德曼等：《价值问题的论战》，陈东威译，商务印书馆，2020。

〔法〕笛卡尔：《谈谈方法》，王太庆译，商务印书馆，2000。

〔法〕笛卡尔：《第一哲学沉思集》，庞景仁译，商务印书馆，1986。

《布阿吉尔贝尔选集》，伍纯武、梁守锵译，商务印书馆，1984。

〔法〕杜阁：《关于财富的形成和分配的考察》，南开大学经济系经济学说史教研组译，商务印书馆，1961。

〔法〕孟德斯鸠：《罗马盛衰原因论》，许明龙译，商务印书馆，2016。

〔法〕孟德斯鸠：《论法的精神》上卷，许明龙译，商务印书馆，2012。

〔法〕拉·梅特里：《人是机器》，顾寿观译，王太庆校，商务印书馆，

1959。

〔法〕萨伊:《政治经济学概论》,陈福生、陈振骅译,商务印书馆,
1963。

〔法〕巴师夏:《和谐经济论》,王家宝等译,中国社会科学出版
社,1995。

〔法〕蒲鲁东:《什么是所有权》,孙署冰译,商务印书馆,1963。

〔法〕蒲鲁东:《贫困的哲学》上卷,余叔通、王雪华译,商务印书
馆,2010。

〔法〕丹纳:《艺术哲学》,傅雷译,傅敏编,广西师范大学出版
社,2000。

〔法〕科尔纽:《马克思恩格斯传》第二卷1844~1845,王以铸、刘
丕坤、杨静远译,生活·读书·新知三联书店,1965。

〔德〕莱布尼茨:《人类理智新论》上册,陈修斋译,商务印书馆,1982。

〔德〕莱布尼茨:《新系统及其说明》,陈修斋译,商务印书馆,1999。

〔德〕莱布尼茨:《神正论》,段德智译,商务印书馆,2016。

〔德〕黑格尔:《小逻辑》,贺麟译,商务印书馆,1980。

〔德〕黑格尔:《逻辑学》上卷,杨一之译,商务印书馆,1966。

〔德〕黑格尔:《逻辑学》下卷,杨一之译,商务印书馆,1976。

〔德〕黑格尔:《精神现象学》上卷,贺麟、王玖兴译,商务印书
馆,1979。

〔德〕黑格尔:《法哲学原理》,范扬、张企泰译,商务印书馆,1961。

〔德〕黑格尔:《哲学史讲演录》第四卷,贺麟、王太庆译,商务印
书馆,1978。

〔德〕李斯特:《政治经济学的自然体系》,杨春学译,王进邦校,商
务印书馆,1997。

〔德〕李斯特:《政治经济学的国民体系》,陈万煦译,蔡受百校,商
务印书馆,1961。

〔德〕费尔巴哈:《费尔巴哈哲学著作选集》上卷,荣震华、李金山
等译,商务印书馆,1984。

〔德〕费尔巴哈:《费尔巴哈哲学著作选集》下卷,荣震华、王太庆、
刘磊译,商务印书馆,1984。

〔德〕罗雪尔:《历史方法的国民经济学讲义大纲》,朱绍文译,商务

印书馆，1981。

　　〔德〕胡塞尔：《欧洲科学危机和超验现象学》，张庆熊译，上海译文出版社，1988。

　　〔德〕加达默尔：《哲学解释学》，夏镇平、宋建平译，上海译文出版社，2004。

　　〔美〕富兰克林：《富兰克林经济论文选集》，刘学黎译，商务印书馆，1989。

　　〔美〕约瑟夫·熊彼特：《资本主义、社会主义与民主》，吴良健译，商务印书馆，1999。

　　〔美〕熊彼特：《经济分析史》第二卷，杨敬年译，朱泱校，商务印书馆，1992。

　　〔美〕张伯仑：《垄断竞争理论》，郭家麟译，生活·读书·新知三联书店，1958。

　　〔荷兰〕斯宾诺莎：《伦理学》，贺麟译，商务印书馆，1983。

　　〔荷兰〕斯宾诺莎：《笛卡尔哲学原理》，王荫庭、洪汉鼎译，商务印书馆，1980。

　　洪汉鼎主编《斯宾诺莎全集》第1卷，龚重林等译，中国人民大学出版社，2021。

　　《斯宾诺莎书信集》，洪汉鼎译，商务印书馆，1993。

　　〔荷〕曼德维尔：《蜜蜂的寓言——私人的恶德，公众的利益》，肖聿译，中国社会科学出版社，2002。

　　〔俄〕普列汉诺夫：《论个人在历史上的作用问题》，王荫庭译，商务印书馆，2010。

　　〔苏〕卢森贝：《政治经济学史》第一卷，李侠公译，张贤务校，生活·读书·新知三联书店，1959。

　　〔苏〕卢森贝：《政治经济学史》第三卷，郭从周、北京编译社译，生活·读书·新知三联书店，1960。

　　〔奥〕庞巴维克：《资本实证论》，陈端译，商务印书馆，1964。

　　〔奥〕庞巴维克：《资本与利息》，何崑曾、高德超译，商务印书馆，1959。

　　〔瑞士〕西斯蒙第：《政治经济学新原理》，何钦译，商务印书馆，1964。

　　〔瑞士〕西斯蒙第：《政治经济学研究》第一卷，胡尧步、李直、李玉民译，胡尧步校，商务印书馆，1989。

陈岱孙：《从古典经济学派到马克思——若干主要学说发展论略》，上海人民出版社，1981。

陈其人：《大卫·李嘉图》，商务印书馆，1985。

吴易风：《英国古典经济理论》，商务印书馆，1988。

晏志杰：《古典经济学》，北京大学出版社，1998。

邓晓芒：《思辨的张力：黑格尔辩证法新探》，商务印书馆，2016。

张一兵：《回到马克思——经济学语境中的哲学话语》，江苏人民出版社，2009。

唐正东：《从斯密到马克思》，江苏人民出版社，2009。

鲁品越：《当代理论经济学三大源流的哲学基因剖析》，《西南大学学报》（社会科学版）2015年第6期。

孟捷：《经济人假设与马克思主义经济学》，《中国社会科学》2007年第1期。

余斌：《从斯蒂德曼的非难看劳动价值理论及价值转形问题的计算》，《教学与研究》2007年第3期。

## 四　工具书

〔英〕布宁、余纪元编著《西方哲学英汉对照辞典》，人民出版社，2001。

伊特韦尔、米尔盖特、纽曼编《新帕尔格雷夫经济学大辞典》（第四卷：Q—Z），经济科学出版社，1996。

# 附录 李嘉图生平与重要事件年表

| 大卫·李嘉图及家庭 | 年份 | 重要事件 |
| --- | --- | --- |
|  | 1748 年 | 2 月 15 日，边沁出生（1832 年 6 月 6 日逝世） |
|  | 1766 年 | 2 月 13 日，托马斯·马尔萨斯出生（1834 年 12 月 29 日逝世） |
|  | 1767 年 | 1 月 5 日，让·巴蒂斯特·萨伊出生（1832 年 11 月 15 日逝世）。斯密《道德情操论》三版（前两版分别出版于 1759 年、1761 年） |
| 4 月 30 日，亚伯拉罕·伊斯雷尔·李嘉图（Abrahan Israel Ricardo）与艾比盖尔·德尔瓦利（Abigail Delvalle）结婚。两人均属犹太家族，信仰犹太教。亚伯拉罕·伊斯雷尔·李嘉图原籍荷兰，早年移居英国，1771 年入英国国籍，他经营证券交易所，在金融界颇负盛名。女方比男方小二十来岁 | 1769 年 |  |
|  | 1770 年 | 8 月 27 日，弗里德里希·黑格尔出生（1831 年 11 月 14 日逝世） |

续表

| 大卫·李嘉图及家庭 | 年份 | 重要事件 |
|---|---|---|
|  | 1771年 | 5月14日，罗伯特·欧文出生（1858年11月17日逝世） |
| 4月18日，大卫·李嘉图生于伦敦。大卫·李嘉图父母所生子女不下17个，长大成人的有15个，包括9个儿子、6个女儿。大卫·李嘉图排行第三 | 1772年 |  |
|  | 1773年 | 4月6日，詹姆斯·穆勒出生（1836年6月23日逝世）。5月19日，西蒙·德·西斯蒙第出生（1842年6月25日逝世） |
|  | 1774年 | 斯密《道德情操论》四版 |
|  | 1775年 | 威廉·汤普逊出生（1833年逝世） |
| 11月13日，摩西·李嘉图出生（1866年3月7日逝世）。摩西在大卫逝世后写了大卫·李嘉图回忆录 | 1776年 | 第一批新型蒸汽机制造成功并投入生产。斯密《国民财富的性质和原因的研究》首版。8月25日，休谟逝世（1711年4月26日出生） |
|  | 1779年 | 斯密《国民财富的性质和原因的研究》二版 |
|  | 1781年 | 斯密《道德情操论》五版 |
| 大卫幼时在伦敦求学，不满父亲偏执独裁。被父亲送回荷兰，进入阿姆斯特丹的一所富有名气的犹太学校学习。该校创办于1616年。该校似与斯密诺有过一些关系。由于家境富裕，大卫可以选择任何老师给自己单独授课。大卫爱好抽象推理，具备较强的独立思考能力，当时已对犹太教又产生诸多怀疑 | 1783年 |  |

续表

| 大卫·李嘉图及家庭 | 年份 | 重要事件 |
|---|---|---|
|  | 1784 年 | 斯密《国民财富的性质和原因的研究》三版 |
|  | 1786 年 | 斯密《国民财富的性质和原因的研究》四版 |
| 返回伦敦，进入父亲经营的证券交易所，从事证券业务 | 1787 年 | 萨伊首次读到《国民财富的性质和原因的研究》 |
|  | 1789 年 | 3 月 1 日，约翰·麦克库洛赫出生（1864 年 11 月 11 日逝世）。约翰·巴顿出生（1852 年 3 月 10 日逝世）。7 月 14 日，法国大革命爆发。斯密《国民财富的性质和原因的研究》五版。边沁《道德与立法原理导论》首版。8 月 6 日，李斯特出生（1846 年 11 月 30 日，李斯特开枪自杀） |
|  | 1790 年 | 斯密《道德情操论》六版。7 月 17 日，斯密逝世（1723 年 6 月 5 日出生）。纳索·西尼尔出生（1864 年逝世） |
| 与当地名医爱德华·威尔金森的女儿普里西拉·安恋爱，女孩信奉基督教。安于 1768 年 11 月 6 日出生，1849 年 10 月 16 日逝世。大卫父母反对婚事。父亲在母亲要求下剥夺大卫在自己生意中的股份。大卫脱离家庭 | 1792 年 |  |

续表

| 大卫·李嘉图及家庭 | 年份 | 重要事件 |
|---|---|---|
| 12月20日，与普里西拉·安结婚（坚持宗教信仰自由和理性共和主义的基督教左派） | 1793年 | 12月15日，亨利·凯里出生 |
| 利用父亲关系和自己在金融界的人脉，独立从事股票经纪人的活动 | 1794年 | |
| 短短几年成为大富翁。大卫每年的收入大大约是28000镑。 | 1797年 | 由于对拿破仑的战争，英国出于应付预算的需要，不得不大量增发银行券。而这造成了兑现困难。该年，英国政府颁布《银行限制法》，停止银行券兑现 |
| 由于对业务较少担心，大卫醉心于科学研究，特别是数学、化学、矿物学、地质学，还开设实验室，采集矿物标本 | 1798年 | 马尔萨斯《人口论》首版 |
| 陪其妻前往桑梅色郡的巴斯温泉胜地养病，在旅途中偶读斯密的《国民财富的性质和原因的研究》，很感兴趣 | 1799年 | 年底，英镑在汉堡汇率下跌、金价持续上涨、物价也上涨。时代的特定环境把李嘉图引导到他最适合干的工作上来 |
| | 1800年 | |
| 10月，母亲去世 | 1801年 | 6月29日，弗雷德里克·巴师夏出生 |
| 大卫与父亲关系初步和解 | 1802年 | 萨伊《政治经济学概论》首版 |
| | 1803年 | 马尔萨斯《人口论》二版。 |
| | 1804年 | 7月28日，路德维希·费尔巴哈出生（1872年9月13日逝世）。12月2日，拿破仑加冕称帝，将共和国变为帝国 |

续表

| 大卫·李嘉图及家庭 | 年份 | 重要事件 |
|---|---|---|
| 加入辉格党名流创办的伦敦推广文学和普及实用知识学会 | 1805 年 | 英国朝野就银行券兑现问题和对外贸易问题展开争论。李嘉图经常订阅詹姆斯·穆勒主编的《爱丁堡评论报》 |
| | 1806 年 | 马尔萨斯《人口论》三版 |
| 父亲在遗嘱附录中将大卫列为遗嘱执行人之一 | 1807 年 | 马尔萨斯《人口论》四版 |
| 李嘉图认可穆勒的观点,两人成莫逆之交。李嘉图加入1807年成立的伦敦地质学会 | 1808 年 | 穆勒出版《商业保护论》一书,主张自由贸易。穆勒在《爱丁堡评论报》上发表评论,讨论银行券发行膨胀和金价上涨问题。李嘉图不同意该文观点,写作《关于黄金价格》 |
| 8月29日,在《晨报》上匿名发表《关于黄金价格的》一文,这是李嘉图的第一篇经济学论文(该报大多数文章是署名的)。该文发表后遭遇批评,李嘉图在该刊发表答辩论文两篇。这三篇文章并没有引起太多注意 | 1809 年 | 英国在先前几年相对平静后于1809年夏天发生黄金的纸币价格剧增,英镑在国外价值下跌的现象,促成大卫的经济学写作。约翰·勒雷出生(1895 年逝世) |
| 写作《黄金的高价是银行纸币贬值的明证》,该文引起重大关注,推动当时的金价争论走向高潮。该文于1810年1月初出版,及至1811年4月已发行四版。李嘉图成为通货学派的代表 | 1810 年 | 1808~1811年被称作英国"金价论战"时期。通货学派主张银行券发行以全部金属准备为保证而以无限兑现为条件。银行学派主张银行券发行以部分金属准备为保证而以限制放款为补充 |
| | 1813 年 | 萨伊《政治经济学概论》二版 |
| 1811年到1814年,随着金价论战的沉寂,李嘉图没有发表任何东西。但他对政治经济学的兴趣并未减退。李嘉图和马尔萨斯经常私下讨论,比如货币问题、利润率问题 | 1814 年 | 英国议会酝酿修订谷物法。萨伊《政治经济学概论》二版。1814年秋,穆勒催促李嘉图进入国会,李嘉图数次抵制这种设想,不过,后来还是同意了。拿破仑退位,被流放至厄尔巴岛 |

续表

| 大卫·李嘉图及家庭 | 年份 | 重要事件 |
|---|---|---|
| 2月，出版《论低价谷物对资本利润的影响》（该文一般被简称为《论利润》）。<br>6月14日，李嘉图成功购进一批政府债券并因此用于政治经济学研究，他将之称作自己"最喜爱的学科"。<br>8月，李嘉图提出，英格兰银行是一个多余的组织，它靠本应属于公众的利润而变得富裕起来。<br>9月，写作《一个既经济又安全的通货的建议》 | 1815年 | 3月，更加严格的谷物法以压倒性票数得到通过，土地贵族利益得以巩固，自由贸易派失败了。<br>在李嘉图写作《一个既经济又安全的通货的建议》时，詹姆斯·穆勒敦促李嘉图扩充《论利润》。10月，李嘉图被说服了。他不仅想扩充《论利润》，而且从内心很想写一本书，探讨租金、利润和工资的原理。这就是1817年4月出版的《政治经济学及赋税原理》。<br>拿破仑在百日王朝后战败于滑铁卢（6月18日），又一次被流放 |
| 2月，发表《一个既经济又安全的通货的建议》。在这个小册子中，李嘉图提出用银行券兑换黄金而不是铸币恢复银行恢复现金支付。其意有二，一是使英国回归金本位制，二是用纸币作为实际支付手段 | 1816年 | 穆勒的鼓励和帮助对于李嘉图写作《政治经济学及赋税原理》非常重要。<br>麦克库洛赫结识了李嘉图 |
| 4月，《政治经济学及赋税原理》首版（该书首版只有750本）。<br>6月，参加辉格党人组织的"俱乐部之王" | 1817年 | 马尔萨斯《人口论》五版（1826年《人口论》六版）。<br>萨伊发表《政治经济学精义》（《政治经济学概论》的缩写本）。<br>约翰·巴顿《论影响社会上劳动阶级状况的环境》出版。<br>约翰·巴顿致信李嘉图，批评其利润学说，该信遗失，李嘉图1817年5月20日的回信存在。<br>10月21日，威廉·罗雪尔出生（1894年6月4日逝世） |

续表

| 大卫·李嘉图及家庭 | 年份 | 重要事件 |
|---|---|---|
| 3月，加入议会反对党活动中心的"布鲁克斯俱乐部"，结识反对党议员，为后来进入议会创造条件 | 1818年 | 5月5日，卡尔·马克思出生（1883年3月14日逝世）。麦克库洛赫在《爱丁堡评论》1818年6月号上评价此书甚高，不过其中存在一些误解。李嘉图最初没有注意到，特罗尔最早发现了这些误解。之后，麦克库洛赫与李嘉图经常通信。麦克库洛赫的评论非常有助于该书的销售。马尔萨斯对此深感失望。几个月后，李嘉图的出版商默里（Murray）要求他允许出二版该书 |
| 2月，进入英国议会下院，主张自由贸易，取消谷物法，同时防范革命；要求言论自由，行动自由。同月，《政治经济学及赋税原理》二版，这一版只有非常细小的改动。李嘉图恢复金本位制的提议引起很多人的注意。李嘉图提出，只要保证每年的赋税收入等于每年的开支，就可为公共开支提供财源，政府不必发行公债，最好是于支开支发生时时首载了当地支付 | 1819年 | 在李嘉图任议员的四年半时间里，英国都是保守的托利党在执政。李嘉图没有加入任何党派，总体倾向是托利党的反对派。英国发生经济危机。《政治经济学及赋税原理》法文译本出版。西斯蒙第《政治经济学新原理》首版（1826年该书二版）。李斯特参与创办国工商业联合会，要求统一国外关税，废除国内关税 |
| 李嘉图和妻子共有8个孩子，有一个女儿死于该年。4月4日留下遗嘱（1821年6月25日和1822年7月11日对遗嘱作了增添），分配给儿子的遗产是分配给女儿的遗产的八倍以上，这与其父亚伯拉罕将遗产将遗产平分给子女是不同的。年底写成《马尔萨斯〈政治经济学原理〉评注》，送与马尔萨斯。该手稿遗失了近一个世纪，于1919年被发现，于1928年首次出版 | 1820年 | 4月初，马尔萨斯出版《政治经济学原理》（1836年该书二版）。11月28日，弗里德里希·恩格斯出生（1895年8月5日逝世） |

续表

| 大卫·李嘉图及家庭 | 年份 | 重要事件 |
|---|---|---|
| 4月，与穆勒、马尔萨斯，托伦士创办政治经济学会。<br>同月，李嘉图写作《关于对农业的保护》的小册子。在他看来，谷价低的原因是生产过量。对国家来说生产量不是太难，但对农民来说将英国国内价格定得大大高于国外、剥夺了农民补救过量生产的主要办法——出口。所以，李嘉图主张推行进口自由，再辅以进口关税。李嘉图的提议被下院否决（只有25票赞成）。<br>5月，《政治经济学及赋税原理》三版。<br>李嘉图恢复现金支付的提议被英格兰银行采纳。李嘉图名声日隆。<br>1925年英国恢复金本位制时仍然采用了李嘉图的计划 | 1821年 | 该年和下一年，英国农业处于严重困难时期。下院成立了农业委员会。李嘉图是该委员会成员。农业价格低因是该委员会成员。农业价格低因是（谷价在1822年达到历史最低点）和实际税收负担重。<br>穆勒出版《政治经济学要义》。<br>黑格尔出版《法哲学原理》。<br>5月5日，拿破仑病逝于圣赫勒拿岛。 |
| 3月，写作《农业保护论》。<br>7月12日到12月8日，和夫人，两个女儿，一名家庭女教师，一名女仆，一名男听差（共七人）赴欧洲大陆（比利时、荷兰、德国、瑞士、意大利、法国）旅行，在瑞士见了西斯蒙第，在法国见了萨伊。<br>8月，写作《绝对价值与交换价值》一文。 | 1822年 | |
| 夏，李嘉图写作《建立国家银行的计划》。该书基本内容已在《政治经济学及赋税原理》有过概述。<br>9月11日，在格洛斯特郡盖特孔比的乡村别墅中逝世，死因是从小就有的耳病蔓延到脑内。<br>李嘉图逝世时资产值675000镑到775000镑。在遗产的分割上，女儿们受到了惊人的歧视，穆勒李嘉图在遗嘱中还把一笔钱留给马尔萨斯、穆勒 | 1823年 | 4月，马尔萨斯出版《价值尺度》，激起了他与李嘉图、穆勒，麦克库洛赫的讨论。<br>5～6月，麦克库洛赫到伦敦访问六周，与李嘉图正式见面。<br>边沁《道德与立法原理导论》二版（1838年该书三版）。<br>《绝对价值与交换价值》一文在李嘉图逝世后传到穆勒手中，穆勒认为不宜发表 |

续表

| 大卫·李嘉图及家庭 | 年份 | 重要事件 |
|---|---|---|
| 2月，大卫·李嘉图生前所写的《建立国家银行的计划》由穆雷代为出版。李嘉图的计划是：将英格兰银行发行纸币的特权转给"国家银行"，"国家银行"代表政府发行纸币，"国家银行"的专员应被赋予完全独立于政府的自主权。李嘉图的计划源于他的一个想法，即英格兰银行是一个多余的组织，它靠本应属于公众的利润而变得富裕起来。<br>20世纪30年代后，英国放弃金本位制。随着英镑的贬值，国际货币领导权由伦敦转向纽约 | 1824年 | 汤普逊《最能促进人类幸福的财富分配原理的研究》出版 |
|  | 1825年 | 麦克库洛赫《政治经济学原理》出版 |
|  | 1840年 | 蒲鲁东《什么是所有权》出版 |
|  | 1841年 | 李斯特《政治经济学的国民体系》出版 |
|  | 1844年 | 7月29日，英国国会主持通过了《皮尔法案》，规定英格兰银行自8月31日起划分为发行部和银行部，这实现了发行银行和商业银行的业务分离。此外，还规定银行券运行准则（英镑纸币发行以黄金为保证，纸币可随时兑换黄金）。通货学派获胜 |
|  | 1846年 | 麦克库洛赫成为《李嘉图著作集》的编者。蒲鲁东《贫困的哲学》出版。英国废除《谷物法》 |

# 后　记

　　常有人问我哲学研究有什么用。毫无疑问，这是我的谋生手段，我靠它过活。这是一用。不过，哲学研究若仅是谋生手段，那无疑是一件悲哀的事情。而且，哲学研究作为谋生手段，也不应以降低学术品格为代价。在我看来，哲学研究还有三用。其一，使我们对社会的进步与痛苦有一种总体的、睿智的眼光。此之谓"实事求是"。其二，使我们对个人的得与失有一种洒脱的、自由的态度。此之谓"知进退存亡而不失其正"。其三，使我们力争变未来的"应该"为当下的"能是"，无论是改变自己、影响他人，还是改变社会、形塑时代，能改变一点儿是一点儿，能进步一点儿是一点儿。此之谓"铁肩担道义"。这样说，这样做，男儿到此是豪雄。

　　在本书出版过程中，赵晶华编辑、周浩杰编辑多有付出，谨致谢忱。感谢同事孙聚友、张松、李明。感谢好友鲁冰、李静、王戎。感恩我的父母高文辉、胡惠华，言传与身教，让我受益匪浅、受用终生。

高飞

2022 年 6 月于泉城

图书在版编目（CIP）数据

李嘉图经济学的哲学解读 / 高飞著. -- 北京：社
会科学文献出版社，2022.6
ISBN 978 - 7 - 5228 - 0208 - 4

Ⅰ.①李…　Ⅱ.①高…　Ⅲ.①李嘉图学派 - 研究
Ⅳ.①F091.33

中国版本图书馆 CIP 数据核字（2022）第 099225 号

李嘉图经济学的哲学解读

著　　者 / 高　飞

出 版 人 / 王利民
责任编辑 / 赵晶华
文稿编辑 / 周浩杰
责任印制 / 王京美

出　　版 / 社会科学文献出版社·联合出版中心（010）59367151
　　　　　 地址：北京市北三环中路甲 29 号院华龙大厦　邮编：100029
　　　　　 网址：www. ssap. com. cn
发　　行 / 社会科学文献出版社（010）59367028
印　　装 / 三河市龙林印务有限公司

规　　格 / 开　本：787mm × 1092mm　1/16
　　　　　 印　张：16.5　字　数：279 千字
版　　次 / 2022 年 6 月第 1 版　2022 年 6 月第 1 次印刷
书　　号 / ISBN 978 - 7 - 5228 - 0208 - 4
定　　价 / 98.00 元

读者服务电话：4008918866